社会保障制度与管理

Social Security System and Management

王晓东 编著

经济管理出版社
ECONOMY & MANAGEMENT PUBLISHING HOUSE

图书在版编目（CIP）数据

社会保障制度与管理 / 王晓东编著. -- 北京 ：经
济管理出版社，2025. 7. -- ISBN 978-7-5243-0464-7

Ⅰ. D632.1

中国国家版本馆 CIP 数据核字第 2025KP5336 号

组稿编辑：任爱清
责任编辑：任爱清
责任印制：张莉琼
责任校对：蔡晓臻

出版发行：经济管理出版社
　　　　　（北京市海淀区北蜂窝 8 号中雅大厦 A 座 11 层　100038）
网　　　址：www. E-mp. com. cn
电　　　话：（010）51915602
印　　　刷：北京晨旭印刷厂
经　　　销：新华书店
开　　　本：720mm×1000mm/16
印　　　张：15. 25
字　　　数：308 千字
版　　　次：2025 年 9 月第 1 版　　2025 年 9 月第 1 次印刷
书　　　号：ISBN 978-7-5243-0464-7
定　　　价：88. 00 元

　　本书得到内蒙古大学教材建设项目资助，是内蒙古自治区研究生教育教学改革研究项目"'国之大者'视域下《社会保障制度与管理》研究生课程教学改革与创新研究"（JGSZ2023005）、内蒙古自治区研究生精品课程《社会保障制度与管理》建设项目（JP20231010）、内蒙古大学线上线下混合式一流本科课程《社会保障基金管理》建设项目的研究成果。

前　言

　　社会保障是促进经济社会发展、实现广大人民群众共享改革发展成果的重要制度安排，与每个人的切身利益息息相关，是老百姓最关心的"关键小事"，是党和政府执政为民的"头等大事"，是治国安邦的大问题。

　　经过多年努力，我国成功建设了世界上规模最大的社会保障网，人民群众获得感、幸福感、安全感更加充实、更有保障、更可持续，这是对我国社会保障事业发展取得重大历史成就的高度肯定。推进中国式现代化，推动实现全体人民共同富裕，更离不开健全完善、高质量的社会保障体系。党的二十大报告明确提出"健全覆盖全民、统筹城乡、公平统一、安全规范、可持续的多层次社会保障体系"，充分体现了新时代推动我国社会保障事业高质量发展的新要求、新思路和新举措，凸显了对社会保障事业发展新阶段、新形势和新特征的洞察把握，彰显了社会保障制度改革要坚持守正与创新的有机统一。作为从事社会保障领域教学科研工作的一线教师，应在教育教学、科学研究、社会服务和文化传承的过程中全面宣传贯彻党的二十大精神，聚焦积极应对人口老龄化的国家战略需求，主动适应新时代教学变革的节奏要求，立足岗位实际，找准贯彻落实党的二十大精神的切入点和着力点，把社会保障理论成果写在神州大地上，把思政德育元素融入社会保障课程教学中，把最新理念知识体现在社会保障教材编撰里，这是我们义不容辞的责任和使命，也是策划编写本书的缘由和动力。

　　社会保障是民生之依、民生之福，对人民群众日常生活有独特作用和重大影响。新时代的大学生应当关注、了解社会保障制度与政策等必备知识，培塑"国之大者"理想信念，社保从业者更要全面掌握社会保障理论与管理实务等基本技能，精深"服务为民"专业能力，这都需要完整、系统、扎实、与时俱进的社会保障教材作为知识载体和学习指引。为了更好地满足当下和未来社会保障的教学研究之需，本书编写遵循"实用、适用、受用"原则和目标，聚焦社会保障基础性理论、一般性政策和常见性问题，系统阐述社会保障的起源与发展、社会保障的体系构成及在公众生活中的作用与意义，重点介绍社会保险、社会救助、社会福利等主要项目的政策内容和管理实务，旨在客观反映国内社会保障研究新进展、改革新成果和发展新动向，全面展示党的二十大报告和党的二十届三中全会中有关社会保障事业高质量发展的新提法和新举措。

　　本书在保证内容准确性和学术规范性的前提下，采用"读者友好型"的编写体例和写作风格，力争将复杂的理论政策问题简单通俗化，凸显对学生学习的指导性、教育性和启发性，不仅可以作为普通高等院校劳动与社会保障、社会政策、社会工作、人力资源管理及其他相关专业的教材和参考书，同时也适合政府相关部门工作人员和对社会保障民生事业感兴趣的人士阅读。

　　我们期待本书的出版能够推动劳动与社会保障相关专业的教学和科研工作，并为进一步提升"社会保障制度与管理""社会保障基金管理"等课程教学质量起到促进作用。

王晓东

2025 年 7 月 1 日

目　录

第一章　社会保障制度产生与发展

学习目标

通过本章学习，掌握现代社会保障制度的概念、特点、目标及其对社会公众的作用与意义，了解现代社会保障制度产生的条件和中西方社会保障制度的发展历程，正确认识数字化转型对劳动就业和社会保障的挑战与改革。

第一节　社会保障制度概述

从人类历史发展角度考察，现代社会保障是工业社会的产物，是政府通过立法强制实施的社会化风险管理机制，旨在通过国民收入再分配应对社会风险，促进社会公平，增进国民福祉，在公众日常生活中的作用和意义重大。

一、社会保障制度的概念和特点

（一）社会保障制度的内涵

1. 社会保障制度的国外理解

社会保险是现代社会保障制度最核心的部分，最早出现于 19 世纪 80 年代的德国，但"社会保障"一词初见于 1935 年美国的《社会保障法案》（Social Security Act），之后被多个国际组织与国家接受，逐渐形成以政府和社会为责任主体的福利保障制度的概念统称，但由于各国的政治、经济、社会与历史文化等不同，世界各国对社会保障概念的界定与理解也存在较大差异。

国际劳工组织①（International Labor Organization，ILO）将社会保障界定为"通过一定的组织对这个组织内的成员所面临的某种风险提供保障，为公民提供保险金、预防或治疗疾病、失业时资助并帮助他们重新找到工作"（郑功成，

---

① 国际劳工组织是 1919 年根据《凡尔赛和约》作为国际联盟的附属机构成立，1946 年成为联合国负责劳动就业、社会保障等社会事务的专门机构，总部设在瑞士日内瓦。该组织宗旨是促进充分就业和提高生活水平；促进劳资合作；改善劳动条件；扩大社会保障；保证劳动者的职业安全与卫生；获得世界持久和平，建立和维护社会正义。

2005)①。

德国是社会保险制度的发源地。社会保险制度的出现标志着现代社会保障制度的产生。德国对社会保障的理解主要是基于德国社会市场经济理论，将社会保障理解为社会公平与社会安全，认为社会保障是对竞争中不幸失败的人提供基本的生活保障（陈良瑾，1990）。②

英国是福利制度和福利国家的发源地。1942 年由威廉·亨利·贝弗里奇③主持起草的《社会保险和相关服务》（*Social Insurance and Allied Services*），也称为《贝弗里奇报告》④，成为英国建立福利国家的理论基础和政策依据。在报告中，贝弗里奇勾勒了一幅比较完整的现代福利国家蓝图，社会保障被首次赋予了普遍性原则和类别原则，其目标被界定为消除贫困，并将其概括为国民在失业、疾病、伤害、老年以及家庭收入锐减、生活贫困时予以生活保障（郑功成，2020）。⑤ 从英国的社会保障政策制定和实践表现来看，社会保障是一项以国家为主体的公共福利计划，是国民收入再分配的一种手段，遵循普遍性原则，对全体国民实施"从摇篮到坟墓"的安全保障。

美国是最先将"社会保障"一词在正式法案中（《社会保障法案》）使用的国家，并指出社会保障是根据政府法规建立，避免人们因年老、疾病、失业、伤残等中断或丧失劳动能力时，或为人们提供因结婚、生育和死亡带来的特殊开支以及抚养子女的家庭津贴的保障体系（宋士云，2010）。⑥

2. 社会保障制度的中国定位

中国社会保障制度是社会主义市场经济的产物，从产生之时就努力服务于我国经济社会发展，为社会主义现代化建设和改革开放保驾护航（林闽钢，2022）。⑦ 中国政府在 1986 年制定和实施《中华人民共和国国民经济和社会发展第七个五年计划》时，首次采用"社会保障"的标准说法，强调社会保障是国家和社会为全体社会成员提供基本生活保障的重要制度安排。"以人民为中心"

① 郑功成.社会保障学［M］.北京：中国劳动社会保障出版社，2005：4.
② 陈良瑾.社会保障教程［M］.北京：知识出版社，1990：1-2.
③ 威廉·亨利·贝弗里奇（William Henny Beveridge，1879 年 3 月 5 日至 1963 年 3 月 16 日）是福利国家的理论建构者之一，1942 年发表 Social Insurance and Allied Services，也称《贝弗里奇报告》，提出建立"社会权利"新制度，包括失业及无生活能力之公民权、退休金、教育及健康保障等理念。
④ 《贝弗里奇报告》是影响世界社会保障制度发展的经典著作，在社会保障发展史上具有划时代的意义，它曾影响英国、欧洲乃至整个世界的社会保障制度建设和发展进程，被业内人士视为福利国家的奠基石和现代社会保障制度建设的里程碑，为无数的经济学家和社会保障工作者所推崇、研究和学习借鉴。
⑤ 郑功成.社会保障学——理念、制度、实践与思辨［M］.北京：商务印书馆，2020：5.
⑥ 宋士云.社会保障学［M］.北京：对外经济贸易大学出版社，2010：10.
⑦ 林闽钢.建设中国特色社会保障制度的三个向度［EB/OL］.［2022-08-04］.https：//theo-ry.gmw.cn/2022-08/04/content_35931997.htm.

是我国社会主义社会保障制度的本质特征。

党的十八大以来，中国特色社会主义进入新时代，党中央把社会保障体系建设摆上更加突出的位置，中国社会保障的改革发展也在新思想指引下踏上新的征程。我国社会保障制度实现了"从无到有"向"从有到好"转变，在保障改善民生、调节收入分配、促进社会和谐、助力脱贫攻坚等方面发挥了积极作用。党的十九大报告提出加强社会保障体系建设，所要达到的目标就是真正解除人民生活后顾之忧、满足人民美好生活需要并为全体人民提供稳定的安全预期，最终成为全民共享国家发展成果的基本途径与制度保障（郑功成，2017）。①

2016 年底，国际社会保障协会授予中国政府"社会保障杰出成就奖"，对我国在社会保障扩大覆盖面等方面取得的巨大成就给予高度评价。习近平总书记强调，坚持人民至上，坚持共同富裕，把增进民生福祉、促进社会公平作为发展社会保障事业的根本出发点和落脚点，使改革发展成果更多、更公平惠及全体人民。目前，我国以社会保险为主体，包括社会救助、社会福利、社会优抚等制度在内，功能完备的社会保障体系基本建成，是世界上规模最大的社会保障体系。

2021 年 2 月 26 日，党的十九届中央政治局以"完善覆盖全民的社会保障体系"为主题进行第二十八次集体学习，习近平总书记主持学习并科学阐明社会保障的地位作用，讲话指出："社会保障是保障和改善民生、维护社会公平、增进人民福祉的基本制度保障，是促进经济社会发展、实现广大人民群众共享改革发展成果的重要制度安排，发挥着民生保障安全网、收入分配调节器、经济运行减震器的作用，是治国安邦的大问题"（习近平，2022）②。这一重要论断，深刻阐明社会保障在推进中国式现代化中的重要地位，深刻揭示社会保障与民生改善、经济发展、社会稳定之间的深层逻辑，把社会保障的重要性提升到前所未有的高度。③

3. 本书对社会保障制度的概念界定

综合国内外学者的理论研究和现行社会保障制度实践，本书认为，社会保障是国家（或政府）通过社会立法，采取强制手段对国民收入进行再分配，对全体社会成员在年老、疾病、伤残、失业、生育、职业伤害、遭遇灾害和面临生活困难等境遇时所提供的物质帮助和社会服务，以保证其基本生存权利的措施、制度和活动的总称。具体从以下五个方面理解：

---

① 郑功成. 让社会保障制度更公平更可持续［EB/OL］. ［2017-12-13］. http：//www. ce. cn/xwzx/gnsz/gdxw/201712/13/t20171213_27237011. shtml.

② 习近平. 促进我国社会保障事业高质量发展、可持续发展 ［J］. 求是，2022（8）：1-3.

③ 中共人力资源和社会保障部党组. 推动社会保障事业高质量可持续发展［EB/OL］. ［2023-03-02］. https：//www. mohrss. gov. cn/SYrlzyhshbzb/dongtaixinwen/buneiyaowen/rsxw/202303/t20230302_496088. html.

（1）社会保障的责任主体是国家（或政府）。在市场经济条件下，家庭保障功能逐渐弱化，劳动者的保障主体由家庭走向社会。国家作为全社会的总代表，就有责任担当起组织和供给劳动者保障的责任，而且也只有国家（或政府）才有能力担当起社会保障制度供给的重任。因为工业社会普遍产生的失业、工伤、贫困等问题是全社会性的，必须是国家（或政府）举办的社会保障制度才有能力、有资金保证覆盖全体社会成员。

（2）社会保障的保障对象是全体社会成员。全体社会成员不分性别、民族、种族和收入差别等情况，当陷入失业、疾病、残疾、年老、工伤、贫困、受灾等生存危机时，都有权利通过社会保障制度得到基本的生活保障。

（3）社会保障的实施依据是国家立法。社会保障必须以健全的、完备的法律体系为支撑，以法律的形式规范国家、社会与个人在社会保障中的权利与义务，使社会保障制度的运行制度化和规范化。

（4）社会保障的实施手段是对国民收入进行再分配。国家（或政府）通过征收社会保障税、费或接受捐赠等手段筹集社会保障基金，再经过国民收入再分配形式，如各类社会保障项目的实施，将部分社会财富转移到遭受生、老、病、死、伤残、失业、贫困、受灾等弱势群体及其家庭成员手中，保障其本人和家庭的基本生活，同时调节收入差距，缩小贫富分化。

（5）社会保障的目标是追求社会公平，满足社会成员的基本生活需要。社会保障从非正式制度安排到正式制度安排，其追求的目标是随着社会发展进步而不断变化的。自20世纪50年代后，许多发达国家建立了福利国家模式，社会保障追求的目标已不单是维护统治阶级的统治秩序和保证社会安全，而是上升到缩小贫富差距和维护社会公平的层面，通过保障和改善国民生活，增进国民福利来实现整个社会的和谐发展。目前在我国，社会保障就是满足人们对美好生活的需要和实现共同富裕目标的基本制度保障。

（二）社会保障制度的特点

社会保障作为人类应对生活风险的社会化机制，有着遵循法治、责任共担、促进公平、互助共济等共同特征。

1. 法治性

社会保障作为国民收入再分配的一种形式，是国家通过立法来强制实施的。从法律角度来看，社会保障及其各个子项目的运行都是限定在法律范围之内，包括保障对象的范围、保障内容、标准、方式等都有严格的法律规定，任何个人或组织都没有任意的、不受约束的选择权。只有通过国家立法，规定社会保障制度中政府、用人单位和个人的权利与义务，并强制执行，才能保障和落实全体社会成员的社会保障权益，这也是社会保障区别于商业保险及民间慈善事业的明显特点。

2. 社会性

（1）社会保障的覆盖对象是全体社会成员。尽管社会保障的各个子项目在覆盖对象上有所差别，但将每个子项目的覆盖对象综合叠加后，就是全体社会成员。社会保障对受保障对象的性别、职业、民族、经济地位等方面没有限制，一旦社会成员的基本生活受到威胁，就有权利获得社会保障的保护。

（2）社会保障基金来源的多元化。尽管社会保障各个子项目的基金来源渠道各有不同，但综合起来主要有以下六种途径：国家财政资助、用人单位缴纳、个人缴纳、社会捐赠、发行福利彩票和基金运营收益。资金来源的多元化充分体现社会保障基金来源的社会性特点。

（3）社会保障管理服务的社会化。将社会保障管理和服务性的复杂事务从传统的家庭和用人单位兼管中解脱出来，交给专门的管理机构来处理，利用其专业化的管理手段和现代化的服务方式，提高社会保障的管理效率和管理质量。主要目的是把社会保障管理服务工作从家庭行为和用人单位行为调整为社会行为，实现社会保障经办机构、街道、社区、银行等机构的高效管理和专业服务。

3. 公平性

（1）保障范围的公平性。任何社会成员在其生活发生困难或生存面临危机时，都有平等的机会从社会保障制度中获得相应的帮扶权利。

（2）保障待遇的公平性。社会保障为符合特定条件的社会成员提供基本的生活保障，保障待遇分配既不搞"大锅饭"，又要保证同等情况的人同等对待、不同情况的人区别对待，同时尽可能地向低收入群体保持适当的政策倾斜，在某种程度上缩小社会成员之间的收入差距，使社会成员尽可能公平地享受社会和经济发展成果。

4. 福利性

社会保障是国家对公民的一项民生福利事业，其宗旨不是为了追求赚钱盈利，而是为了保障老百姓的基本生活，保障每位社会成员的基本生活权利。社会成员在年老、疾病、失业、灾害等劳动能力暂时中断或永久丧失的情况下，除了能够获得一定的物质帮助与经济保障外，还有医疗护理、职业康复、职业介绍和老年优待等服务保障，保障水平远高于其缴费水平（刘晓梅和邵文娟，2014），[①] 即所得大于所费。

5. 互助互济性

社会保障具有统筹互济、风险共担的特点。社会保障是通过国家与社会的力

---

① 刘晓梅，邵文娟．社会保障学［M］．北京：清华大学出版社，2014：3．

量对国民收入进行再分配的一种形式，其主要基金来源是用人单位（或雇主）和劳动者个人的缴费或纳税以及政府的财政支持。形成的社会保障基金不是等额地用于缴纳者，而是根据不同的项目规定，将基金在不同的社会群体之间进行横向或纵向的转移支付。其中，横向的转移支付是基金在富裕者与贫困者之间、健康者与病残者之间、早逝者与长寿者之间、在职者与失业者之间、非生育者和生育者之间、非受灾者与受灾者之间进行转移，即在不同人生风险程度的同代人群中进行转移；纵向的转移支付是基金在后代的在职者和前代的退休者之间进行转移，即在代际人群中进行转移。由于不同的社会成员遭受经济与社会风险事故的情况各异，因此通过社会保障制度的互济互助功能，来共同分担风险、解决不同社会成员的特殊需求，使他们渡过难关，维持其基本的生活。①

二、社会保障制度的目标和原则

（一）社会保障制度的目标

从现代社会的发展进程与文明进步的视角出发，社会保障制度肩负着维护社会公平正义的使命，具体目标主要有以下五个：

1. 帮助国民摆脱生存危机

保障公民的基本生活，不仅是社会稳定和经济发展的前提，也是社会保障风险管理中最核心的功能。国家建立社会保障制度，保障公民老有所养、病有所医、幼有所教、贫有所依、壮有所用、鳏寡孤独废疾者皆有所养，保障和改善公民基本生活，帮助国民摆脱生存危机，免除劳动者后顾之忧，这不仅是经济发展和社会稳定的需要，也是人权保障的重要内容，是社会进步的体现。如今，社会保障已经成为国际公约和绝大多数国家法律明确规定的公民的一项基本权利。

2. 保证社会稳定

现代发达国家社会制度中都建立了一套成熟且完善的社会保障制度，为其公民提供了生、老、病、死、失业、贫困救助等保障，它已经超过了个人直接收入的范畴，为每个正式社会成员提供了基础性和兜底性的安全保障。社会保障是一种收入再分配机制，能够保障因为遭遇一些困难而无法维持正常生活水平的人群的正常生活和发展，满足其基本需要，并且可以安抚社会底层无力维生的人们，使他们不至于因为生计铤而走险，有效缩小了贫富差距，减轻普通劳动者的不满情绪，化解了社会矛盾，减少社会动荡因素。

3. 促进经济发展

首先，社会保障可以调节社会总需求，平抑经济波动。当经济衰退而失业率上升、人民生活水平下降时，失业保险和社会救助有助于提高社会购买力，拉动

---

① 中国社会工作教育协会组编. 社会保障概论［M］. 北京：高等教育出版社，2012：7.

有效需求，促进经济复苏；当经济高涨而失业率下降时，社会保障支出相应缩减，从而使即期的社会总需求不至于过度膨胀。而且，政府可以通过调整社会保障费（税）率和待遇支付标准，主动调节社会总需求，减少经济波动。其次，社会保障基金的长期积累和投资运营有助于完善资本市场。最后，社会保障确保劳动者在丧失经济收入或劳动能力的情况下，能维持自身及其家庭成员的基本生活，保证劳动力再生产进程不致受阻或中断。同时，国家还可以通过生育、抚育子女和教育津贴等形式对劳动力再生产给予资助，以提高劳动力资源的整体素质。

4. 维护社会公平

社会保障是市场经济国家保持社会公平的一个重要手段，其作用主要表现在以下两个方面：①通过保障全体社会成员的基本生活，在一定程度上消除社会发展过程中因意外灾害、失业、疾病等因素导致的机会不均等，使社会成员在没有后顾之忧的情况下参与市场的公平竞争；②通过在全体社会成员之间的风险共担和互助共济，实现国民收入的再分配，缩小贫富差距，减少社会分配结果的不公平。

5. 增进国民福利

社会保障制度的最初含义是"救贫"和"防贫"，即保证所有社会成员至少都能享有最低的生活水平。随着经济的发展和社会的进步，社会保障的内容在不断扩充。现代社会保障不仅承担着"救贫"和"防贫"的责任，而且还要为全体社会成员提供更广泛的津贴、基础设施和公共服务，从而使人们尽可能充分地享受经济和社会发展成果，不断提高物质和精神生活的质量水平，提升公众生活的幸福指数。

（二）社会保障制度的实施原则

1. 公平性原则

公平性原则是建立社会保障制度的首要原则。缩小社会贫富差距、创造并维护社会公平，是社会保障制度的基本出发点，也是社会保障政策的落脚点。因此，在社会保障制度设计中，必须打破各种身份限制，公平地对待每个社会成员并确保其享受到相应的社会保障权益；在社会保障政策实践中，必须维护好弱势群体和低收入群体的切身利益，以缩小贫富差距、促进社会稳定和谐为目标。

2. 与经济发展水平相适应原则

与经济发展水平相适应是建立社会保障制度的基本原则。社会保障是国家运用经济手段，解决社会问题，进而达到特定政治目的的制度安排，可见经济因素是影响社会保障制度发展最重要的因素。中外社会保障制度的实践表明，经济社会发展水平越高的国家，其社会保障制度就越完善；社会保障的发展无论是超前还是滞后于社会经济发展，其功能都无法正常发挥，要么国家财政不堪重负导致制度难以为继，要么社会问题持续恶化反过来影响整个社会经济的发展（凌文豪，2013）。① 因此，社会保障制度要与经济发展水平相适应，既不能落后于经济发展水平，否则发挥不了应有的作用；也不能超越经济发展水平，超出社会各方面的承受能力。

3. 普遍性与选择性相结合原则

社会保障的普遍性原则，要求国家（或政府）在设计社会保障制度的覆盖范围时，不能仅局限于贫困群体，而应当将全体社会成员均纳入并能享受到相应的保障与福利。社会保障的选择性原则，是指根据国家财政的承受能力和受保障者的经济收入状况以及对社会保障的需求程度，有区别地安排社会保障项目、保障范围、筹资标准和待遇水平等（盖锐和杨光，2009）。② 在肯定普遍性原则的公平性同时，应当结合选择性原则对特殊社会成员进行有针对性的保障，集中资源分散特殊人群（如低收入人群、老年人、残疾人等）的特定风险，这体现了社会保障制度建设中的合理性与过渡性。

4. 权利与义务相统一原则

社会保障制度中公民的权利与义务是统一的，这种权利义务关系在社会保险项目上体现得最为明显。例如，用人单位必须按时足额为职工缴纳其应该负担的社会保险费，但同时也有依法享受国家（或政府）的税收优惠政策权利；个人只有按期足额缴纳社会保险费，才能在符合条件时享受对应的保障待遇。即使在一些公民没有缴费义务的社会救助和社会福利项目中，遵纪守法是每个公民的义务，也是每个用人单位的义务，如果公民触犯法律而被判刑，那么全部的社会保障待遇停止享受。

三、社会保障制度对公众生活的作用与意义

社会保障制度在化解国民因遭遇自然灾害而陷入生存危机风险，解除个人和家庭在疾病、年老、工伤、失业、生育等方面的后顾之忧，辅助政府实施社会风险管理方面有重要的功能，发挥着社会稳定"安全网"、收入分配"调节器"、经济运行"减震器"的作用。

（一）社会保障制度对个人的作用与意义

每个人在不同时期、不同情况下面临的人生风险不同，而社会保障却能在每个人遭遇各种不同的风险时提供相应的保障，以保证其基本生活水平不受太大影响。特别是对那些无收入、低收入或遭受各种意外灾害而陷入生活困境的人来

---

① 凌文豪. 社会保障概论［M］. 郑州：河南大学出版社，2013：8.
② 盖锐，杨光. 社会保障学［M］. 北京：清华大学出版社，2009：16.

说，社会保障无疑是"雪中送炭"，可在一定时期内确保其有基本的生活来源，帮助其摆脱生存危机，并重新投入社会。

社会保障为人的全面发展提供了坚实的制度保障，不仅努力使每个社会成员都能够病有所医、贫有所助、老有所养，或不至于因遭受意外风险和丧失劳动能力而陷入生活绝境，而且从现实生活和心理上解除了人们的后顾之忧，增强了人们对未来生活的信心和安全感。社会保障已经成为国际公约和大多数国家法律明确规定的公民享有的基本权利，也是公众日常生活中不可或缺的重要组成部分。

（二）社会保障制度对家庭的作用与意义

家庭作为社会基本结构单元，是社会生活的核心与基础。在中国传统社会中，家庭承担了繁衍后代、生产、教育以及为家庭成员提供包括生、老、病、死等全方位保障的职能，个人的生存风险主要是在家庭成员范围内以家庭保障的形式进行分散的。但随着社会生产力的不断提高，家庭模式和功能发生了变化，特别是家庭的经济功能逐步丧失，保障等相关的功能也逐渐向社会转化，这使个人越来越求助和依赖于社会，客观上催生了寻找新的保障形式的需求。

社会保障制度的建立，使人们在应对和化解生存风险的方式上有了新的选择。个人的生存风险可借助政府建立的社会保障制度在更多的社会成员范围内得以分散，强大的社会保障能力使面临风险的个人能够从国家和社会获得更可靠的物质帮助，从而成为适应家庭结构变化、减轻家庭保障负担不可缺少的重要制度。不可否认的是，家庭在中国社会保障体系中的作用和角色依旧重要。

（三）社会保障制度对社会的作用与意义

社会保障制度是关系国计民生的大事，也是老百姓重点关心的生活话题。在现代发达国家的社会制度中都普遍建立了成熟的社会保障制度，为社会公众提供了生、老、病、死、失业、贫困救助等完善的保护体系，其实施理念和实践效果也已超出了个人直接收入的范畴，而是上升为每个社会成员在遭遇风险、陷入生活困境时提供的一项根本性的安全保障事业。

社会保障的社会意义就是把个人的生存风险由社会集体来承担，这就稀释了个人的生存压力和竞争压力，增强了个人生存的保障性和家庭的稳定性，提高了公众的心理安全度和社会归属感，进而使整个社会发展的可控性得到强化，降低了社会风险的危害程度。同时还有利于营造"我为人人、人人为我""一方有难，八方支援"互助互惠的社会氛围，有利于促进人与人、人与社会关系的和谐。社会保障的社会化程度越高、制度越完善、体系越健全，其民生"安全网"、社会"稳定器"的功能发挥就越强大。无论是促进经济的健康、持续、快速发展，还是提高国民素质和社会精神文明的进步程度，社会保障制度均具有正向功能和积极意义。

第二节 社会保障制度产生的条件

现代社会保障制度是工业化和社会化大生产的产物，是伴随着人类社会从农业社会向工业社会迈进而产生和发展起来的。经过世界范围内上百年的发展，社会保障已经形成一个相对独立、较为完整的体系，成为市场经济的重要支柱。

一、社会保障制度产生的经济条件

（一）工业化发展的必然产物

由工业化带来的新型社会风险，对劳动者造成极大的生存威胁和利益损害，而这些风险单靠个人和家庭的力量是无法抵御的，其他传统的风险应对机制也是"鞭长莫及"。因此，无论是个人和家庭，还是政府和社会，都迫切需要新的社会风险应对机制。

在社会化大生产过程中，新技术和新机器的不断涌现对劳动者的生产技能提出了更高要求，而专业化分工与协作的劳动组合方式也促使劳动者过早地退出生产领域，致使劳动者在生产过程所遭到的风险事故增加，诸如失业、职业伤害和贫困等现象时有发生，严重影响了劳动力再生产的顺利进行，并上升为一个严重的社会问题。当时的资产阶级政府迫切需要有一种能解决疾病、工伤、失业、养老、伤残等问题的社会化保障机制。此时，社会保障制度应运而生。

（二）市场经济发展的必然要求

市场经济是一种具有不确定性的风险经济，市场主体随时都会遇到各种各样的经济风险。例如，由个人或社会原因而引起劳动者的收入损失，社会成员在市场竞争中失败而导致的失业和贫困，由市场经济自然运行原因①而引发的资源分配不公、收入差距扩大和贫富两极分化等问题。如果单纯依靠市场进行调节，任凭以上各种经济风险自然发生、自由扩展，必然会对社会及其成员带来灾难性的后果，不仅会给部分社会成员带来物质财富的巨大损失，使其丧失继续生活与生存的能力，而且还可能引发尖锐的社会矛盾，阻碍或破坏市场经济的正常运行和发展。为了维护社会稳定，政府必须通过有效的政策保护措施，把市场经济负效应的不利影响控制在一定的限度之内。

社会保障可以对社会成员之间的分配不公、收入差距和贫富过分悬殊进行适当的调整，通过失业保险、贫困救助、医疗保险和工伤保险等措施，及时应对和

---

① 在市场经济的自然运行过程中，由于市场调节机制本身具有的自发性、盲目性和滞后性等弊端，不可避免地会产生企业生产决策失误、经营失利、破产、劳动者失业、收入分配不公、贫富差距扩大、贫困等问题，这些都属于市场经济自然运行的自身原因而引起的极端性后果。

化解市场经济造成的失业者和极端贫困者所面临的经济风险，使其基本生活需要得到保障，从而有效地防止部分社会成员陷入生存困境，因此，社会保障具有化解市场经济风险的重要作用（王冰和马勇，2001）。① 另外，市场经济的快速发展，显著地提高了社会生产力，社会财富大量增加，这就为社会保障的运行提供了物质基础，使国家和社会实施社会保障成为可能。

二、社会保障制度产生的社会条件

（一）无产阶级长期斗争的结果

社会保障制度的产生，是无产阶级长期斗争的结果。历史经验证明，工人阶级的觉醒和坚决斗争、社会主义运动的兴起以及马克思主义思想的影响等多种因素，是把社会保障制度产生的可能性变为现实性的决定性因素。

随着机器大生产的进一步扩大，资本家为了剥削更多的利润，日益加重劳动者的劳动强度，劳动者在恶劣的劳动环境下经常遭受到生、老、病、死、伤和失业等生存威胁。因此，无产阶级为了保障自身利益与资产阶级进行不懈斗争，而资产阶级为了缓和阶级矛盾，在面对工人阶级斗争时通常采取镇压与安抚两种政策，社会保障正是安抚政策中的一种具体措施。这种让步并不是出于资产阶级的本意，而是维护资产阶级自身利益和资本主义制度的一种手段，是工人阶级长期斗争的结果。

（二）家庭保障难以充分应对新型社会风险

进入工业社会后，生产社会化和资本主义机器大生产以其低廉的生产成本、高质量的产品和高效率的生产方式，在市场经济竞争中彻底摧毁了以家庭为基本生产单位的自然经济基础，家庭也由生产实体转变为消费实体，家庭的教育、养老和抚育等保障功能不同程度地丧失了存在的基础，应对新型社会风险的经济力量明显不足。社会化大生产的发展必然要求劳动力再生产的社会化和生活的社会化与之相适应，于是社会成员的个人需求便成为一种社会需求，个人的生存风险也逐渐演变为社会风险，进而催生了对社会化风险应对机制的强烈需求。

三、社会保障制度产生的思想条件

（一）社会主义思潮

空想社会主义、科学社会主义、讲坛社会主义、费边社会主义等各种社会主义思潮，促进了现代意义社会保障法的产生和发展。

---

① 王冰，马勇. 社会保障与市场经济的关系［J］. 经济评论，2001（2）：57-62.

空想社会主义①作为一种改造社会的理想，虽然不具有现实性，但对未来理想社会消灭私有财产、消灭剥削、实施共同福利等的美好描述，却激发了人们的期待和向往（王青山，1990）。② 马克思和恩格斯创立的科学社会主义学说分析了社会贫困的原因，指出了工人运动的目标和社会发展的方向，成为工人阶级开展斗争的强大思想理论武器。讲坛社会主义③是德国在 19 世纪 70 年代起流行的一种改良主义思潮，主张国家干预经济生活，鼓吹劳资协调，实施社会政策来保护劳动者的正当权益，如举办社会保险、缩短劳动日、改良劳动条件等，其提倡者支持德国首相俾斯麦④推行社会政策，直接促使 1883～1889 年多部劳动保险法律的制定和实施。费边社会主义⑤是英国的一种资产阶级改良主义思潮，反对无产阶级革命运动，主张改善社会福利、缩短工时、限制雇用童工和女工、改善车间工作条件、制定全国最低生活标准等，这些温和缓进的主张对于英国开始社会保险立法以至"二次"大战后实行社会福利政策产生了重大影响（黄素庵，1985）。⑥

（二）人权思想

在马克思主义者看来，人权是人的经济、政治、文化、社会和人身等权利的有机统一，包括生存权和发展权两项基本内容。其中，生存权是指社会中的任何一个人都有生存下去的权利，也就意味着无论生存危机发生任何原因时，一个人都有从国家和社会获得帮助以维持生存的权利（崔凤，1999），⑦ 这是人的首要权利，是伴随人的出生而自然产生、直到人的死亡而自然消灭的一种权利，具体

---

① 空想社会主义是现代社会主义思想的来源之一，准确的译法为乌托邦社会主义，流行于 19 世纪初期的西欧，主张建立一个没有阶级压迫和剥削以及没有资本主义弊端的理想社会。著名代表人物有莫尔、康帕内拉、圣西门、傅立叶和欧文。

② 王青山．社会学概论 [M]．济南：黄河出版社，1990：350.

③ 讲坛社会主义是为缓和劳资矛盾和抵制马克思主义传播的需要而产生的资产阶级改良主义思想，19 世纪 60～70 年代起开始在德国流行，认为国家是超阶级的组织，能调和敌对阶级关系，主张在不触动资本家利益的条件下，通过社会政策、社会立法等解决劳动问题和社会问题，逐步实行"社会主义"。著名代表人物主要是德国新历史学派的一批经济学教授，如瓦格纳、施穆勒、布伦坦诺、桑特巴等。

④ 奥托·爱德华·利奥波德·冯·俾斯麦（1815 年 4 月 1 日—1898 年 7 月 30 日），劳恩堡公爵，普鲁士王国首相（1862～1890 年在任），人称"铁血宰相""德国的建筑师""德国的领航员"。俾斯麦是 19世纪德国最卓越的政治家，担任普鲁士首相期间通过一系列铁血战争统一德意志，并成为德意志帝国第一任宰相。他通过立法，建立了世界上最早的工人养老金、健康和医疗保险制度及社会保险制度。

⑤ 费边社会主义是 19 世纪后期产生于英国的社会主义思想，是英国知识分子团体——费边社的思想理论和政治纲领，主张采取渐进措施对资本主义实行点滴改良，鼓吹阶级合作、社会和平，反对无产阶级革命和无产阶级专政，认为由资本主义到社会主义的实现，是一个渐进而必然的转变过程。著名代表人物有韦伯夫妇和萧伯纳等。

⑥ 黄素庵．西欧"福利国家"面面观 [M]．北京：世界知识出版社，1985：18-20.

⑦ 崔凤．社会保障的人权基础 [J]．吉林大学社会科学学报，1999（5）：92-95.

包括生命权、健康权、物质享受权等内容。人只有实现了生存权,才谈得上其他权利,这就要求政府和社会尽可能保障社会成员的生存,而社会保障是保障社会成员生存和发展的必要条件,本质上理应确认为一项基本人权,但这经历了一个很长的过程。

从最初社会保障的产生到现代社会保障的发展,实施目的已不仅是为维护阶级统治和社会稳定,而是为受到社会风险威胁的部分社会成员提供制度保护,并逐渐为全体社会成员提供生活的安全感、获得感和幸福感,并在创造发展条件的基础上维护人格尊严,实现人的全面发展,这已是政府和社会不可推卸的一项重大责任。社会保障权是一项基本人权,已成为世界上大多数国家的共识和建构现代社会保障制度的基础(孙天立,2000)。①

综上所述,各种进步的社会理论学说和马克思主义思想成为社会保障制度由孕育、萌芽以至实现的思想基础。

第三节　中外社会保障制度发展简史

人类社会发展史上的社会保障思想和实践源远流长。在不同历史时期、不同国家或地区,社会保障制度的产生与发展过程有很大的差异,在社会保障制度设计、政策取向、具体内容和实施形式等方面也各具特色。

一、西方社会保障制度发展简史

(一)社会保障制度萌芽阶段:英国《伊丽莎白济贫法》的颁布

现代社会保障制度的萌芽产生于工业革命最先兴起的英国,开始以社会救济的形式出现。

英国在 15 世纪末期开始的圈地运动,使大量的自耕农和佃农失去了赖以生存的土地,许多农民开始流入城市,沦为城镇贫民和乞丐。同时,随着英国资本主义经济的发展,大批手工业者无法从事机器大生产而失去了原有的工作,失去了生活来源后沦为城市贫困者。由于贫困群体对政府与社会存在不满,抢劫、盗窃等一系列治安问题频发,威胁到政府统治。为阻止劳动力无序流动,稳定社会秩序,消除失业与贫民流浪现象,英国政府于 1601 年颁布并实施了《伊丽莎白济贫法》(史称"旧济贫法"),但从旧济贫法的立法宗旨和内容来看,带有传统的慈善救济事业特征,多是出于宗教信仰和人道主义的动机,不承认救济事业

---

① 孙天立. 人权思想和中国社会保障制度 [J]. 河南财政税务高等专科学校学报,2000 (3):37-38.

是一种社会义务和责任。

随着圈地运动的深入和工业革命的进行，旧济贫法已不适应当时社会的发展需要。为了克服旧济贫法中的一些弊病，如滥施救济和管理不善等，英国政府于1834年出台《济贫法（修正案）》（史称"新济贫法"）。新济贫法认为，保障公民生存是国家的一项义务，救济不是消极行为，而是一项积极的福利措施，要由经过专门训练的社会工作人员从事此项工作，并成立了济贫法管理局。新济贫法的颁布和实施，标志着英国社会救济的性质发生了质的变化，加强了政府在社会救济中的作用和责任（刘波和孟辉，2011），[①] 将社会救济第一次以立法的形式确定下来并成为一种制度，促进了英国经济的快速发展，同时也为欧洲其他工业化国家建立社会救助制度提供了立法基础和制度借鉴。

（二）社会保障制度形成阶段：德国社会保险制度的确立

19世纪80年代，现代社会保障制度进入了质的飞跃发展阶段，标志是作为社会保障制度的重要组成部分——社会保险制度的正式实施。德国是世界上第一个立法实施社会保险制度的国家。

1881年11月17日，德国首相俾斯麦通过德皇威廉一世发表的《黄金诏书》，宣告要建立面向劳工的全国性的劳动保险制度，并提出"工人因患病、事故、伤残和年老出现经济困难时应得到保障，他们有权得到救济；工人保障应由工人自行管理"（穆怀中，2009），[②] 由此拉开了社会保险制度建立的序幕。1883年德国颁布的《疾病社会保险法》，1884年颁布的《工伤事故保险法》，1889年颁布的《老年和残障社会保险法》，标志着现代社会保险制度的诞生。1911年，上述三部法律被一并归入《帝国保险法》，成为当今德国社会保障制度的立法基础。

德国政府制定社会保险立法，实施社会保险制度，对其他欧洲工业化国家产生了重大影响，主要资本主义国家纷纷效仿德国，以社会保险的方式提供劳工保护和劳工福利，并把它发展成为现代社会保障制度的核心制度。

（三）社会保障制度定型阶段：美国《社会保障法案》的出台

在20世纪30年代之前，西欧许多国家开始走上福利国家的道路，但美国还没有建立全国性的社会保障体系。1929~1933年爆发的一场席卷整个资本主义世界的经济危机，给美国乃至世界社会保障制度发展带来了新的契机。美国在1929年最先爆发经济危机，国内工业生产剧烈下降，大量企业倒闭破产，工人失业和贫困现象加剧，阶级矛盾空前激烈，社会公众强烈要求政府提供失业救助和社会

① 刘波，孟辉. 社会保障学 ［M］. 北京：北京理工大学出版社，2011：14-18.
② 穆怀中. 国际社会保障制度教程 ［M］. 北京：中国人民大学出版社，2009：78.

保险。1933 年，美国为摆脱危机推行了"罗斯福新政"①，以凯恩斯理论为基础，强调国家干预经济，包括全面实施社会救助、社会保险和社会福利政策。1935 年 8 月，美国颁布了历史上第一部综合性的社会保障法律——《社会保障法案》，首次出现了"社会保障"一词，同时这是第一个由联邦政府承担义务的、全国性的社会保障立法。该法案的宗旨在于"增进公共福利，通过建立一个联邦的老年救济金制度，使一些州可以向老年人、盲人、受抚养的和残疾的儿童提供更可靠的生活保障，为妇女保健、公共卫生和失业补助法的实行做出妥善安排"（童星，2002）；② 在立法内容上，除了社会救助作为一项常规内容被确立下来以外，还涉及失业保障、老年保障和其他各种津贴计划等。

1935 年美国的《社会保障法案》首次出现"社会保障"说法，第一次在一部法律中规定了社会保险、社会福利和社会救助等社会保障内容，奠定了美国现代社会保障体系的基本框架，意味着现代社会保障制度开始走向定型阶段。

（四）社会保障制度发展阶段：英国《贝弗里奇报告》的问世

英国《贝弗里奇报告》的问世和福利国家宣布建成，被视为福利国家的奠基石和现代社会保障制度建设的里程碑，对英国、欧洲乃至整个世界的社会保障制度发展进程影响深远。

1942 年 11 月，英国经济学家贝弗里奇发表了著名的《社会保险和相关服务》（史称《贝弗里奇报告》），目的是消除社会中的"五大病害"即贫困、疾病、愚昧、肮脏和懒惰，指出英国当时社会保障制度的弊端，提出了如何改进社会保障制度的理念和建议，开创了福利国家理论的先河，对英国完善社会保障制度产生了重大的影响。1944～1948 年，英国政府就以《贝弗里奇报告》为蓝本颁布了一系列社会立法，如《家庭津贴法》《国民保险法》《工业伤害法》《国家健康服务法》《国民救济法》等，并用一个综合、统一的以社会保险为主的社会保障制度，取代了以往的济贫系统和 20 世纪初期的"杂乱安排"，确立了普遍性、政府统一管理和全面保障三大原则，初步建成了福利国家的基本体制，使英国成为当时世界上社会保障最先进的国家。

1948 年，英国正式宣布建成"从摇篮到坟墓"③ 均有保障的福利国家。在英

---

① 罗斯福新政，是指 1933 年富兰克林·德拉诺·罗斯福（Franklin D. Roosevelt，1882 年 1 月 30 日—1945 年 4 月 12 日）任美国第 32 任总统后实行一系列经济政策，主要内容可以用 3R 来概括：复兴（Recovery）、救济（Relief）和改革（Reform）。新政开启了国家干预经济新模式，缓解了大萧条带来的经济危机与社会矛盾，使美国进入国家垄断资本主义时期，对美国及当时世界都产生了深远的影响。

② 童星. 社会保障与管理［M］. 南京：南京大学出版社，2002：72-73.

③ 在第二次世界大战结束初期，英国在教育、社会保险、卫生保健、最低收入保障等多个领域形成了"从摇篮到坟墓"的社会保障体系，几乎涵盖了社会成员从出生到死亡各个生命周期阶段中的人生风险应对的保障项目和内容。

国之后，西欧、北欧、北美洲和大洋洲的发达国家以及亚洲发达国家纷纷效仿，先后宣布实施普遍的福利政策，一个以高福利为内涵的社会保障制度建设热潮出现在西方发达国家。

（五）社会保障制度改革阶段：英国"撒切尔福利改革"的推行

1973 年和 1978 年两次石油危机导致的全球性经济衰退，动摇了福利国家的财政根基，普遍性的高福利制度暴露出消极面。主要表现为以下三个方面：①福利支出扩张太快，国家财政负担过重，连年的财政赤字不得不依靠借债来维持，通货膨胀不可避免，物价上涨影响国民生活水平；②普遍的高福利导致国民对国家的依赖性增强，劳动者工作积极性和创新精神减弱，影响经济发展长期动力的保持和发挥；③高福利需要高税收支撑，这必然导致企业成本上升，从而在国际市场的竞争力下降，经济停滞不前，失业率增加等。为了摆脱福利危机，医治"福利病"，以英国为代表的欧洲福利国家开始对慷慨的社会保障制度进行改革与调整。

最有影响力的是以撒切尔夫人①为首的英国保守党政府对社会福利制度的改革，史称"撒切尔革命"②。英国保守党政府认为，福利国家危机的出现不是政府做得不够好，而是政府干预的太多，于是大力推行货币主义来取代凯恩斯主义，主张降低社会福利政府支出和降低社会保障津贴标准，合理减轻国家在社会保障方面的责任，推行社会保障私有化，强调个人应在社会保障中承担更为积极的义务和责任，并将原来社会保障制度实施的普遍性原则改变为选择性原则。此后，法国、荷兰和瑞典等国家也相继进行了社会保障制度的调整，改革的措施也多是从社会保障基金的增收、节支两方面入手，改革总基调是要求社会保障制度发展必须与经济社会发展保持一致，必须建立在国家责任与个人责任相结合的双重支柱上，并努力争取国家责任和个人责任的协调与平衡（丁建定，2001）。③

（六）社会保障制度调适阶段：英国"第二代福利"的转向

当传统的福利国家模式面临困境时，英国社会学家安东尼·吉登斯对福利国

---

① 玛格丽特·希尔达·撒切尔（Margaret Hilda Thatcher，1925 年 10 月 13 日至 2013 年 4 月 8 日），英国右翼政治家，第 49 任英国首相，1979~1990 年在任，她是英国第一位女首相，也是自 19 世纪初利物浦伯爵以来连任时间最长的英国首相，她的政治哲学与政策主张被通称为"撒切尔主义"。

② 20 世纪 80 年代，以撒切尔夫人为首的保守党对英国进行了长达 16 年的新自由主义改革，具体涉及国有企业私有化、削减企业税收和社会福利政策、放松政府对公共行业的管制等，强调政府执行传统的平衡财政政策。以私有化、改革税制、削减文职官员、削减国家福利为主要内容的"撒切尔革命"，创造了英国 80 年代经济持续增长的"撒切尔奇迹"。

③ 丁建定. 论撒切尔政府的社会保障制度改革 [J]. 欧洲研究，2001（5）：76-82.

家危机的实质进行了重新认识，提出了"第三条道路"①的福利思想，对英国布莱尔政府的"第二代福利"改革产生了重大影响，开启了生产型福利模式的发展时代。

1979~1997年，英国保守党政府利用市场机制来削减政府福利开支，将社会保障的普遍性原则改为选择性原则，主要为贫困群体提供援助，并构筑了以经济情况调查为条件的国家救济福利模式和以职业年金或企业年金为主要形式的私人保险模式。这样大刀阔斧的社会保障私有化和市场化改革，在一定时间内对经济运行效率的恢复确实起到了立竿见影的效果，但过分偏重社会保障制度本身问题而忽视自由市场弊端的改革，也使预期目标没有完全实现。例如，降低社会福利支出的目标就没有完全实现，支出率在1990年严重反弹；传统福利难以取消且费用不断上涨；贫困和社会不公问题并未有效缓解等，这导致英国民众的强烈不满，最终在政府换届选举中，以撒切尔为首的保守党被以布莱尔为首的新工党击败。

1997年后，布莱尔政府在继承工党思想传统、汲取保守党政府执政的经验教训和充分吸收"第三条道路"理论观点的基础上，提出了"第二代福利"②的思想。基本主张有两个：①转变社会保障观念，以积极福利政策代替传统的消极福利政策，以社会投资国家来改革传统的社会福利国家模式；②积极推行以促进就业为中心的工作福利模式，以人力资本投资方式增强公民的就业能力，以社会投资方式鼓励社会力量进入社会福利领域，实现市场、政府和社会三者关系的新平衡。布莱尔政府的福利制度改革，既变革了传统福利模式片面强调政府责任而导致财政负担过重的弊端，又改变了撒切尔政府过分强调市场而导致贫富差距急剧扩大的局限，而是以工作福利模式为核心，将福利支出发展成为一种经济投资，以经济增长来解决福利困局，着重强调福利与责任的平衡、权利与义务的对等，创造出了一种活跃的生产型福利模式（周真真，2012），③即"第二代福利"（见表1-1）。

---

① 第三条道路，指的是一种走在自由放任资本主义和传统社会主义中间的政治经济理念。它既不主张纯粹的自由市场，亦不主张纯粹的社会主义，奉行类似中庸之道的福利社会。第三条道路的提倡者看到了社会主义和资本主义互有不足之处，所以偏向某一极端也不是一件好事，第三条道路是糅合了双方主义的优点、互补不足而形成的政治哲学。详见鲍盛刚. 第三条道路为何走不通？[EB/OL]. [2015-04-16]. http://www.qstheory.cn/wp/2015-04/16/c_1114995649.htm.

② 曾任英国首相的工党领导托尼·布莱尔（Tony Blair）受到英国社会学家安东尼·吉登斯（Anthony Giddens）影响，他在竞选期间以"第三条道路"作为竞选口号，结果使工党在野18年后，终于在1997年赢得了大选，故他被视为体现"第三条道路"理念的表率者。"第二代福利"思想集中反映了布莱尔及其为首的新工党在英国社会保障制度方面的基本主张，基本目标提高英国社会保障制度的实际效果以及个人在社会保障制度中的责任。

③ 周真真. 试论布莱尔时期英国第二代福利制度的构建 [J]. 杭州师范大学学报（社会科学版），2012（2）：106-113.

表 1-1　西方现代社会保障制度发展大事记

时间	国家	事件	意义
1601 年	英国	《伊丽莎白济贫法》（旧“济贫法”）	社会保障历史上第一个正式法律制度
1834 年	英国	《济贫法（修正案）》（新“济贫法”）	标志着英国社会救济的性质发生了质的变化
1883 年	德国	《疾病社会保险法》	世界上第一部社会保险法律
1884 年	德国	《工伤事故保险法》	
1889 年	德国	《老年和残障社会保险法》	
1935 年	美国	《社会保障法案》	历史上第一部综合性的社会保障法律
1942 年	英国	《社会保险和相关服务》（《贝弗里奇报告》）	开创“福利国家”理论先河
1948 年	英国	宣布建成福利国家	首个宣布建成了“从摇篮到坟墓”均有保障的福利国家
1979～1997 年	英国	撒切尔福利改革	社会保障私有化、市场化改革
1997～2007 年	英国	布莱尔第二代福利制度改革	积极性、发展性、投资性的社会福利政策
2008 年和 2010 年	欧洲福利国家	第三轮“开源节流”改革	提高最低缴费年限、延长法定退休年龄

资料来源：笔者根据相关资料整理而成。

自 20 世纪 90 年代以来，老龄化和少子化倒逼西方发达国家对医疗、养老和失业等缴费型保险制度进行深度改革，对非缴费型福利政策进行广泛收缩；2008年的国际金融危机和 2010 年的欧洲债务危机诱发新一轮福利制度的“开源节流”改革，包括提高最低缴费年限、延长法定退休年龄等参数改革取得明显成效（郑秉文，2017）。[①]

二、中国社会保障制度发展简史

中华人民共和国成立后，社会保障制度发展按照不同历史阶段的国情和运行环境特点，可以划分为改革开放前、改革开放后和党的十八大以来三大发展阶段。

（一）改革开放前的社会保障制度发展

1. 社会保障制度初创期（1949～1955 年）

新中国成立后，充当临时宪法的《中国人民政治协商会议共同纲领》明确指出“逐步实行劳动保险制度”，这为建立新中国社会保障制度提供了最基本的法律依据。1951 年 2 月 26 日，政务院[②]颁布《中华人民共和国劳动保

---

① 郑秉文. 社会保障的发展历程与前沿探索［J］. 工会博览，2017（1）：22-23.

② 中国中央人民政府政务院是 1949 年 10 月 21 日至 1954 年 9 月 27 日中华人民共和国“国家政务的最高执行机关”，是中央人民政府的一个机构。根据第一届全国人大通过的宪法规定，原政务院改称国务院。

险条例》①，实施范围是城镇机关、事业单位之外的所有企业和职工，内容涉及职工的退休养老、疾病医疗、工伤待遇、生育待遇等多项社会保险及其管理，这是新中国第一部内容完整的社会保险法规，标志着我国劳动保险制度的正式确立。到1956年时，我国已初步建立了包含优待抚恤、救灾救济、职工劳动保险、国家机关工作人员退休退职、公费医疗在内的以国家为责任主体的社会保障制度。

2. 社会保障制度调整期（1956～1965年）

随着社会主义三大改造②完成，国家转入有计划地建设社会主义经济时期，开始对社会保障制度进行调整和充实，并在丰富社会保障项目、修订不合理的待遇标准和加快农村社会保障等方面取得比较突出的成绩。1956年6月30日出台《高级农业生产合作社示范章程》，确立了面向乡村孤老残幼等弱势群体的"五保"③制度。这一时期，中央政府及其职能部门围绕职工福利、社会福利事业、福利工厂、生活困难补助等社会保障问题颁布了一系列法规和政策性文件。但后来受到"大跃进"和人民公社化运动的影响，社会保障事业经历了从大发展到大削减的过程，农村合作医疗也出现过一哄而起和在一些地方办办停停的现象。

3. 社会保障制度波折期（1966～1977年）

1966～1977年，新中国社会保障进程陷入制度中断的境况，城镇社会保障体系受到较大冲击，职工保障完全转变为单位内部事务，劳动保险制度失去组织基础和基金管理基础（董克用和沈国权，2021）。④ 1969年1月，国家撤销了主管救灾救济、社会福利等事务的内务部⑤，负责劳动保险事务的工会也陷入了瘫痪状态，劳动部门力量被削弱；国营企业被禁止提取劳动保险金，全民所有制企业大面积亏损，难以维持正常缴费，劳动保险失去统筹机制并蜕变为企业或单位保

---

① 《中华人民共和国劳动保险条例》于1951年2月26日政务院公布，规定从1951年3月1日起重点试行。后于1953年1月2日政务院修正公布。1953年1月26日，劳动部颁布试行《中华人民共和国劳动保险条例实施细则修正草案》。

② 社会主义三大改造，即中华人民共和国成立后，由中国共产党领导的对农业、手工业和资本主义工商业三个行业的社会主义改造。到1956年底，社会主义改造基本完成，实现了把生产资料私有制转变为社会主义公有制的任务，标志着中国社会主义制度初步建立，中国进入社会主义初级阶段。

③ 中华人民共和国成立后，党和政府十分关心农村特殊困难群众的生活。《1956年到1967年全国农业发展纲要》明确提出："农业合作社对于社内缺乏劳动力、生活没有依靠的鳏寡孤独的社员，应当统一筹划……在生活上给予适当照顾，做到保吃、保穿、保烧（燃料）、保教（儿童和少年）、保葬，使他们生养死葬都有指靠。"从此，人们便将保吃、保穿、保住、保医、保葬，这五项保障简称"五保"，将享受"五保"的家庭或个人称为"五保户"，形成了独具中国特色的农村五保供养制度的雏形。

④ 董克用，沈国权. 党指引下的我国社会保障制度百年变迁［J］. 行政管理改革，2021（5）：26-34.

⑤ 中华人民共和国内务部的前身是成立于1949年11月1日的"中央人民政府内务部"，1954年9月改为中华人民共和国内务部，成为国务院的组成部门，负责全国范围内的民政、户籍、救济、社会等方面工作。内务部1969年1月被撤销，1978年3月5日经第五届全国人民代表大会第一次会议通过，决定成立中华人民共和国民政部，承担原内务部工作。

障制，社会保障在很大程度上走向自我封闭的单位化（郑功成，2005）。① 与此同时，农村合作医疗制度逆势而兴、发展迅速。此时期是国家保障制、单位保障制和乡村集体保障制三个相互分割、脱节的板块结构状态。

（二）改革开放后的社会保障制度发展

1. 变革前的准备阶段（1978～1985 年）

1978 年党的十一届三中全会作出改革开放的历史性决策，中国农村推行家庭联产承包责任制，城市经济体制改革也全面铺开，这从根本上动摇了支撑国家—单位（或集体）保障制的经济基础、行政体系和单位组织结构，从而使社会保障制度变革成为必然。中央逐步恢复重建民政、劳动、人事部门等国家社会保障行政管理系统；1978 年 6 月国务院颁布《关于安置老弱病残干部的暂行办法》《关于工人退休、退职的暂行办法》②，恢复、规范、完善了国家机关和企事业单位干部、工人退休退职制度，并新建了新中国成立前参加革命工作干部的离职休养制度；在城镇集体企业实行劳动保险制度，国有企业开始自发尝试让职工分担部分医疗费用，探索全民企业职工退休费用社会统筹……但此时期，传统的国家—单位保障制的实质和以单位保障为重心的格局仍未改变，只能算是社会保障制度改革前的准备阶段。

2. 改革探索阶段（1986～1992 年）

1986 年是中国社会保障制度真正进入转型时期的标志性年份，社会保障领域开始了"摸着石头过河"的社会化改革探索。1986 年 4 月，《国民经济和社会发展第七个五年计划》首次提出了"社会保障"概念且单独设章阐述了社会保障改革与社会化问题；1986 年 7 月，国务院颁布《国营企业实行劳动合同制暂行规定》和《国营企业职工待业保险暂行规定》，明确规定国营企业将以劳动合同制取代计划经济时代的"铁饭碗"，在劳动合同制工人中施行待业保险，合同制工人的退休养老实行社会统筹，并由企业和个人分担缴纳保险费。这意味着中国社会保障制度由企业保险转向社会保险，此前的单位保障制度逐渐转向社会保障制度，社会保障开始进入了真正意义上的改革年代（陈磊，2018）。③

此后，国家在社会保障制度中的责任得到了适度控制和调整，改变单位包办社会保障事务的做法成了制度变革的重要内容。从 1991 年 6 月国务院颁布的《关于企业职工养老保险制度改革的决定》中可以发现，劳动者个人也开始承担有象征

---

① 郑功成. 社会保障学［M］. 北京：中国劳动社会保障出版社，2005：60-63.

② 1978 年 6 月，经党中央和全国人大常委会原则批准，国务院颁布《关于安置老弱病残干部的暂行办法》《关于工人退休、退职的暂行办法》，即著名的"104 号文件"，以其明显的拨乱反正特征，成为我国社会保障史上一座标志性界碑。

③ 陈磊. 社会保障让改革开放成果惠及每个人［N］. 法制日报，2018-08-14（4）.

意义的缴费责任，社会保障社会化开始替代社会保障单位化。但此时中国的改革开放发展正处于十字路口，很多重大事件均与国有企业改革尤其是国有企业的劳动体制改革密切相关，新型社会保障制度的因素可以说是在相对被动的条件下开始生长，但也不可避免地打上深厚的为国有企业改革配套的烙印（郑功成，2018）。①

3. 制度框架初步构建阶段（1993~2002 年）

此阶段以 1993 年 11 月党的十四届三中全会通过的《关于建立社会主义市场经济体制若干问题的决定》为起始标志。社会保障制度被确定为市场经济正常运行的维系机制和市场经济体系的五大支柱之一，并首次明确建立多层次的社会保障体系的目标取向和社会保障体系的内容框架，同时规定了城镇职工养老和医疗保险金由单位和个人共同负担，实行社会统筹和个人账户相结合的模式；1994 年颁布《中华人民共和国劳动法》专章规定社会保险内容。自此，我国社会保障体系建设进入以城市为中心全面重构制度的阶段。

中国社会保障社会化以及以"社会统筹与个人账户相结合"为代表的个人责任回归，自此成为改革中追求的主要目标，并越来越多地体现在社会保障政策实践中。1994 年和 1996 年先后颁布《企业职工生育保险试行办法》《企业职工工伤保险试行办法》，重建劳保制度中这两项统筹机制；1995 年 3 月 1 日，国务院发出《关于深化企业职工养老保险制度改革的通知》，正式确立社会统筹与个人账户相结合的养老保险制度模式；1997 年国务院统一了全国企业职工基本养老保险制度；经过"两江试点"②，1998 年确立了适用于所有城镇单位和职工的基本医疗保险制度，社会医疗保险开始取代国家——单位保障制下的公费医疗与劳保医疗；1998 年 3 月，国务院新组建劳动和社会保障部并赋予其主管全国劳动和社会保障行政事务的职责，这使原来多部门分割的社会保险管理体制得以统一；1999 年颁布《失业保险条例》使"待业保险"正式成长为适应市场经济体制的失业保险制度，与同年颁布的《社会保险费征缴暂行条例》和《城市居民最低生活保障条例》共同为推进"两个确保、三条保障线"③ 提供了有力的制度

① 郑功成. 中国社会保障 40 年变迁（1978~2018）——制度转型、路径选择、中国经验 [J]. 教学与研究，2018（11）：5-15.

② 1994 年国家选择在江西九江、江苏镇江等地启动医疗保险制度改革试点。

③ 1998 年，党中央、国务院决定实行"两个确保"，建立"三条保障线"。"两个确保"措施：一是确保国有企业下岗职工的基本生活。在国有企业普遍建立下岗职工再就业服务中心，由再就业服务中心为下岗职工发放基本生活费，并为他们缴纳社会保险费，所需资金从政府财政、企业和社会三方面共同筹集，同时组织下岗职工参加职业指导和再就业培训，引导和帮助他们实现再就业。二是确保离退休人员的基本生活，保证按时足额发放基本养老金。"三条保障线"政策：国有企业下岗职工在再就业服务中，最长可领取 3 年的基本生活费；2 年期满仍未实现再就业的，可继续领取失业保险金，领取时间最长为两年；享受失业保险金期满仍未就业的，可申请领取城市居民最低生活保障金。

支持。至此，城镇五项社会保险和低保制度的总体框架已见雏形。

4. 走向覆盖全民阶段（2003~2011 年）

2003~2011 年是社会保障改革开启统筹城乡、走向全民的时期。这一阶段社会保障逐渐摆脱了被动地为国有企业改革配套和为市场经济服务的附属角色，成为一项基本的社会制度并进入全面建设时期。如 2004 年《工伤保险条例》颁布；2005 年企业职工基本养老保险制度定型；2006 年修订《农村五保供养工作条例》，2007 年农村最低生活保障制度在全国推行，并加快完善以最低生活保障制度为核心的城乡社会救助制度；2007 年启动城镇居民基本医疗保险试点；2009 年开始进行新型农村社会养老保险的试点工作，2011 年在城镇非就业成年居民中试行的同类制度称为"城居保"，两项制度在 2012 年同步普及；2010 年起实行社保关系转移接续，打破地区分割，同年试行社会保险基金预算制度。社会保障制度改革从单项推进发展到了统筹规划、整体推进，从效率取向走向维护公平正义，从封闭化格局全面走向社会化和去单位化，建立独立于企事业单位之外的社会保障体系、筹资渠道多元化、管理服务社会化，成为社会保障改革的目标。

这一阶段最重大的社保事件有两个：①2009 年 5 月 22 日中共中央政治局首次以社会保障体系建设为主题进行集体学习，表明对社会保障重要性的深刻认知，也凸显出加快完善社保体系在平复经济波动中的特殊功能（胡晓义，2021）；① ②2010 年 10 月颁布、2011 年 7 月 1 日起施行的《中华人民共和国社会保险法》，指明了中国要建立以权利与义务相结合的社会保险为主体的新型社会保障体系，使我国社会保险制度发展全面进入法制化轨道。本时期不仅确立了社会保障制度的公平价值取向和全面协调发展的建制理念，而且中央政府开始主导全国的社会保障改革，实现了从自下而上到自上而下、从自发变革到自觉变革、从被动配套到主动建设、从单项推进到综合推进、从双轨并存到全面建设新制度的转变（蔡昉等，2018）。② 虽然新型社会保障体系还需要通过深化改革和优化制度才能最终定型，但其发展实践客观上表明了中国社会保障制度正在从长期试验性改革状态走向成熟发展的新阶段（郑功成，2018）。③

（三）党的十八大以来社会保障制度发展

1. 重大改革时间节点与任务

党的十八大以来，随着中国改革开放事业的不断发展，社会主义市场经济体

① 胡晓义. 百年征程社保梦［J］. 中国社会保障，2021（7）：10-18.

② 蔡昉，李培林，谢寿光. 中国经济改革与发展（1978~2018）［M］. 北京：社会科学文献出版社，2018：251-273.

③ 郑功成. 中国社会保障40年变迁（1978~2018）——制度转型、路径选择、中国经验［J］. 教学与研究，2018（11）：5-15.

制的不断完善，中国共产党的社会保障政策紧紧围绕全面建成小康社会、满足人民对美好生活的向往、建设社会主义现代化强国的重大目标与中心任务，全面推进中国特色社会保障制度建设。本阶段是我国社会保障制度改革力度最大、发展最迅速、惠及全民广度显著扩张的时期，也是各项社会保障制度逐渐通过立法走向定型的过程。

2012 年党的十八大在"全面建成小康社会"的总目标下，确定了"社会保障全民覆盖"的任务，对中国特色社会保障制度的基本功能做出明确定位，即"社会保障是保障人民生活、调节社会分配的一项基本制度（胡锦涛，2012）。"[1] 社会保障制度建设在党和国家事业发展总体布局中的角色不再被作为推动经济体制改革的工具，也不再仅仅是为了保障人民群众的基本生活，而是为了保障人民生活和调节社会分配（丁建定，2021），[2] 并发展成为国家的一项重要社会经济制度。2013 年党的十八届三中全会围绕"建立更加公平可持续的社会保障制度"部署一系列深化改革举措；2015 年党的十八届五中全会提出"十三五"时期要"按照人人参与、人人尽力、人人享有的要求，坚守底线、突出重点、完善制度、引导预期，注重机会公平，保障基本民生，实现全体人民共同迈入全面小康社会"。

2017 年党的十九大提出"按照兜底线、织密网、建机制的要求，全面建成覆盖全民、城乡统筹、权责清晰、保障适度、可持续的多层次社会保障体系"（习近平，2017）；[3] 2019 年党的十九届四中全会围绕推进国家治理体系和治理能力现代化，提出"健全幼有所育、学有所教、劳有所得、病有所医、老有所养、住有所居、弱有所扶等方面国家基本公共服务制度体系""完善覆盖全民的社会保障体系"；2020 年党的十九届五中全会提出"实施积极应对人口老龄化国家战略""健全覆盖全民、统筹城乡、公平统一、可持续的多层次社会保障体系"的建议，并被写入国家"十四五"规划和 2035 年远景目标纲要；2021 年 2 月 26 日，中共中央政治局再次以完善覆盖全民的社会保障体系为主题进行集体学习，要求各级党委和政府"深化对社会保障工作重要性的认识，把握规律，统筹协调，抓好党中央决策部署和各项改革方案的贯彻落实，在健全覆盖全民的社会保障体系上不断取得新成效"（胡晓义，2021）。[4]

① 胡锦涛. 坚定不移沿着中国特色社会主义道路前进 为全面建成小康社会而奋斗［M］. 北京：人民出版社，2012：36.

② 丁建定. 中国共产党百年社会保障政策：时代目标与实践取向［J］. 社会保障评论，2021（2）：20-33.

③ 习近平. 决胜全面建成小康社会夺取新时代中国特色社会主义伟大胜利——在中国共产党第十九次全国代表大会上的报告［N］. 人民日报，2017-10-28.

④ 胡晓义. 百年征程社保梦［J］. 中国社会保障，2021（7）：10-18.

2022 年党的二十大提出"健全覆盖全民、统筹城乡、公平统一、安全规范、可持续的多层次社会保障体系",对进一步完善我国社会保障事业明确了思路,对促进我国社会保障事业高质量发展、可持续发展提出了全新的要求。在医疗保险方面具体指出:"扩大社会保险覆盖面,健全基本养老保险、基本医疗保险筹资和待遇调整机制,推动基本医疗保险、失业保险、工伤保险省级统筹。促进多层次医疗保障有序衔接,完善大病保险和医疗救助制度,落实异地就医结算,建立长期护理保险制度,积极发展商业医疗保险。"在养老保险方面指出:"完善基本养老保险全国统筹制度,发展多层次、多支柱养老保险体系",还涉及实施渐进式延迟法定退休年龄,加快完善全国统一的社会保险公共服务平台,健全社保基金保值增值和安全监管体系,完善残疾人社会保障制度和关爱服务体系,促进残疾人事业全面发展等。2024 年 7 月党的二十届三中全会提出,"在发展中保障和改善民生是重大任务",民生建设注重"普惠性、基础性、兜底性",其中"收入分配""就业优先""社会保障""医药卫生""人口发展"等人民最关心最直接最现实的利益问题是改革的重点。

2. 重大改革发展举措

为加快提升社会保障制度实施效果,推动社会保障高质量发展,重点在以下五个方面采取有力的政策措施:

(1)推进社会保障制度整合以促进社会公平。社会保险制度结构不断优化,2014 年在全国范围内建立统一的城乡居民基本养老保险制度;2014 年 10 月 1 日起施行《关于机关事业单位工作人员养老保险制度改革的决定》,标志着非缴费型的机关事业单位退休金制度终止运行,实现机关事业单位职工和企业职工基本养老保险制度并轨,建立职业年金制度;2016 年开始在全国范围内建立起统一的城乡居民基本医疗保险制度;2016 年 6 月 27 日人力资源社会保障部办公厅印发《关于开展长期护理保险制度试点的指导意见》,探索建立长期护理保险制度;2016 年 9 月 1 日起施行《中华人民共和国慈善法》,使中国慈善事业的发展有了法律依据;2017 年完善和促进医疗救助和大病保险制度之间的有效衔接;2018 年全面推进生育保险和职工基本医疗保险合并实施,建立基本养老保险中央调剂基金。

(2)推进针对低收入群体的社会保障制度建设。2014 年 5 月 1 日起施行《社会救助暂行办法》,明确了"8+1"社会救助制度体系并强调社会救助制度与其社会保障制度相衔接,是我国第一部统筹各项社会救助制度的行政法规,标志着我国社会救助制度进入定型发展的新阶段;2015 年全面建立困难残疾人生活补贴和重度残疾人护理补贴制度,建立残疾人社会保障和服务体系的基本框架;2018 年建立残疾儿童康复救助制度;2020 年《关于改革完善社会救助制度的意见》提出要建立健全分层分类的社会救助体系，切实兜住兜牢基本民生保障底线。

（3）推进社会保障责权关系均衡化。2017年规定划转10%的企业国有股权充实社会保障基金，明确企业年金是指企业及其职工在依法参加基本养老保险的基础上，自主建立的补充养老保险制度，强调了商业养老保险在完善我国养老保障体系、促进养老服务业发展、推动经济提质增效方面的重要作用；提出全面推行以按病种付费为主的多元复合式医保支付方式的政策；2018年建立基础养老金正常调整机制、个人缴费档次标准调整机制和缴费补贴调整机制，开展个人税收递延型商业养老保险试点；2019年降低养老保险的单位缴费比例，调整社会保险缴费基数的相关政策，加快推进社会养老保险制度的省级统筹，稳步推进社会保险费征收制度的改革进程。

（4）着力推进养老和健康服务体系建设。2013年《关于加快发展养老服务业的若干意见》，标志着中国养老服务业进入补短板的全面发展时期，提出全面建成以居家为基础、社区为依托、机构为支撑的，功能完善、规模适度、覆盖城乡的养老服务体系，建成覆盖全生命周期、内涵丰富、结构合理的健康服务业体系；2015年提出建成覆盖城乡、规模适宜、功能合理、综合连续的医养结合服务网络；2016年提出全面放开养老服务市场，逐步完善养老物质保障、服务保障和精神慰藉相结合的制度保障体系；2017年强调加强对残疾人教育的支持保障，强化对0~6岁残疾儿童、城乡贫困残疾人、重度残疾人等特殊残疾群体的保障力度；2019年提出持续完善居家为基础、社区为依托、机构为补充、医养相结合的养老服务体系；按照儿童优先原则，最大限度地保护婴幼儿，确保婴幼儿的安全和健康；2020年提出健全老有所养、幼有所育的政策体系，统筹推进城乡养老托育发展，支持普惠性服务发展，扩大多方参与、多种方式的服务供给，拓宽普惠性服务供给渠道；2021年《"十四五"积极应对人口老龄化工程和托育建设实施方案》提出，到2025年，进一步改善养老、托育服务基础设施条件，推动设施规范化、标准化建设，增强兜底保障能力，增加普惠性服务供给，提升养老托育服务水平，逐步构建居家社区机构相协调、医养康养相结合的养老服务体系，不断发展和完善普惠托育服务体系（丁建定，2021）。[①] 2025年1月1日起实施渐进式延迟法定退休年龄。

（5）社会保障管理机构改革助力社会保障制度整合。2018年3月，国务院机构改革，在保留民政部、人力资源社会保障部的同时，新组建退役军人事务部、国家医疗保障局、国家卫生健康委员会，调整全国社会保障基金理事会隶属

---

① 丁建定．中国共产党百年社会保障政策：时代目标与实践取向［J］．社会保障评论，2021（2）：20–33.

关系，改革国税地税征管体制，使整个社会保障管理体制得以重构；在实现基本养老保险全国统筹后，税务总局将成为基本养老保险缴费的征管经办机构，基本养老保险基金收支将直接由全国社会保障基金理事会负责托管，地方政府将不再介入基本养老保险缴费及其基金收支。

总体上看，中国社会保障制度的发展路径经历了从被动变革到主动变革，从自下而上到自上而下，从试点先行与单项改革到中央政府顶层设计与全面推进，从服务并服从于经济体制改革到独成体系地影响、维系和促进社会公正与经济发展的渐进式过程（郑功成，2018），[①] 是具有中国特色的社会保障改革和发展之路。目前，我国社会保障制度改革已进入系统集成、协同高效的阶段，这既是对我国社会保障制度改革时空方位的准确判断，也是新时代加快社会保障制度高质量发展的基本遵循。

第四节　数字化时代的社会保障制度

一、全球社会保障面临的挑战

社会保障是依法设立、政府主导实施的保障人民权利和增进人民福祉的基本制度安排，是人类工业化的产物并伴随现代化进程而发展。虽然社会保障在适应各国国情差异基础上的发展步伐有先有后、有快有慢，发展实践有成功典范也有负面案例，但作为人类应对普遍人生风险的社会化机制，全球各国面临着相似度极高且需要共同面对的风险与挑战。[②]

（一）人口老龄化的重压冲击

人口老龄化及其不可逆转趋势是全世界的现实问题。中国自 2000 年进入老龄化时代以来，经过近 20 年来的发展，快速地从轻度老龄化进入中度老龄化，老年人口数量多、老龄化速度快、老龄化城乡差异和区域差异大、老年抚养比提高快、应对人口老龄化任务重，给"实现共同富裕"背景下社会保障制度改革带来全面而深刻的影响。欧洲大多数国家与日本等国更是已处于深度老龄化阶段，人口结构加速老化令其政府背负了沉重的财政预算压力和社会保障负担，经济创新动力渐失和经济活力降低的景象已经显现。此外，人口老龄化对世界各国社会保障制度的财务可持续性带来严峻挑战，社会保障制度结构亟须调整，社会

---

① 郑功成. 中国社会保障改革与经济发展：回顾与展望 [J]. 中国人民大学学报，2018（1）：37–49.

② 2023 年 8 月 26~27 日，第十七届社会保障国际论坛在西安举行，论坛主题是"国家现代化与社会保障高质量发展"。中国社会保障学会会长、中国人民大学教授郑功成在开幕致词中提出"全球社会保障面临着五大挑战"，其基本观点是形成本节内容的基础，笔者做了进一步阐释和拓展。

保险权利义务关系重构问题受到特别重视。如领取养老金者越来越多而缴纳养老保险费者相对减少，养老金支付压力将持续上升；医疗费用支出持续增长而医保基金来源减少，需要付出的健康维护成本大幅增长，对医养服务等方面的需求也会日益高涨；老年抚养比快速提高，需要发达的社会化养老服务体系或服务网络以满足老年人需求；劳动年龄人口数量开始绝对减少，对就业结构与经济发展将产生影响。这都需要社会保障制度适应新时代下的经济发展水平与财政能力、人口数量结构与区域分布、劳动力市场与就业形态等做出主动、积极的结构调整与参数改革。

（二）灵活就业①渐成主流

随着信息技术的日益发达和互联网的广泛应用，移动互联网、大数据、云计算等数字技术与实体经济开始深度融合，产生了许多新产业、新业态和新模式，使劳动形态日益复杂化。尤其是数字经济的快速发展，催生了各种以互联网信息平台为依托的新就业形态，平台经济、零工经济、共享经济下的灵活从业人员规模持续扩大，这一方面提升了就业的不稳定性，另一方面导致了建立在传统劳动关系基础之上的社会保险制度的不适应性日益显性化。依附于传统雇佣关系的劳动法律体系不太适合新就业形态发展的要求，因为灵活就业实际上游离在传统的正规就业劳动关系之外，越来越多的灵活就业劳动者将面临较大的社会风险，以社会保险为核心的社会保障制度如果不做深刻调整，便无法适应就业格局的新变化，不仅不利于保障劳动者的权益，而且不利于现行社会保障制度的持续发展（郑功成，2022）。② 因此，能否全面有效地覆盖各种形式就业的劳动者，特别是在非标准就业模式下工作的劳动者，是全球社会保障体系面临的挑战。

（三）第四次工业革命需要与之相匹配的社会保障制度

以信息化、数字化、智能化为表征的第四次工业革命正在全方位地影响甚至改变着当今世界的生产方式、生活方式与社会治理方式，也重构了财富创造格局与收入分配格局（如中国的网红经济），如果社会保障制度还只是简单地延续着传统的再分配路径，其促进公平的效用将日益衰减，因为传统路径的社会保障再分配很难合理调节网络时代的财富分配格局。同时，新经济、新业态打破了传统雇佣模式与劳资关系平衡，数字化时代下原有商业模式与治理体系均发生了重大变化，固定工作场所和管理模式逐渐解体，灵活工作场所的风险性质发生了改变，标准劳动关系受到颠覆式冲击，传统社会保障制度越来越难以覆盖全体劳动

---

① 灵活就业作为一种就业形态早已有之，通常是指"在劳动时间、劳动报酬、工作场地、社会保险、劳动关系等至少一方面不同于传统的、建立在工业化和现代大工厂制度基础之上的、主流就业方式的总称"。

② 郑功成. 中国社会保障：现状、挑战与未来发展 ［J］. 中国社会保障，2022（9）：20-23.

者，各国社会保障制度的参保、征缴、经办等面临着数字化转型挑战，让社会保障治理能够尽快适应数字化时代的新业态，才能更好地促进社会公平。

（四）社会公众的价值观更加多元

现行社会保障制度的建立，在客观上包括诸多传统元素，如传统家庭、正规就业、社会共享、集体主义等主流价值观，但当代年轻人追求自由、个性化，全球化又加速了多元价值取向的传播与影响，不婚不育以及非传统家庭形态、灵活就业、独善其身等选择日益凸显，如果不对社会保障制度进行相应的变革，其受欢迎程度将不可避免地下降。

（五）区域发展不平衡与贫富差距依然严重

中国在过去10年圆满完成了近亿人口的脱贫攻坚任务，全面建成了小康社会，但低收入群体规模仍然庞大，社会结构仍然是金字塔形，基尼系数居高难下，而不同地区的发展差距更直接影响到社会保障制度的统一性，甚至造成社保基金筹集、待遇水平和管理效率的不均衡等诸多问题。因此，促平等、推动区域协同发展应当成为社会保障制度的重要使命。

（六）国际环境不确定性增加

随着技术、经济、人口等各方面的发展变革，世界各国受到不可预见的政治、经济、社会、移民、技术、环境和极端事件的冲击影响越发频繁。在不确定性因素日增的大变局时期，社会保障制度作为社会"安全网""减震器"的功能越来越重要，社会公众对社会保障有着更高的期待，对社会保障服务水平有着更高的要求，社会保障制度高质量建设发展的压力也将越来越大。

二、数字经济对劳动就业与社会保障的影响

在工业社会以及前工业社会里，科学技术的进步虽然可以减少人类的劳动，但无法取消人类劳动本身。进入数字化时代后，数字经济带来各种新业态不断扩展，新一轮技术革命带动了生产资料的数字化、信息化、智能化、网络化，在劳动者与生产资料的结合与互动中，机器人和人工智能挤压了原有劳动者的劳动空间与职业领域，出现了大量不同于传统标准雇佣模式[1]的新就业形态[2]，这对于适应机器大工业时代的劳动关系和社会保障政策体系的冲击巨大。

---

① 标准雇佣模式主要是指签订劳动合同的标准劳动关系模式，劳动者工作时间、地点和内容基本固定，一人对应一个用人单位且呈现出较强的从属关系，全日制工作且收入稳定。

② 党的十八届五中全会公报和2016年政府工作报告中均提到"加强对灵活就业、新就业形态的支持"，首次提出"新就业形态"的概念说法，概括了新一轮信息技术革命所导致的就业模式、工作模式的巨大变化，反映出中国劳动力市场中出现的新趋势。国内理论界多以"互联网就业""零工就业""平台灵活就业""新业态灵活就业""互联网+灵活就业""网约工"等诸多表述呈现，说法虽有区别，但其本质都是数字经济发展的结果，意指与互联网挂钩、以数字平台形式组织劳动力要素、打破时间空间与内容制约的弱从属性就业状态。

（一）数字经济对劳动就业的影响

1. 社会就业结构日渐单一

智能机器人与人共生将成为今后数字社会的常态，机器人挤压本该由人去承担的工作成为未来社会的常态。进入数字化智能时代，整个社会的就业将由现在的城乡就业向未来社会的城镇就业转变，甚至淡化地域色彩的就业逐渐成为社会的主轴；从现在的主要依靠知识、技能就业向未来依靠信息自动化技术就业发展，那种不需要知识特别是计算机知识的工作岗位日渐减少；从以单位、行业等有雇佣关系为主的工业社会就业走向未来社会淡化雇佣关系、淡化部门、淡化领域以及淡化单位的就业，人类不再关心就业的所有制结构；从追求就业率提升的工业社会到就业率及就业总量不断下降的数字智能时代，人们不再关注就业的量，而更多地关注就业意愿及自我实现（高和荣，2021）。①

2. 就业更具自主性和灵活性

随着数字化与智能化的发展，以传统雇佣劳动关系以及与此相关的就业保护、福利待遇制度为特征的就业方式将受到冲击，无雇佣关系的自主择业和雇佣弹性化就业方式将会涌现。包括远程工作、居家工作、零工工作、平台工作在内的新就业形态突破了空间和时间的限制，使劳动者的雇佣期限、工作时间、工作地点、工作内容等更加灵活，就业的灵活性、自主性不断增强（胡放之，2021）。② 劳动者可以根据自己的需求和能力选择工作时间、地点和任务，甚至会接受多个雇主的工作安排、获得多份薪酬回报。

3. 雇佣关系性质认定困难

在传统就业形态中，用人单位与劳动者通过签订劳动合同与劳动者建立劳动关系，用人单位对劳动者有一定的控制权，如决定工作时间、工作方式等，与劳动者权益相关的法律和制度都建立在劳动合同和劳动关系中。但在新就业形态下呈现出劳动关系主客体不明晰的就业状态，传统意义上的上下级关系、雇佣与被雇佣关系难以再现，工作场所不固定、工作时间灵活、服务对象多元、自由择业普遍成为数字化时代鲜明的就业特色。再加上平台企业为降低用工成本，在新型用工中存在故意"去劳动关系化"倾向，如采用劳务派遣关系替代劳动关系，或采用众包、外包、加盟、代理、承揽等方式拉长用工链条，或让劳动者注册为个体工商户成为商事主体等规避劳动关系，或利用任务化用工方式掩盖劳动关系，导致新就业形态劳动者面临"无雇主化"或"多雇主化"等劳动关系认定难的困境（杨思斌，2022），③ 数字经济新业态从根本上改变了企业和从业者之

① 高和荣. 人工智能时代的社会保障：新挑战与新路径 [J]. 社会保障评论，2021（3）：3-11.
② 胡放之. 数字经济、新就业形态与劳动力市场变革 [J]. 学习与实践，2021（10）：71-77.
③ 杨思斌. 加强灵活就业和新就业形态劳动者权益保障 [J]. 行政管理改革，2022（12）：12-19.

间的关系。

(二) 数字经济对劳动者社会保障权益的影响

1. 现行社会保障法律法规对新就业形态劳动者权益保护不到位

随着移动互联网、大数据、云计算等信息技术广泛运用，新经济、新技术、新产业、新业态迅猛发展，催生了一大批不同于标准雇佣模式以及传统非正规就业模式的新就业形态。这种就业形态呈现关系灵活化、工作碎片化、工作安排去组织化和去雇主化的特征，这与传统就业形态中由雇主组织生产、工作时间与工作场所相对固定的就业形态有较大差异，也给劳动者用工关系性质的认定带来极大争议，以致现行法律法规对新就业形态下劳动者社会保险权益的保护不到位。因为现行法律体系对包括社会保险权在内的劳动者权益保障规定，都是建立在稳定、正规劳动关系的基础上，而且目前大部分劳动力市场政策如最低工资、企业承担的社会保障、休息休假、工伤事故赔偿等，都是以用人单位与劳动者建立传统意义的劳动关系为基础，有劳动关系性质的劳动者能够得到法律强保护（李志明，2023），[①] 劳动者与平台企业之间的用工关系难以被认定为劳动关系性质的，只能实现弱保护，甚至得不到法律保障。不可否认，新就业形态的发展创造了更多的工作岗位，增加了弱势群体的就业机会，转移了劳资双方传统利益冲突和矛盾的焦点，但也扩大了劳动者个体所面临的无就业保护风险，尤其是没有固定的单位为其缴纳社会保险费，生活保障容易陷入不稳定状态。

2. 新就业形态劳动者较高的职业风险无法通过社会保障有效化解

在新就业形态劳动者中，大多数为低技能、收入不稳定的劳动者，其职业生涯往往被分割为无数片段，流动性强，工作变换频繁，职业培训严重缺失，劳动技能水平难以获得持续提升，职业伤害风险不仅高，而且职业发展空间受限，需承受"机器换人"带来的高失业风险。建立在传统劳动关系上的社保体系还无法很好适应数字经济发展的要求，现行的失业保险、工伤保险和生育保险制度均属于"正规就业关联型"，未签订劳动合同的新就业形态劳动者无法参保。虽然灵活就业人员和新就业形态劳动者可以个人身份参加职工基本养老保险和基本医疗保险，但个人缴费较高、负担重；如果他们选择参加面向城乡居民的基本养老保险和基本医疗保险，那么又需要回到户籍所在地且最终能够获得的保障水平较低；还有部分新就业形态劳动者完全处于"脱保"状态，没有参加任何形式的养老或医疗保险，而且最容易遭受职业安全风险和意外伤害风险的影响，还不能通过社会化的方式得以化解。

中国政府高度重视新就业形态下的劳动者权益保障问题。2020 年 5 月 23 日，

---

① 李志明. 加强新就业形态劳动者社会保险权益保障 [J]. 中国党政干部论坛，2023 (4)：68-71.

习近平总书记在全国政协经济界联组会上谈到新就业形态时指出，"同'新就业形态'相配套的法律法规政策措施不能姗姗来迟"。2020 年 11 月 24 日，习近平总书记在全国劳动模范和先进工作者表彰大会上的讲话中又进一步明确要求，"要适应新技术新业态新模式的迅猛发展，采取多种手段，维护好快递员、网约工、货车司机等就业群体的合法权益"。党的二十大报告指出："完善促进创业带动就业的保障制度，支持和规范发展新就业形态。健全劳动法律法规，完善劳动关系协商协调机制，完善劳动者权益保障制度，加强灵活就业和新就业形态劳动者权益保障。"2022 年 12 月 15 日至 16 日，习近平总书记在中央经济工作会议上再次强调要"加强新就业形态劳动者权益保障"。这些论述体现了"坚持以人民为中心的发展思想"，为加强灵活就业和新就业形态劳动者权益保障提供了根本遵循，具有很强的指向性和重大的现实意义。

【思考题】

1. 社会保障制度的概念和特点是什么？
2. 思考社会保障的目标和作用。
3. 简述西方社会保障制度发展历史。
4. 简述中国社会保障制度发展历史。
5. 简述数字化时代下全球社会保障制度面临的挑战。
6. 简述数字经济对我国劳动就业与社会保障制度的影响。

第二章 社会保障体系与管理

学习目标

通过本章学习，了解社会保障体系的概念和中国社会保障体系的基本构成，准确把握党的二十大报告和党的二十届三中全会对健全多层次社会保障体系的总体要求和战略部署，掌握社会保障管理的内容和社会保障卡实务知识。

第一节 社会保障体系

由于影响社会保障发展的因素复杂多样，加上世界各国的国情差异甚大，各国在建立自己的社会保障体系时，都经历了一个从单一项目到多类项目、从单一层次到多层次保障、从相互分割的零散措施到相互协调的完整体系的发展过程。

一、社会保障体系的概念

社会保障体系，是由社会保障各个有机组成部分所构成的整体，是由相对独立又相互联系的一系列社会保障项目所构成的项目综合。具体而言，社会保障体系是指国家依法建立起来保障国民生活、维护社会稳定、促进社会和谐发展的系统，是由社会保险、社会救助、社会福利、军人保障以及各种具有互助共济功能的补充性保障机制共同编织成的社会"安全网"。从世界各国的社会保障实践来看，社会保障项目是否全面、是否尽可能多地分散人生风险，通常是衡量社会保障制度完备性的重要依据（郑功成，2005）。[①]

从横向比较来看，各个国家或地区的社会保障体系往往不尽相同。社会保障制度的建立和发展要受到所在国家或地区的经济、政治、社会、文化、历史以及所处发展阶段等多重因素的影响，在社会保障的项目设置、覆盖范围、保障水平、给付标准等方面也不可能完全一致。

从纵向比较来看，各国的社会保障体系也一直处于不断调整、充实和完善之中。社会保障制度必须不断地适应社会经济的发展，符合社会成员对社会保障需

---

① 郑功成. 社会保障学［M］. 北京：中国劳动社会保障出版社，2005：242-244.

求的变化，其覆盖范围、项目设置和待遇水平等也必须进行动态、适时的调整。只有社会保障体系与本国国情相适应，与所处时代相吻合，并发挥应有的功能作用，社会保障才能说是合理、有效的制度安排。

二、中国社会保障体系构成

改革开放以来，中国特色社会保障体系建设取得了历史性进展，现代社会保障体系框架初步形成。目前，中国社会保障体系是一个包括社会救助、社会保险、社会福利、社会优抚四大法定基本保障系统和慈善事业、补充保险、商业保险等补充保障系统在内的庞大制度体系。

（一）法定基本保障系统

中国社会保障体系的法定基本保障系统，主要是由国家立法统一规范、政府主导建立且具体实施的基本保障项目，包括社会救助、社会保险、社会福利、社会优抚四大制度化项目。

1. 社会救助

社会救助是政府和社会依据法律规定，对因自然灾害或其他原因而无法维持最低生活水平的个人和家庭给予无偿的物质帮助并满足其生存需要的一项社会经济制度。社会救助的目的是扶贫济困，保障公民享有基本的生活水平；社会救助对象主要是受灾者、生活遭遇不幸者和贫困者等社会弱势群体；社会救助的基金来源主要是国家财政拨款和社会捐赠。社会救助是基础的、最低层次的社会保障，是社会保障体系中的最低纲领。

社会救助坚持保民生、托底线、救急难和可持续的方针，遵循社会救助水平与经济社会发展水平相适应，与社会保险、社会福利等制度体系相衔接，以公开、公平、公正、及时为实施原则，确保社会弱势群体的基本生活需要。党的十八大后，中国确立了"8+1"社会救助体系框架。其中，"8"是指八项救助，即最低生活保障、特困人员供养、受灾人员救助、医疗救助、教育救助、住房救助、就业救助、临时救助；"1"是指社会力量参与，这是对以政府为主导的社会救助工作的重要补充，主要是鼓励社会力量通过捐赠、设立帮扶项目、创办服务机构、提供志愿服务等方式参与社会救助。

2. 社会保险

社会保险是指国家（或政府）通过立法强制实行，由劳动者、用人单位（或雇主）和国家（或政府）三方共同筹资，建立专项保险基金，对劳动者因年老、疾病、工伤、失业、生育、残废、死亡等原因而丧失劳动能力或暂时失去收入来源时，给予劳动者本人或供养直系亲属一定的经济补偿、物质帮助和服务的一项社会经济制度。社会保险的目的是保障工薪劳动者的基本生活需要，属于基本性的保障机制；社会保险对象是法定范围内的社会劳动者；社会保险的基金主要来源于用人单位、劳动者依法缴费（或税）及国家财政资助。社会保险是社会保障体系的重要组成部分，在社会保障体系中居于核心地位。

由于社会保险所承担的风险是劳动者生命周期全过程中丧失收入来源的劳动风险，在实践中表现为年老风险、疾病风险、职业伤害风险、失业风险和生育风险等，主要建立了养老保险、医疗保险、工伤保险、失业保险和生育保险来应对和化解。但随着人口老龄化、高龄化加剧，失能人员长期护理保障不足成为亟待解决的社会性问题，自2016年起国家组织部分地方积极开展长期护理保险制度试点，并于2020年9月16日发布《关于扩大长期护理保险制度试点的指导意见》，从制度定位上明确了长期护理保险是一种为长期失能人员的基本生活照料和与之密切相关的医疗护理提供服务或资金保障的社会保险制度，也被业内称为社保"第六险"①。

3. 社会福利

社会福利是指国家（或政府）依法为所有社会成员普遍提供的旨在保证一定生活水平和尽可能提高生活质量的资金、服务和设施的一项社会经济制度。社会福利是一种社会服务政策、事业和措施，目的在于提高全体社会成员的物质和精神生活水平，增进公众福利；社会福利对象是法定范围内的全体社会成员；社会福利基金的重要来源是国家税收和社会组织自愿捐款。社会福利是最高层次的社会保障，是社会保障体系中的最高纲领。

中国社会福利内容庞杂，根据划分标准的不同，社会福利的内容和分类也各不相同。最常见的是按享受对象的类别来划分，主要有以下六种类型：①为全体社会成员提供的公共福利；②为本单位、本行业从业人员及其家属提供的职业福利；③专为老年人提供的老年福利；④为婴幼儿、少年儿童提供的儿童福利；⑤为妇女提供的妇女福利；⑥为残疾人提供的残疾人福利。

4. 社会优抚

社会优抚是指国家和社会对军人及其家属等有特殊贡献者所提供的各种优待、抚恤、养老、就业安置等综合性待遇和服务的一项保障制度。社会优抚对象是为革命事业和保卫国家做出牺牲和贡献的特殊社会群体，具体包括军人（现役、退伍、复员、残废军人）及其家属。社会优抚的基金来源主要是国家财政拨款。社会优抚是社会保障体系中的特殊构成部分，是社会保障体系的特殊纲领。

---

① 长期护理保险是在养老、医疗、工伤、失业、生育5项社会保险之外新增的一项社会保险险种，重点解决重度失能人员基本生活照料和医疗护理所需费用。自2016年试点以来，目前已扩大到49个试点城市，经过两轮试点取得了阶段性成果，也面临着诸多难题，特别是试点城市之间的经济状况差异较大，各地都是根据自身的特点来建设相应的长期护理险制度，缺乏全国统一、规范的制度"章法"。鉴于长期护理保险试点城市范围少且多处于"摸着石头过河"的阶段，本书暂未将其列为单章论述。

中国社会优抚主要包括抚恤制度、优待制度和社会安置。其中，抚恤制度包括现役军人的死亡抚恤和伤残抚恤两种；优待制度包括现役军人家庭享受的优待、医疗优待、工作和入学优待、住房优待、子女优待、生活优待、安置优待等；社会安置包括退伍义务兵安置、退役士官安置、军队离退休人员接收安置等。

（二）补充保障系统

中国社会保障体系的补充保障系统，主要是由政府倡导支持、市场和社会组织具体实施的补充保障项目，包括慈善事业、补充保险和商业保险等非制度化的补充措施，它是社会保障法定基本保障系统的有益补充。

1. 慈善事业

慈善事业是建立在社会捐助基础上的民营社会性救助事业，是以社会成员的慈善和爱心为道德基础，以社会各界人士的自愿捐献为经济基础，以民间公益事业团体为组织基础，以公众参与为群众基础，并通过经济援助的手段来解决需要帮扶救助的社会成员的贫困、疾病医疗和生活困难等问题。

慈善事业是中国特色社会保障体系的重要组成部分，是政府主导下的法定社会保障体系的一种必要补充，在整个社会发展进步中发挥着非同寻常的作用。首先，慈善事业扶困助弱的功能在客观上形成了对官方社会救助的有效补充，明显减轻了政府的财政压力。其次，慈善事业的活动内容已经从传统的救灾救援、扶贫助残、尊老爱幼、安老助孤，逐渐扩展到文化、教育、科技、卫生、环保、体育等诸多公益领域，慈善公益活动的形式也越来越多样，网络募捐成为互联网时代的公益慈善新模式。最后，党的十八大以来，特别是 2016 年 9 月 1 日《中华人民共和国慈善法》施行以来，以"政府推动、民间运作、社会参与、各方协作"为特征的中国特色慈善事业的大格局正在逐步形成（王学军，2017），[①] 更好地发挥其作为社会保障的重要补充作用。

2. 补充保险

补充保险是指用人单位在国家相关法规、政策的规范和指导下，为本单位职工建立的一种具有政策性、团体福利性、辅助性保障制度，是职业福利的重要内容之一。用人单位根据自身经济实力自主建立的补充保险，其基本目的是吸引人才、保留人才、培养人才和激励人才，最终实现用人单位的利益最大化；补充保险的基金来源可由用人单位完全承担，或由用人单位和职工双方共同承担。

目前中国的补充保险主要包括补充养老保险和补充医疗保险两大类，而补充养老保险又分为企业年金和职业年金两种形式。其中，企业年金是企业及其职工

---

① 王学军. 中国特色慈善事业大格局逐步形成［N］. 中国红十字报，2017-11-07（3）.

在依法参加基本养老保险的基础上，自愿建立的补充养老保险制度，是对政府主导的基本养老保险制度的重要补充；职业年金是指机关事业单位及其职工在参加机关事业单位基本养老保险的基础上，建立的补充养老保险制度。企业年金和职业年金都是一项职业福利，是企事业单位人力资源管理、薪酬福利管理的重要组成部分，两者最大的区别在于职业年金具有强制性，而企业年金的建立是企业的自愿行为。

补充医疗保险是相对于政府建立的法定基本医疗保险而言的。补充医疗保险是在用人单位及其职工参加统一的基本医疗保险后，由单位或个人根据需求和经济条件，适当增加医疗保险项目，来提高保障水平的一种补充性保险，是基本医疗保险的有力补充，也是多层次医疗保障体系的重要组成部分。

3. 商业保险

商业保险是以合同方式集合众多受同样风险威胁的被保险人，通过订立保险合同，由专门的保险企业经营的一种保险形式。商业保险关系或交易行为，是由投保人或被保险人向保险公司（或保险人）支付一定的保险费，将自己特定的风险转移给保险公司（或保险人），当约定风险或事故发生后，由保险公司（或保险人）根据保险合同承担赔偿保险金责任的一种风险管理机制。

商业保险作为一种等价交换、自愿投保的商业行为，以投资盈利为主观目的，但从客观实践来看，在一定程度上也起到了与社会保险相同的功能作用，是基本社会保险的重要补充。例如，商业保险体现了投保人之间的互助互济，有着风险分散、风险共担、消化损失、经济补偿的功能。需要指出的是，虽然商业保险能够帮助社会成员应对部分人生风险，并弥补基本社会保障制度的不足，但商业保险的盈利行为和商业属性，决定了其本身就有很大的经济风险和不稳定性，也不可能保障社会大多数成员的利益。因此，无论商业保险多么发达，均不可能替代社会保障（郑功成，2007）。[①] 目前，中国商业保险主要包括人寿保险、人身意外伤害保险、健康保险和各种财产保险等多个种类。

三、党的二十大对健全社会保障体系提出的总体要求

党的十八大以来，以习近平同志为核心的党中央坚持以人民为中心的发展思想，把让老百姓过上好日子作为一切工作的出发点和落脚点，从党和国家工作全局出发，坚持全覆盖、保基本、多层次、可持续的基本方针，按照坚守底线、突出重点、完善制度、引导预期的思路，从增强公平性、适应流动性、保证可持续性出发，注重加强普惠性、基础性、兜底性民生建设，全面推进社会

---

① 郑功成. 社会保障［M］. 北京：高等教育出版社，2007：92-93.

保障体系建设。① 经过多年不懈努力，建成了具有鲜明中国特色、世界上规模最大、功能完备的社会保障体系，使人民获得感、幸福感、安全感更加充分、更有保障、更可持续。

党的二十大对健全完善我国社会保障体系进一步明确了思路，提出了全新的总体要求。党的二十大报告在阐述"健全社会保障体系"时提到，"健全覆盖全民、统筹城乡、公平统一、安全规范、可持续的多层次社会保障体系"（习近平，2022）②，这是党中央在科学研判世情国情基础上，牢牢把握中国发展的阶段性特征和人民群众对美好生活的向往，对新时代社会保障体系建设提出的新要求，揭示了未来我国社会保障制度的发展方向。

（一）覆盖全民

强调社会保障体系需继续扩大覆盖面，充分发挥其"兜底线"的作用，体现的是普惠性要求。我国的社会保障制度必须造福全体人民，包括各种社会保险制度应当实现应保尽保，各种社会救助制度应当实现应救尽救，各种社会福利及相关服务应当满足有需求者的需要（郑功成，2023）。③ 通过不断扩大社会保险覆盖面，引导更多符合条件的单位和人员纳入社会保险，健全农民工、灵活就业人员、新就业形态就业人员等重点群体参加社会保险制度，完善对缴费困难群体帮扶政策，努力实现应保尽保和法定人群全覆盖。进一步强化社会保障互助共济功能，加强失业保险参保扩面工作，重点推动中小微企业人员、农民工等积极参加失业保险。推动工伤保险向职业劳动者的广覆盖。④

（二）统筹城乡

要求在提高覆盖面基础上缩小城乡差异，逐步提高保障水平。要统筹推进城乡社会保障体系建设，加强城镇与农村社会保障制度衔接，完善更好适应社会流动性的社会保障政策，逐步缩小职工与居民、城市与农村的筹资和保障待遇差

---

① 党的十八大以来，以习近平同志为核心的党中央高度重视社会保障工作。党的十九大报告提出，"按照兜底线、织密网、建机制的要求，全面建成覆盖全民、城乡统筹、权责清晰、保障适度、可持续的多层次社会保障体系"。党的十九届五中全会强调，"健全覆盖全民、统筹城乡、公平统一、可持续的多层次社会保障体系"。针对目前社会保障基金收支规模不断扩大，基金运行安全风险更加凸显的实际，习近平总书记在党的二十大报告中指出，"健全覆盖全民、统筹城乡、公平统一、安全规范、可持续的多层次社会保障体系"，第一次把"安全规范"作为今后一个时期社会保障体系建设的重要目标，具有十分重要的意义。

② 习近平. 高举中国特色社会主义伟大旗帜　为全面建设社会主义现代化国家而团结奋斗——在中国共产党第二十次全国代表大会上的报告［EB/OL］．［2022－10－16］．http：//www.news.cn/politics/cpc20/2022－10/25/c_1129079429.htm.

③ 郑功成. 以中共二十大精神引领社会保障体系建设［J］. 群言，2023（1）：6-9.

④ 二十大报告学习辅导百问［EB/OL］．［2023－03－06］．https：//www.12371.cn/2023/03/06/ARTI1678092925712842.shtml.

距。强调的是必须打破城乡分割的传统格局，按照城乡一体化的思路来优化现行制度安排，不断缩小城乡之间的社会保障差距。

（三）公平统一

突出的是社会保障制度公平本质，强调通过制度整合和统筹层次的提升来消除现实中的制度碎片化及其导致的权益不公现象，更好体现社会保障作为收入分配调节器的重要功能，进一步保证社会成果由全民共享。完善基本养老保险全国统筹制度，推动基本医疗保险、失业保险、工伤保险省级统筹，健全基本养老保险、基本医疗保险筹资和待遇调整机制，加快完善全国统一的社会保险公共服务平台，努力实现全体社会成员权利公平、机会公平、规则公平，让改革发展成果更多更公平地惠及全体人民。

（四）安全规范

确保社保基金运行规范和安全，真正维护社会保障制度的可靠性和实际运行的正常有序。要统筹发展和安全，加强社会保障基金规范管理，守住社会保障基金安全底线。依法健全社保基金保值增值和安全监管体系，坚持政策、经办、信息、监督"四位一体"风险防控，强化人防、制防、技防、群防"四防"协同，加强基金监管能力建设，提升管理水平，以零容忍态度严厉打击欺诈骗保、套保或挪用贪占各类社会保障资金的违法行为，守护好人民群众的每一分"养老钱""保命钱"和每一笔"救助款""慈善款"。

（五）可持续

在"安全规范"基础上保证我国多层次社会保障体系的"可持续"发展，确保社会保障制度能够造福世代人民。要立足当前、着眼长远，确保各项社会保险基金收支平衡，制度长期稳定运行，实现社保基金保值增值的可持续，促进社会保障事业高质量发展。人口老龄化对社会保障制度的可持续发展带来挑战，需要提高征缴效率、健全多渠道筹资机制、完善社保基金市场化投资运营机制、实施渐进式延迟法定退休年龄，综合施策，促进在人口老龄化社会的冲击下制度仍然长期可持续。

（六）多层次

要求充分调动政府、市场与社会各方积极性，加快发展多层次、多支柱养老保险体系，促进多层次医疗保障有序衔接；健全分层分类的社会救助体系，不断满足人民群众日益多样化的社会保障需求。目前，我国多层次养老保险体系中第一支柱的基本养老保险独大，第二支柱的企业年金覆盖率还不够高，第三支柱的个人养老金制度才刚从36个试点城市扩展到全国范围①。在坚持基本养老保险保

---

① 个人养老金制度将全面实施［EB/OL］.［2024-12-13］. http：//gs. people. com. cn/n2/2024/1213/c183342-41074756. html.

基本制度定位的同时，要大力发展企业年金和职业年金，提高企业年金覆盖率，推动个人养老金发展，实现对基本养老保险的有效补充；① 进一步完善大病保险和医疗救助制度，落实异地就医结算，建立长期护理保险制度，积极发展商业医疗保险；加快建立多主体供给、多渠道保障、租购并举的住房制度；坚持男女平等基本国策，保障妇女儿童合法权益；完善残疾人社会保障制度和关爱服务体系，促进残疾人事业全面发展。②

四、党的二十届三中全会对健全社会保障体系作出的重大部署

2024 年 7 月 18 日，党的二十届三中全会审议通过《中共中央关于进一步全面深化改革、推进中国式现代化的决定》中指出"在发展中保障和改善民生是中国式现代化的重大任务。必须坚持尽力而为、量力而行，完善基本公共服务制度体系，加强普惠性、基础性、兜底性民生建设，解决好人民最关心最直接最现实的利益问题，不断满足人民对美好生活的向往"③，并以促进社会公平正义、增进人民福祉为出发点和落脚点，对"健全社会保障体系"做出了一系列任务部署。

（一）具体任务部署

完善基本养老保险全国统筹制度，健全全国统一的社保公共服务平台。健全社保基金保值增值和安全监管体系。健全基本养老、基本医疗保险筹资和待遇合理调整机制，逐步提高城乡居民基本养老保险基础养老金。健全灵活就业人员、农民工、新就业形态人员社保制度，扩大失业、工伤、生育保险覆盖面，全面取消在就业地参保户籍限制，完善社保关系转移接续政策。加快发展多层次、多支柱养老保险体系，扩大年金制度覆盖范围，推行个人养老金制度。发挥各类商业保险补充保障作用。推进基本医疗保险省级统筹，深化医保支付方式改革，完善大病保险和医疗救助制度，加强医保基金监管。健全社会救助体系。健全保障妇女儿童合法权益制度。完善残疾人社会保障制度和关爱服务体系。

积极应对人口老龄化，完善发展养老事业和养老产业政策机制。发展银发经济，创造适合老年人的多样化、个性化就业岗位。按照自愿、弹性原则，稳妥有序推进渐进式延迟法定退休年龄改革。优化基本养老服务供给，培育社区养老服务机构，健全公办养老机构运营机制，鼓励和引导企业等社会力量积极参与，推

① 二十大报告学习辅导百问［EB/OL］.［2023－03－06］. https：//www. 12371. cn/2023/03/06/ARTI1678092925712842. shtml.

② 习近平. 高举中国特色社会主义伟大旗帜　为全面建设社会主义现代化国家而团结奋斗——在中国共产党第二十次全国代表大会上的报告［EB/OL］.［2022－10－16］. http：//www. news. cn/politics/cpc20/2022－10/25/c_1129079429. htm.

③ 中共中央关于进一步全面深化改革、推进中国式现代化的决定［EB/OL］.［2024－07－21］. https：//www. gov. cn/zhengce/202407/content_6963770. htm.

进互助性养老服务，促进医养结合。加快补齐农村养老服务短板。改善对孤寡、残障失能等特殊困难老年人的服务，加快建立长期护理保险制度。[①]

（二）任务落实举措

按照系统集成、协同高效的要求，进一步深化社会保障制度改革，促进制度成熟定型，推动社会保障事业高质量、可持续发展，扎实推进中国特色社会保障体系建设，为人民群众提供更加充分、更加可靠、更加公平的社会保障（邱超奕，2024）。[②]

1. 增强社会保障可持续性，夯实稳健运行的制度基础

推进企业职工基本养老保险全国统筹，完善统筹资金调剂机制，强化统一性和规范性。积极发展第二、三支柱养老保险，全面推开个人养老金制度。健全城乡居民养老保险制度，鼓励多缴多得、长缴多得。扩大基金市场化投资运营规模，健全社保基金保值增值制度体系。

2. 增强社会保障可及性，将更多的人群纳入覆盖范围

健全灵活就业人员、农民工、新就业形态人员社保制度，积极推动高质量参保。扩大新就业形态人员职业伤害保障试点范围。完善社保关系转移接续制度，统一规范有关政策、待遇标准等，促进劳动力和人才流动。

3. 增强社会保障安全性，健全社会保险基金监管体系

压实基金安全风险防控主体责任，落实监督责任，筑牢政策、经办、信息、监督"四位一体"防控体系，强化人防、制防、技防、群防"四防"协同，加强对基金运行的全链条监管，不断提高风险防控水平。

4. 增强社会保障便捷性，持续优化经办管理服务体系

加快完善统一的社会保险公共服务平台，健全"高效办成一件事"工作机制，全面加强服务渠道建设，深化服务模式创新，推行以社会保障卡为载体的"一卡通"民生管理服务新模式，让群众和企业可感可及。

5. 增强社会保障规范性，加强法治建设

适时完善和修订社会保障相关法律法规，强化制度的规范统一和刚性约束。加大现有法律法规的贯彻实施力度，及时完善配套政策和实施细则，提高法律法规权威性和执行力（邱超奕，2024）。[③]

6. 增强社会保障兜底性，提升各类困难群众的保障水平

按照分层分类给予救助帮扶的思路，持续健全社会救助体系，完善相关救助

---

① 中共中央关于进一步全面深化改革、推进中国式现代化的决定［EB/OL］．［2024-07-21］．ht-tps：//www.gov.cn/zhengce/202407/content_6963770.htm.

②③ 邱超奕．完善就业优先政策，健全社会保障体系——访人力资源社会保障部党组书记、部长王晓萍［N］．人民日报，2024-08-03（02）．

政策措施，推进社会救助立法，把兜底民生保障的安全网织密织牢；健全低收入人口动态监测和救助帮扶机制，推进与防止返贫监测机制的衔接并轨，通过"大数据+铁脚板"动态监测、主动发现、及时救助，常态化帮扶困难群众；推动社会救助由资金救助、实物救助向服务救助拓展，为困难群众提供更具针对性和多样化的救助帮扶；健全和完善儿童、残疾人等困难群体的福利制度和保障政策，支持发展公益慈善事业，更好发挥慈善第三次分配作用；积极应对人口老龄化，完善养老事业和养老产业政策，优化基本养老服务供给，完善老龄工作体制机制，制定出台推动养老服务改革发展的制度文件，积极发展普惠型养老服务，加快完善居家社区机构相协调、医养康养相结合的养老服务体系格局，鼓励和引导企业等社会力量积极参与养老事业，发展银发经济，更好地满足老年人多样化的养老服务需求。①

第二节　社会保障管理

社会保障管理作为国家上层建筑的组成部分，总是在一定历史条件下进行的。社会保障制度目标确定后，必须依法对社会保障制度运行过程进行有计划的组织、指挥、协调和控制，从而达到既定目标。因此，社会保障管理既是社会保障相关法律的延伸与强化，又是确保社会保障制度实践正常运行的保证。

一、社会保障管理的功能

社会保障管理是指为了实现社会保障制度目标，由国家和政府成立专门的机构，通过法定的程序和方式，对各项社会保障事务进行规划、组织、领导、协调、控制与监督的过程。社会保障管理是社会保障责任主体履行自己责任的象征，也是将社会保障法律、制度和政策细化并促使其得到贯彻落实的过程，具有计划、组织、领导、协调、控制与监督五项主要功能。

（一）计划功能

社会保障管理的计划功能体现在社会保障制度建设与发展的统筹规划方面。在从事社会保障活动之前，需要根据确定好的目标和要求，事先拟定具体内容、实施路径和行动步骤等规划，而且必须经过周密的调查研究和统筹兼顾，运用科学的手段进行预测和决策，才能使确定的规划充分体现国家社会保障发展的目标、方针、政策和法律制度。社会保障规划是社会保障工作者从事相应管理活动

---

① 民政部. 深化民政领域改革　推动民生保障提质增效［EB/OL］.［2024-08-09］. https：// www. mca. gov. cn/zt/n2872/n2874/c1662004999980000940/content. html.

的方向和行动指南，因此，计划功能是社会保障管理最基本的功能。

（二）组织功能

社会保障管理的组织功能是指为实现社会保障活动的规划目标和实施方案，依据一定的管理原则，合理设置管理机构和经办服务机构，建立管理体制和制定规章制度，明确社会保障各管理机构的职能分工和职责，并从中央到地方职能部门的纵向联系上、同级管理部门的横向关系上、职责任务的分工协作上，将社会保障活动中的各要素、各部门、各环节、各方面有机合理地组织起来，使之形成一个有机的整体，充分发挥社会保障人力、物力、财力应有的作用。

（三）领导功能

社会保障管理的领导功能，主要是指各级管理机构为保证社会保障活动连续均衡、协调持续地开展进行，依据法律赋予其的权力，通过颁布文件和下达指令，指挥、影响和激励管理人员为实现目标而努力工作，将社会保障规划和管理者的意图变成社会保障系统内部各级各类工作人员的统一行动，使全体人员在同一目标下尽职尽责、相互配合，全力完成各自承担的任务。

（四）协调功能

社会保障的协调功能是以计划目标为核心，安排和部署所有社会保障活动，使各职能部门、各管理环节的活动相互衔接、协同配合和运行协调，进而克服社会保障活动中可能产生的管理脱节、缺位、越位等现象，保持局部步调一致、整体平衡有序，确保社会保障制度活动顺利高效地进行，是一种综合性和整体性的功能体现。具体包括以下四项：①社会保障管理的纵向协调，强调社会保障管理系统内上下级的职能部门之间和管理人员的协调；②社会保障管理的横向协调，是指社会保障系统内同级的各单位、各部门之间的社会保障活动的协调；③社会保障管理的内部协调，主要是指社会保障系统内部所进行的协调；④社会保障管理的外部协调，强调社会保障管理机构和服务机构以及与系统外部其他的单位或部门之间的协调。

（五）控制与监督功能

社会保障制度的控制与监督功能，主要是指对社会保障规划的执行情况进行检查、考核、分析与处理，目的是通过与计划目标的比较，发现偏差，找到问题，查明原因，采取措施予以纠偏，保证各部门各环节能按预定目标、要求和程序进行合理的运行，从而实现社会保障管理目标，符合国家社会保障制度的方针政策和法律法规。

二、社会保障管理的内容

一般而言，社会保障管理的内容是由社会保障制度性质及管理的事务对象类型所决定，也是社会保障管理功能在各项事务上的具体化，主要包括社会保障行政管理、社会保障基金管理、社会保障对象管理等。

（一）社会保障行政管理

社会保障行政管理是指政府相关行政部门依法行使对社会保障事务的管理与监督权力，是确保社会保障制度良性运行的基础保证。政府依法设置相应的社会保障行政管理部门，专门行使社会保障管理职能，如中国人力资源和社会保障部、民政部等国务院行政部门，各省市政府的人力资源和社会保障厅（局）、民政厅（局）等行政部门，是专门负责管理社会保障行政事务的政府管理部门。

社会保障行政管理的主要工作有以下六项：①拟订社会保障发展规划和计划，统筹协调社会保障政策，统筹处理地区和人群之间的社会保障利益和矛盾；②制定社会保障法律、法规和政策以及相关法律的实施办法；③贯彻、组织和实施各项社会保障法律法规，并负责监督、检查；受理社会保障方面的申诉、调解和仲裁；④建立和完善社会保障信息化、社会化服务体系；⑤培养、考核、任免社会保障管理干部，对社会保障管理机构和经办机构的员工管理；⑥设置高效的社会保障管理机构，配置精干的社会保障管理人员，明确社会保障管理组织的职责等。

（二）社会保障基金管理

社会保障基金管理是为实现社会保障基本目标和制度的稳定运行，对社会保障基金的运行条件、日常财务、筹集支付、投资运营进行全面规划和系统管理的总称，主要包括社会保障基金的筹集、使用和投资运营管理，还有社会保障基金风险管理、监督管理和日常财务管理等。

社会保障基金管理的主要工作有以下三项：①社会保障基金筹集的管理，检查各责任主体（政府、用人单位和个人）是否按法定标准供款，私人和社会团体的捐助是否符合法律规定等；②社会保障基金支付的管理，即社会保障待遇给付的管理，对保障对象支付养老金、失业金、低保金、医疗补助等是否符合法律规定，发现违规现象及时纠正并处理；③社会保障基金运营的监督管理，包括基金的日常财务管理、基金保管管理、基金的投资运营监督管理，确保社会保障基金安全并尽可能地实现保值增值，并处理好社会保障基金管理与外部环境之间的协调关系等。

（三）社会保障对象管理

社会保障对象管理是指对社会保障直接服务的劳动者或社会公众的管理，其本质就是服务管理。社会保障管理的最终目的就是要保护社会保障对象的合法权益，并为之提供完善的社会服务。因此，社会保障对象管理的过程实际上是对社会保障对象提供一系列必要服务的过程。这种服务不仅包括物质的提供，还包括日常生活照料服务、医疗健康服务以及社会支持服务的提供等。

社会保障对象管理较为复杂，多是针对各类特征的服务对象并由大量事务性、社会性和心理性管理服务活动构成，主要由社会保障经办机构负责，但也发挥其他社会化主体的管理作用。一般而言，对在职劳动者的社会保障管理大多依托其所在单位进行，而对其他社会保障对象，特别是退休人员、鳏寡孤独、丧失劳动能力者、失业者、残疾人等对象则需要进行社会化管理，主要包括各级工会、社区、社会公益性机构等进行管理。

社会保障对象管理的主要工作有以下五项：①社会保障对象的登记、审查；社会保障待遇的社会化发放；②丧失劳动能力的医务鉴定；③对失业者的劳动技能培训和职业介绍；④对社会保障对象的分类、动态管理；⑤对社会保障对象的信息化管理等。

三、社会保障管理的原则

社会保障管理原则是由社会保障管理的性质、职能和任务所决定的，不仅是社会保障管理本质和社会保障管理方针政策的具体反映，也是建立社会保障管理体制的基本依据，更是社会保障管理系统正常、有效运行的保证。社会保障管理在运行中除了需要遵循管理的一般原则外，还要考虑社会保障制度的特殊性而遵循以下特定原则。

（一）依法管理原则

社会保障法治化及其所具有的强制性，决定了社会保障管理在各个环节和各项内容上均须严格按照现行法律、法规与政策规范运行，并公开接受社会监督。因此，依法管理是社会保障管理机构履行职责的内在要求。主要体现在以下两个方面：①社会保障管理机构及管理岗位的设置应有明确而具体的规范，需要有相应的法律、法规作为依据；②社会保障管理机构只能在既定的职责范围内行使管理权力，既不能推卸责任不作为，也不能越权行事乱作为。

（二）公开、公正与效率原则

社会保障管理应是公开透明的。社会保障管理机构及其职责应当通过社会成员熟知的途径与方式加以公开化，让社会大众获得必要的社会保障政策信息并接受其监督，明确自身的社会保障权益以及可以申诉的路径及处所。社会保障管理机构在社会保障运行中既是责任者，也是社会保障制度公正性的维护者，应当严格依法保护社会成员的社会保障权益，并对社会保障纠纷采取客观、中立和公正的处理态度。

社会保障管理应是集约高效的。效率是社会保障管理运行的追求目标之一，社会保障管理机构是否职责分明、政令是否畅通无阻、管理成本是否低廉、管理资源是否得到最优配置，均是衡量社会保障管理效率的基本标志（郑功成，2000）。①

---

① 郑功成. 社会保障学——理念、制度、实践与思辨［M］. 北京：商务印书馆，2000：418-419.

（三）管理现代化原则

管理现代化是一个发展变化的动态概念。从现阶段来说，社会保障管理现代化包括管理思想、管理组织、管理手段、管理人员的现代化和管理方法的科学化等。要求社会保障管理的组织形式、管理体制、组织机构、规章制度、人员素质和配备等，适应现代经营管理，并充分利用先进的科技手段（如互联网、大数据与人工智能等），形成科学的制度设计、合理的决策支持和群众满意的经办服务，全方位提高社会保障管理效能。

（四）属地管理原则

社会保障制度的运行是在一个开放的社会化系统中，通过区域内设置相应的管理机构来负责执行具体政策和实施保障项目，实现一定区域范围内社会成员之间的互助互济。除新加坡等少数城市国家或小国家外，各国的社会保障事务通常都是在国家法律、法规的统一规范下，由各地区组织实施并由各地区的社会保障管理机构负责管理与监督的。因此，各国的社会保障管理基本奉行属地管理原则，即同一地区的社会保障事务适合由本地区的管理机构统一管理，这是维护社会保障制度公平性、互济性和社会性的内在要求（郑功成，2005）。[①]

（五）协调一致原则

从系统论的角度讲，社会保障系统在运行中需要与外部的其他经济和社会系统保持协调一致；在社会保障系统内部，社会保障管理系统需要与社会保障法制系统、实施系统和监督系统保持协调一致；在社会保障管理系统内部，不同的管理机构需要在明确职责、分工负责的基础上，保持某种程度的分工协作。强调管理系统与其他系统的协调及管理系统内部的协调，目的在于减少制度摩擦，提高效率，并促使社会保障管理目标的顺利实现（郑功成，2000）。[②]

四、社会保障管理的机构

社会保障管理机构的设置和职能划分，是社会保障管理体制的核心部分，是社会保障制度、法律和政策得以有效贯彻实施的保证。由于社会保障管理机构是社会保障事业的具体实施、执行和经办部门，是社会保障管理体制[③]和管理模式的外在表现，因此，管理机构的设置是否合理，是决定社会保障管理工作能否正常运行、是否协调高效的关键之一。社会保障管理机构根据不同的划分标准，可

---

① 郑功成. 社会保障学［M］. 北京：中国劳动社会保障出版社，2005：244-246.

② 郑功成. 社会保障学——理念、制度、实践与思辨［M］. 北京：商务印书馆，2000：422-423.

③ 社会保障管理体制的概念有广义和狭义之分。广义是指国家管理社会保障的法律法规、组织机构、管理制度和管理方法的总称；狭义是指社会保障机构的设置和职能权限的划分。由于世界各国的经济政治体制不同，因此社会保障管理体制也不同，概括起来有以下四种类型：a. 政府直接管理体制，以英国为代表；b. 政府和非营利组织共同管理体制，以法国为代表；c. 政府和半官方机构共同管理体制，以新加坡为代表；d. 政府和工会共同管理体制，以苏联为代表。

以划分为不同的类型。

（一）按照管理职责和业务范围划分

1. 行政主管机构

社会保障行政主管机构主要是指各级政府机构序列中管理社会保障事务的相关政府部门，负责全国社会保障政策的决策和协调管理，主要职责是社会保障立法、监督检查、贯彻实施。

2. 业务经办机构

社会保障业务经办机构是隶属于又相对独立于各级社会保障行政主管机构的一类公共事业部门，主要职责是社会保障参加者的资格审定与登记，社会保障基金的收缴，社会保障基金日常财务和个人账户的管理，社会保障待遇的计算与发放，以及对投保人提供各种社会化服务。

3. 基金运营机构

社会保障基金运营机构是隶属于又相对独立于各级社会保障行政主管机构、具有企业法人地位的金融部门，主要职责是进行社会保障基金的投资、营运，实现基金的保值增值。从行政层次上来看，它和业务经办机构应属同一层次，因此在理论和实践上各国把它和业务经办机构合二为一，但也有分开的。

4. 监督管理机构

社会保障监督管理机构是指国家行政管理部门、专职监督部门、利害关系者组成的社会监督部门，对社会保障尤其是社会保障基金的有关行政管理机构和管理者的管理行为过程及结果进行监察和督守，使其遵守国家有关法规和政策的要求。

（二）按照管理层次和管理权限划分

1. 中央级管理机构

中央级社会保障管理机构属于领导和决策层次的管理机构，负责制定国家社会保障事业发展的全国规划，制定社会保障政策、法规和法律，指导、统筹和协调社会保障事务，组织、贯彻和实施社会保障法律法规，对社会保障事务实施全面监督，如人力资源和社会保障部、民政部、国家卫生健康委员会、国家医疗保障局等。

2. 省级管理机构

省级社会保障管理机构属于辅助和传递层次，具体负责贯彻实施中央级社会保障管理机构的决策和法律法规，制定地方性实施细则和补充规定，反馈社会保障法律法规在实施过程中发现的问题和有益的经验，以及地区内的社会保障基金调剂及业务执行情况、处理有关申诉等。

3. 基层管理机构

地（市）、县（市）级地方社会保障管理机构属于社会保障事务执行和经办层次的基层管理机构，它按照国家的法律法规和上级领导机关的指示，负责社会保障日常性工作的管理和经办，具体包括社会保障费收缴、基金的管理、待遇的给付，以及提供社会保障事务的信息、咨询和服务等。

第三节 社会保障综合管理实务

一、社会保障卡的一卡通功能

中华人民共和国社会保障卡，简称"社保卡"，是国家民生服务的基础性载体，是个人参加各项社会保险和享受各项社会保险待遇、享受各类人力资源和社会保障权益、享受政府其他公共服务权益的基本凭证，由人力资源和社会保障部、中国人民银行统一规划，各级人力资源社会保障部门联合商业银行面向社会公众发行。社保卡包括实体社保卡和电子社保卡两种形态，具有同等效力。电子社保卡是社保卡电子证照的具体表现形式，由全国社保卡服务平台统一签发，确保群众高效、安全、便捷享受服务。

社会保障卡一卡通，是指以社会保障卡为载体，在人力资源、社会保障、医疗卫生、交通出行、旅游观光、文化体验、金融服务等领域实现跨省通用、一卡多用，线上线下场景融合发展。

社会保障卡可以用于证明持卡人身份，作为公共服务场所身份核验、办理政务服务和居民服务事务、注册登录政务服务平台的合法有效身份证件。社会保障卡持卡人可以凭（持）社会保障卡，按照规定办理人力资源和社会保障业务、结算医疗费用、乘坐公共交通工具、进入文旅场所、领取各类补贴和待遇。

社会保障卡一卡通具有身份凭证、信息记录、自助查询、就医结算、缴费和待遇领取等社会保障应用功能，以及现金存取、转账、消费和缴费支付等金融应用功能。

二、社会保障卡的申领

根据《中华人民共和国社会保险法》《关于印发"中华人民共和国社会保障卡"管理办法的通知》，以及各省市出台的《××省统一发行社会保障卡业务经办规程》《××省社会保障卡一卡通服务规程》等，总结各地申请社会保障卡的流程如下：

（一）社会保障卡申领对象

（1）本省户籍人员；

（2）持有本省居住证人员；

（3）持有本省外国人永久居留身份证（外国人永久居留证）人员；

（4）参加本省城镇职工社会保险的人员；参加城乡居民基本养老保险或城乡居民基本医疗保险的中国公民；

（5）本省学生（含高校、中职、中小学、幼儿园学生）；

（6）经本省人才部门认定的各类人才；

（7）领取本省财政惠民补贴人员；

（8）老年人、残疾人、退役军人等符合本省优待待遇享受条件的人员；

（9）其他享有本省公共服务权益的人员。

（二）个人申领实体社保卡的流程及材料

1. 社会保障卡申领方式分为本人申领和代办申领

（1）社会保障卡本人申领。申领人凭本人身份证件（十六周岁以下未成年人提供居民身份证、居民户口簿或监护人证明文件）、本人一寸正面免冠彩色相片（相片标准采用居民身份证制证用的数字相片技术标准），到社保卡服务网点或选定的合作银行各属下网点窗口来办理社保卡的线下申请业务。

（2）社会保障卡代办申领。包括以工作单位、就读学校、居（村）委会、街道社区网格等代办单位（以下统称代办单位）批量办理或委托他人办理。

2. 社会保障卡申领办理形式分为网点申领和网上申领

（1）网点申领。申领人或代办单位通过社会保障卡服务网点申领社会保障卡的行为。

（2）网上申领。申领人通过××省人社政务服务平台、××省一卡通 App、合作金融机构网上渠道等网上服务平台线上申领社会保障卡的行为。通过网上服务平台线上申领社会保障卡的，由申领人上传有效身份证件照片、个人标准相片、完善手机号码、职业、通信地址等信息，选择领卡网点或邮寄方式领卡。经市县一卡通机构审核通过后提交制卡，待制卡完成后，通知申领人领卡。网上申领仅适合于本人申领方式。

（三）电子社会保障卡申领

电子社保卡是实体社保卡的线上形态，与实体社保卡一一对应、功能相通。因此，申领电子社保卡的前提是已经拥有一张有效的实体社保卡，并且该实体社保卡未被注销。持卡人的实体社会保障卡一卡通应用功能为注销、锁定等异常状态时，不能申领电子社会保障卡。

持卡人申领实体社会保障卡后，全国社会保障卡服务平台将为持卡人同步生成电子社会保障卡，并发放至××省一卡通 App 等同步申领渠道，持卡人可通过××省一卡通 App 等官方渠道完成注册登录、实名、实卡、实人认证后，申领电子社会保障卡。持有电子社会保障卡的持卡人，可通过"亲情服务"为老年人、未成年人等家庭成员代领电子社会保障卡。

领取电子社保卡的渠道有多种，常见的有××省一卡通 App、"电子社保卡"手机客户端、支付宝、微信、云闪付、社保卡合作银行 App、国家政务服务平台、国务院客户端微信小程序、掌上 12333 等多个渠道进行申领。在申领时，要进行本人信息注册、人脸识别、电子社保卡密码设置等，提前准备好个人信息资料，按照系统提示，依次进行信息填写、认证，获取电子社保卡。

三、社会保障卡的启用激活

　　社会保障号码在全国范围内每人一个且唯一。具有居民身份号码的中国公民，其个人社会保障号码为居民身份号码。没有居民身份号码的中国公民和外国人，其社会保障号码按照全国统一规则编制。

　　社保卡在各地开通有多种线上、线下服务渠道，包括社保经办大厅、就业服务大厅、政务服务大厅、合作银行网点、街道乡镇基层服务网点、社保卡服务中心、12333 电话服务、网上服务、自助服务终端等服务渠道。随着移动互联网的技术发展，进一步开通了结合手机的电子社保卡服务，将服务延伸到 App、公众号以及更多的社会服务渠道。

　　社会保障卡启用激活分为社会保障卡一卡通应用功能启用、社会保障卡银行账户激活。申领人领卡后，社会保障卡一卡通应用功能自动启用，无需办理启用手续；为保障持卡人权益，防止冒领、盗领银行账户资金，社会保障卡银行账户处于未激活状态，需要办理激活手续。

　　在领取社会保障卡时，没有同步激活社会保障卡银行账户的，持卡人持本人有效身份证件原件和社会保障卡，到合作金融机构服务网点办理银行账户激活。社会保障卡银行账户激活后，社会保障卡银行账户方可使用。

　　持卡人因行动不便、不在本省居住或其他特殊原因，本人无法到合作金融机构服务网点办理社会保障卡银行账户激活手续的，可按照合作金融机构相关规定委托他人办理。未满 16 周岁的未成年人，社会保障卡银行账户激活原则上由具有民事行为能力的监护人或代理人办理，具体代理要求按照合作金融机构相关规定办理。

　　对于领卡人数较多的工作单位、就读学校、居（村）委会、街道社区网格，或行动不便等特殊人群，可向合作金融机构申请提供社会保障卡银行账户上门激活服务。省内跨市县、跨省用卡时，持卡人可到所在地的合作金融机构服务网点或通过规定方式办理社会保障卡银行账户激活手续。

四、社会保障卡的补领换领

（一）社会保障卡补领的流程

　　社会保障卡遗失、被盗的，持卡人在办理社会保障卡正式挂失后（可通过全省社会保障卡服务窗口、12333 电话咨询服务热线、网上服务平台、合作金融机构服务网点、合作金融机构客服热线等任意一方办理社会保障卡临时挂失），持本人有效身份证件原件到合作金融机构服务网点或通过网上服务平台办理社会保障卡补领手续。合作金融机构或网上服务平台审核持卡人的身份信息无误后受理社会保障卡补领手续。补领社会保障卡的，原卡自受理社会保障卡补领申请之时即时注销生效。

（二）社会保障卡换领

存在下列情形之一，持卡人应申请换领社会保障卡：①社会保障卡有效期满的；②持卡人姓名、社会保障号码、相片等卡面信息变更的；③社会保障卡卡面污损、残缺无法辨识的；④社会保障卡损坏不能在读卡设备正常读写的；⑤社会保障卡升级换代的；⑥因个人用卡需求主动申请换领的；⑦其他情形需要换领社会保障卡的。

持卡人应持本人有效身份证件原件和社会保障卡到合作金融机构服务网点或通过网上服务平台办理社会保障卡换领手续。但出现上述①的情形，需要在社会保障卡有效期满前，通过网上服务平台或至市县一卡通机构提交本人近期标准相片办理；出现上述②的情形，持卡人需要持本人有效身份证件原件、公安机关等有关单位出具的居民户口簿等身份信息变更材料，到合作金融机构服务网点办理社会保障卡换领手续。

持卡人相貌与卡面照片发生显著变化或未成年人年满七周岁的，应当换领印有近期相片的社会保障卡。持卡人可通过网上服务平台或至市县一卡通机构提交标准相片，经审核通过后办理社会保障卡换领手续。

【思考题】

1. 分析我国社会保障体系的构成。

2. 简析"8+1"社会救助体系框架。

3. 简述社会保障管理的原则。

4. 试述社会保障管理的意义。

5. 试述我国社会保障管理体制的发展趋势。

6. 思考我国应该如何完善社会保障体系。

第三章 社会保险经办管理

📚 **学习目标**

通过本章学习，全面掌握社会保险的概念、特点及其在社会保障体系中的地位，了解社会保险的险种分类及相应的缴费主体，熟悉社会保险经办服务与管理机构、原则和内容，掌握现实生活中常见的"五险一金"综合实务知识。

第一节 社会保险概述

在中国，社会保险（Social Insurance）是整个社会保障体系的核心，属于强制性保险。社会保险的标的①是劳动者的生命、身体和健康，覆盖范围限于劳动者生产和生活领域中的各种风险，但不包括财产、责任和信用等风险。

一、社会保险的概念

社会保险是国家（或政府）通过立法强制实施，以社会化方式筹集社会保险基金，在劳动者遭受年老、疾病、死亡、伤残、失业、生育等风险而暂时或永久失去劳动能力、失去工作机会时为其提供收入或补偿的一种社会经济制度。社会保险实施的目的是当劳动者在遇到老、弱、病、残、孕和丧失劳动能力等风险事故时给予必要的经济补偿和生活保障，保证劳动力的再生产和社会稳定。具体内涵可从以下五个方面来理解：

（1）社会保险存在的客观基础，是劳动领域中的风险。例如，由劳动（或工作）的直接原因和间接原因，导致劳动者患病、受伤、失业、年老等带来的经济损失风险，是劳动领域中常见的风险，也是劳动者最大的风险，社会保险就是专门帮助劳动者应对和化解上述风险的一项社会经济制度。

（2）社会保险是一种缴费性的社会保障制度。社会保险基金主要由用人单位和劳动者本人按法律规定共同缴费（或税）构成，国家（或政府）给予一定

---

① 保险标的，亦称保险对象，是指保险合同双方当事人的权利与义务所共同指向的对象。保险标的可以是具体的财产，也可以是人的寿命和身体，以及被保险人对第三方的民事赔偿责任。

的财政补贴并承担兜底责任。

（3）社会保险属于国家法定的政策性保险。凡属于法律规定范围内的社会组织及其成员都必须无条件地参加社会保险，而且劳动者只有履行了法定的缴费义务，并在符合法定条件的情况下，才能享受相应的社会保险待遇，是以行政手段实施和管理的强制性保险。

（4）社会保险是以互助共济为基本原则的社会保障制度。社会保险依据风险共担原则，通过普通社会成员与特定风险事故遭遇者之间的互助共济、不同收入群体之间的互助共济、代际间的互助共济和地区间的互助共济，实现对特定时空下遭遇劳动风险而陷入生活困境的劳动者的收入损失补偿，是一种再分配效应较强的风险应对机制。

（5）社会保险对劳动者提供的是基本生活保障，满足劳动者最基本的生活需要和生活水平。社会保险不以营利为目的，其出发点是为了确保劳动者的基本生活、维护社会稳定和促进经济发展，着眼于长期性基本生活的保障，而且其保障水平是要随着社会平均工资和物价水平进行调整、逐步提高的，劳动者在该制度中的收益所得明显大于所费。

二、社会保险的特点

社会保险作为社会保障制度的核心部分，相较其他保险行为，具有以下五个特点：

1. 保障性

社会保险的保障性，体现为保障劳动者在丧失劳动能力或暂时中断收入来源之后的基本生活和维护社会稳定，这是实施社会保险的根本目的。但需要强调的是，社会保险所提供的保障水平只能以一定时期劳动者的基本生活需要为基准，既不是要保证其原有生活水平不变，也不是满足其全面、超额的生活需求，而是提供满足劳动者及其家人基本生活需求的经济保障。

2. 强制性

社会保险是由国家（或政府）通过立法强制实施的一种保障制度。所谓强制，是指凡属于法律规定范围的社会成员或用人单位都必须无条件地参加社会保险并按法律规定履行缴费义务。社会保险的缴费标准和待遇给付标准均由国家（或政府）法律法规统一确定，用人单位和劳动者个人对于是否参加、参加哪个险种、缴费多少或待遇标准等事项均无权选择，更不能自愿协商而定。

3. 互济性

社会保险按照大数法则，通过法律形式向有缴纳义务的用人单位和个人收取社会保险费，在全社会范围内统一筹集资金，集合社会多数人的力量，均衡分担少数人的风险，实行互助共济。主要表现为劳动者（如年轻的和年老的、健康的和多病的、就业的和失业的等）之间的互济、单位或行业间的互济、社会保险基金富足地区向基金亏空地区的调剂。

4. 普遍性

社会保险的普遍性，主要体现在以下两个方面：①保险覆盖范围的社会性和广泛性，即不分所有制形式、不分经济成分、不分劳动者身份差别、不分城乡地域，只要是符合法定参保条件的劳动者或与用人单位形成劳动关系的劳动者，原则上都必须参加社会保险；②社会保险应对和化解劳动风险的普遍性，即年老、失业、生育、死亡、伤残、疾病等风险对劳动者来说是普遍和客观存在的，虽然发生的时间带有偶然性，但在劳动过程中发生是具有必然性和可预见性的，社会保险就是以应对和防范这些普遍性风险为基本出发点的。

5. 风险共担性

在社会保险中，个人、用人单位、国家（或政府）都履行相应的缴费或供款义务，实行责任共担和风险共负。例如，参保劳动者个人依法享受社会保险待遇，应按规定事先缴纳社会保险费；用人单位承担社会保险费用，以满足劳动力再生产的需要；国家（或政府）作为社会保险制度的后盾，也承担着一定的财政补贴和最后兜底责任，同时负责组织推动社会保险运作、经营和监管的工作。

三、社会保险在社会保障体系中的地位

社会保险是社会保障体系的重要组成部分，在社会保障体系中处于核心地位，是社会保障的基本纲领，其原因有三个：

1. 社会保险覆盖社会大多数人口

社会保险的保障对象主要是全体劳动者，在各行各业从事劳动生产的劳动者是社会人口中数量最多、最重要的组成部分，是整个社会公众的主体人群。

2. 社会保险所承担的人生风险最多

从项目险种构成看，社会保险几乎承担了每个公民进入劳动年龄或工作岗位后可能发生的各种人生风险，如因各种原因使其失去工资收入的生、老、病、伤、残和失业等所有风险。相比其他社会保障项目，社会保险分散劳动者的风险种类最多，对劳动者的重要性不言而喻。

3. 社会保险基金在社会保障基金中的占比最大

社会保险的强制缴费性、险种类别多样性和覆盖范围广泛性等特点，决定了社会保险基金的缴存积累规模较大。尤其是养老保险，所有劳动者都要参保缴费，缴费周期横跨个人整个劳动适龄阶段，而且多数国家还设有最低缴费年限等

限制①，个人养老保险基金积累期少则 10 余年，多则长达 40 余年，形成了巨大的基金积累，在社会保障基金中占最大比重。

第二节　社会保险的项目内容

劳动者在其生命周期中，可能因年老、疾病、工伤、失业和生育等情况导致劳动能力丧失或收入中断，这种风险是客观存在的。为应对这些风险，中国的社会保险设立了养老保险、医疗保险、工伤保险、失业保险和生育保险等险种项目。

一、社会保险的险种项目

1. 养老保险

养老保险是国家和社会根据一定的法律法规，为保障劳动者在达到国家法定的解除劳动义务的劳动年龄界限或因年老丧失劳动能力退出劳动岗位后的基本生活而建立的一种社会保险制度。养老保险的目的是保障老年人的基本生活需求，为其提供稳定可靠的老年生活来源。

2. 医疗保险

医疗保险是为了补偿劳动者因疾病风险造成的经济损失而建立的一项社会保险制度。通过用人单位与个人缴费（税），建立医疗保险基金，参保人员患病就诊发生医疗费用后，由医疗保险机构对其给予一定的经济补偿，从而减轻患病者的医疗费用负担，防止其因病致贫。

3. 工伤保险

工伤保险是通过社会统筹的办法，集中用人单位缴纳的工伤保险费（税），建立工伤保险基金，对劳动者在生产经营活动中遭受工作伤害或职业病，并由此造成死亡、暂时或永久丧失劳动能力时，给予劳动者必要的医疗救治和经济补偿的一种社会保险制度。其中，经济补偿不仅包括医疗救治和身体康复所需的费用，而且还包括保障其个人或家庭基本生活的费用。

---

① 养老保险缴费年限是指养老保险参保人按照规定缴纳养老保险费用的累计年限，是计发养老保险待遇的标准依据之一。根据现行《中华人民共和国社会保险法》规定，养老保险参保人必须达到法定退休年龄，且累计缴纳养老保险费用满 15 年方可享受养老保险待遇，按月领取养老金。根据《国务院关于渐进式延迟法定退休年龄的办法》规定，从 2030 年 1 月 1 日起，将职工按月领取基本养老金的最低缴费年限由 15 年逐步提高至 20 年，每年提高 6 个月，即从 2039 年开始养老金领取最低缴费年限是最低 20 年。对于达到法定退休年龄但缴费年限尚未满足最低要求的职工，可选择延长缴费时间或一次性补缴的方式，以确保能按月领取基本养老金。

4. 失业保险

失业保险是指国家（或政府）通过立法强制实施，由用人单位、职工个人缴费及国家财政补贴等渠道筹集失业保险基金，对因被动失业而收入来源暂时中断的劳动者给予基本的经济帮助，并通过专业技能培训、职业介绍等手段促进其再就业的一种社会保险制度。失业保险的保障对象是因为被动失去工作机会而丧失工资收入的劳动者，不包括主动失业和不具备劳动能力的劳动者。

5. 生育保险

生育保险是国家通过立法，对怀孕和分娩的妇女劳动者暂时中断劳动时，由国家和社会提供医疗服务、生育津贴和产假的一种社会保险制度。生育保险可使女性劳动者在遇到生育风险时得到必要的经济补偿和医疗费用补贴，保障其及时恢复身体健康，尽快返回工作岗位。

6. 护理保险

护理保险，也被称为"长期护理保险"（以下简称"长护险"），是指为那些因年老、疾病或伤残需要长期照顾的被保险人提供护理服务费用补偿的保险，主要以长期处于失能状态的参保人群为保障对象，重点解决重度失能人员基本生活照料和医疗护理所需费用。在我国，长护险还处于试点阶段，险种设立目的是为积极应对人口老龄化，着力解决完全失能或半失能人员的生活照料和与生活照料密切相关的医疗护理问题而建立的一种制度安排。

二、社会保险的缴费主体

社会保险是一项缴费型的保障制度，缴费主体即社会保险费的负担主体，通常是由被保险人、用人单位和国家（或政府）三方负担。但由于各国国情、政府施政理念和历史文化不同，世界各国社会保险项目的费用承担方式有不同的组合，归纳为以下七种：

1. 劳动者全部负担

此方式只在少数国家的少数险种中实施，目的在于适当减轻政府和用人单位的经济负担，增强被保险人的责任感。目前，巴西和智利等国的失业保险或家庭津贴制度上采用劳动者（或被保险人）全部负担保险费方式。

2. 用人单位全部负担

此方式通常在工伤保险制度中实施，将有利于增强用人单位安全生产的观念，促使用人单位采取更为积极的安全措施和行为，减少工伤风险事故的发生。同时还有利于减轻劳动者的经济负担和后顾之忧，有利于减轻国家的财政负担。法国、意大利等国的工伤保险，以色列的失业保险等采取全部由用人单位负担保险费的方式。

3. 政府全部负担

此方式主要是为了扶持某些社会保险项目的发展，同时也是为了加强政府对社会保险的宏观控制。政府全部负担社会保险费的前提条件是国家有较为宽裕的财政基金，如英国和德国等国的家属津贴，新西兰的失业保险，新加坡和马来西亚等国的疾病生育保险，均采用政府全部负担保险费的方式。

4. 由劳动者和用人单位共同负担

这是一种由来已久并在世界各国普遍采用的保险费负担方式，优势就是可以加强用人单位内部的风险管理，避免风险事故的发生，有利于劳动力资源的合理流动与配置，有利于用人单位自身的经营发展。目前，以德国为代表的绝大多数国家的医疗保险均采用这种负担方式。此外，法国、新加坡等国的老年、残疾和遗属保险，挪威、阿根廷等国的生育保险，瑞典、法国的失业保险，其保险费也都由劳动者和用人单位共同负担。

5. 由劳动者和政府共同负担

此方式的显著特点是用人单位不负担社会保险缴费，绝大部分由政府支出，劳动者负担少部分缴费费用。这样既减轻了用人单位的经济负担，有利于用人单位自身发展和资金积累，也有助于政府推行社会保险政策。澳大利亚、瑞士和法国等国的疾病生育保险，阿根廷的老年、残障和遗属保险均采用此种方式。

6. 由用人单位和政府共同负担

此方式的特点在于劳动者不承担缴费义务，是政府和用人单位为减轻劳动者的经济负担、扩大社会保险范围而采用的方式。如德国、日本和韩国等国的工伤保险，意大利和埃及等国的失业保险以及瑞典等国的疾病生育保险都采用了此种方式。

7. 由劳动者、用人单位和政府三方共同负担

这是目前世界上多数国家采用的缴纳社会保险费的方式，能较好地调动各方积极性，有助于社会保险的迅速推广和正常运行，也有利于整个社会的风险管理。这种方式最早发源于德国。

目前，中国的养老保险、医疗保险和失业保险是政府、用人单位和劳动者个人三方共同负担社会保险缴费，工伤保险和生育保险均由用人单位缴费，劳动者个人不承担缴费义务。但不管是采用何种方式，国家（或政府）都是扮演最后"兜底"的角色。

第三节　社会保险经办服务与管理

社会保险制度的实施直接面向广大人民群众，社会保险政策及效果都要体现在、落实到经办服务和管理上。社会保险经办服务是保障社会保险体系健康运行

的"最后一公里"，在服务人民群众、落实民生政策、推动社会保障事业高质量发展中发挥着重要作用。

一、社会保险经办机构的性质

（一）社会保险经办机构的含义

"社会保险经办机构"的官方正式表述，最早见于 1993 年《国务院批转国家体改委关于一九九三年经济体制改革要点的通知》，指出"社会保险经办机构具体承办社会保险业务并承担资金保值、增值责任"[①]。此后，"社会保险经办机构"虽然经广泛使用，但并没有明确的含义界定。《中华人民共和国劳动法》在第七十四条中，仅对社会保险基金经办机构进行界定"社会保险基金经办机构依照法律规定收支、管理和运营社会保险基金，并负有使社会保险基金保值增值的责任"[②]，而对社会保险经办机构没有定义。2001 年 5 月 27 日发布施行的《社会保险行政争议处理办法》，从实务角度对经办机构的含义进行了界定，指"法律、法规授权的劳动保障行政部门所属的专门办理养老保险、医疗保险、失业保险、工伤保险、生育保险等社会保险事务的工作机构"[③]，并把社会保险经办机构作为社会保险行政争议的一方当事人，从而确立了社会保险经办机构独立的行政诉讼主体资格。2011 年 7 月 1 日起施行的《中华人民共和国社会保险法》把社会保险经办机构定位为提供社会保险服务的主体[④]，并对社会保险经办机构的设置、经费保障、管理制度和职责等方面进行了细致的规定。

2023 年 12 月 1 日起施行的《社会保险经办条例》第六十条明确指出，"本条例所称社会保险经办机构，是指人力资源社会保障行政部门所属的经办基本养老保险、工伤保险、失业保险等社会保险的机构和医疗保障行政部门所属的经办基本医疗保险、生育保险等社会保险的机构"[⑤]。

一般而言，社会保险经办机构是提供社会保险相关服务的主体部门，是各级社会保险行政部门所属的直接负责社会保险登记、参保人员权益记录、社会保险待遇支付、社会保险咨询服务等工作的管理服务机构。

---

① 国务院批转国家体改委关于一九九三年经济体制改革要点的通知[EB/OL]．[1993-03-08]．http：//www.ce.cn/xwzx/gnsz/szyw/200706/01/t20070601_11569797.shtml.

② 中华人民共和国劳动法[EB/OL]．[2018-12-29]．https：//www.mohrss.gov.cn/xxgk2020/fdzdgknr/zcfg/fl/202011/t20201102_394625.html.

③ 社会保险行政争议处理办法[EB/OL]．[2001-05-27]．https：//www.gov.cn/gongbao/content/2002/content_61394.htm.

④ 中华人民共和国社会保险法[EB/OL]．[2010-10-28]．https：//www.gov.cn/guoqing/2021-10/29/content_5647616.htm.

⑤ 社会保险经办条例[EB/OL]．[2023-09-01]．https：//www.gov.cn/zhengce/zhengceku/202309/content_6901384.htm.

（二）社会保险经办机构的职责定位

《社会保险经办条例》第四条明确规定，"国务院人力资源社会保障行政部门主管全国基本养老保险、工伤保险、失业保险等社会保险经办工作。国务院医疗保障行政部门主管全国基本医疗保险、生育保险等社会保险经办工作。县级以上地方人民政府人力资源社会保障行政部门按照统筹层次主管基本养老保险、工伤保险、失业保险等社会保险经办工作。县级以上地方人民政府医疗保障行政部门按照统筹层次主管基本医疗保险、生育保险等社会保险经办工作。"因此，从我国社会保障行政管理体制来看，社会保险的行政管理主体是各级政府社会保险行政部门，在中央是人力资源和社会保障部与国家医疗保障局，在省、市、县地方人民政府中是人力资源和社会保障厅（局）与医疗保障局等，它们是主管社会保险经办工作的行政部门。与社会保险行政管理部门相对应，其所属的社会保险经办机构也同样分为中央和地方两个层级。

中央层级的社会保险经办机构为人力资源和社会保障部社会保险事业管理中心和国家医疗保障局医疗保障事业管理中心。其中，人力资源和社会保障部社会保险事业管理中心（社会保险技术标准评定中心）是综合管理全国养老保险、失业保险、工伤保险等经办业务的部直属参照公务员法管理的事业单位，担负综合管理、组织、指导和监督之责，[1] 不经办社会保险具体业务，工作人员参照公务员管理（曹洋，2015）;[2] 国家医疗保障局医疗保障事业管理中心（医保基金监管事务中心）是综合管理全国医疗保障、生育保险等经办管理服务的部直属参照公务员法管理的事业单位，担负为国家医疗保障事业提供规范化和标准化服务、全国医疗保障经办管理、全国医疗保障信息系统建设之责，具体指导医保定点机构协议管理、组织医疗保障相关医药服务管理技术评定、管理全国跨省异地就医费用直接结算业务、承担医疗保障基金监管具体事务和稽核、内控等工作。[3]

地方层级的社会保险经办机构由各统筹级别政府对应设置，包括省、市（地）、县（区）三级，省、市（地）两级的社会保险事业服务中心和医疗保险服务中心，担负指导和经办服务双重职责，县（区）级经办机构主要负责具体的经办服务工作。全国各地的社会保险经办机构，名称叫法虽有差异（如"中心""局""处"），但基本上属于同级政府社会保险行政主管部门直属的、公益一类全额拨款的事业单位。

---

① 中华人民共和国人力资源和社会保障部社会保险事业管理中心概况［EB/OL］.［2018-02-06］. https://www.mohrss.gov.cn/xxgk2020/fdzdgknr/zzjg/zsdw/201802/t20180206_288042.html.

② 曹洋. 我国社会保险业务经办的现状、问题与对策［J］. 中国劳动，2015（4）：62-68.

③ 国家医疗保障局医疗保障事业管理中心 2023 年单位决算［EB/OL］.［2024-08-19］. https://www.nhsa.gov.cn/art/2024/8/19/art_115_13581.html.

我国社会保险经办机构的设立起始于行政管理体制变革中的"政事分开、管办分离"改革。为转变政府职能、提高管理和服务效率，改革对政府承担的行政管理职能与事业单位承担的公共服务职能进行明确的划分和归位，将政府职能部门承担的技术性、服务性的社会职能划归事业单位，改变"以政代事"的局面，将事业单位承担的行政管理职能回归政府职能部门，清除"以事乱政"的现象。具体到社会保险管理体制改革，即社会保险行政管理部门担负的"宏观上的政策、制度、标准管理"职责，而社会保险经办机构具体承办社会保险技术性、服务性业务，并承担资金保值、增值责任，属于社会保险业务的执行机构（喻术红和李秀凤，2016）。①

因此，社会保险经办机构的职责定位是社会保险政策的具体执行者、群众权益的直接守护者、公共服务的一线提供者，是依法履行社保经办职能、提供社会保险公共服务的载体。

二、社会保险经办服务与管理的原则

当前，我国社会保障制度改革进入系统集成、协同高效的阶段，对社保经办提出了更新更高的要求。2023年12月1日起施行的《社会保险经办条例》（以下简称《条例》），作为社保经办领域首部行政法规，立足于规范经办、优化服务、保障安全、维护权益、促进公平，着力健全社保经办服务体系，提升服务水平，提高服务效能，标志着社保经办工作的法治化、规范化、精细化迈上新台阶。②

（一）社会保险经办管理的目标

社会保险经办是国家公共服务的重要组成部分，直接关系到各项社会保险政策实施效果，事关人民群众最关心、最直接、最现实的利益问题，必须严格通过立法形式规范社会保险经办业务，不断提高社保经办管理精细化程度和服务水平，确保社会保险政策目的的实现。

1. 规范社会保险服务

社会保险经办是指由法定主体，依照法律授权，筹集管理社会保险基金，办理社会保险事务，提供社会保险服务的所有公共管理和服务活动的总称。在社会保险的参保登记、权益记录、个人账户管理、社保关系转移接续、社保待遇核定、社保待遇支付和资格认证、社保基金管理、社保核查和信用管理等经办服务工作过程中，通过加强社保经办窗口管理，强化服务意识和安全责任意识，规范社会保险经办操作流程，推动经办服务和管理的统一、独立、专业、体系化运

---

① 喻术红，李秀凤. 迷局与反思：社会保险经办机构的主体定位［J］. 时代法学，2016（5）：14-21.
② 《社会保险经办条例》正式公布——让人民群众享有更加高效便利的公共服务［EB/OL］. ［2023-09-05］. https：//www.gov.cn/zhengce/202309/content_6902035.htm.

行，提升社保经办的法治化水平和社会保险服务水平。

2. 保障社会保险基金安全

社保基金是社会保险待遇支付的财务基础，基金安全影响整个社会保障体系的可持续性。保障社会保险基金安全主要包括以下三项内容：①确保基金的安全和完整；②实现基金的保值增值；③健全社会保险运行机制，为社会保险体系保驾护航，确保基金安全和有效运行。通过健全和完善社保业务经办、财务管理、信息系统管理、风险管理等内部控制制度，规范基金账户管理和会计核算，加强社保登记和待遇享受等情况核查处理，明确社保基金支付、运行等环节的内控管理要求和监督管理举措，强化社会保险费征缴、待遇核定以及社会保险经办违法行为的法律责任，精细做好社保经办风险防控，促进社保经办服务的规范化，可从源头上有效防范社保基金管理违规行为的发生。

3. 维护用人单位和个人的合法权益

通过规范社会保险经办和优化社会保险服务，可保证用人单位和个人依法享有社会保险经济和社会待遇的权利，还能切实体现用人单位和个人依法应当承担的社会保险责任和义务，更能很好贯彻执行社会保险统筹共济、共建共治共享、"尽力而为、量力而行""风险分摊、责任共担"的制度理念与实施原则，持续维护用人单位和个人的社会保险权益，促进社会公平。

（二）社会保险经办管理的原则

社会保险经办要坚持中国共产党领导，坚持以人民为中心的发展思想，把增进民生福祉、促进社会公平作为发展社会保险事业的根本出发点和落脚点，遵循合法、便民、及时、公开、安全的原则。

1. 合法原则

"合法"是行政法治的核心内容。习近平总书记强调，要完善社会保障管理体系和服务网络，从立法、执法、司法、守法各环节加强社会保障工作，这为健全完善社会保障体系、推进社保经办事业发展提供了根本遵循。社会保障事业要健康发展，就必须从立法、执法、司法、守法各环节加强监督，在法治轨道上推进社会保障事业健康发展。《条例》把合法性原则作为第一条原则，依法明确各级政府、用人单位和个人的社会保险权利、义务，强调社会保险经办机构必须依法依规经办管理，这要求社会保险经办机构要树牢法治意识，坚持依法行政，坚决有法必依，严格遵守《条例》规定的经办流程，确保社保经办各环节合法化。

2. 便民原则

"便民"体现的是社会保险经办服务的价值取向。《条例》规定，用人单位在登记管理机关办理登记时同步办理社会保险登记，通过信息比对、自助认证等方式核验参保人员社会保险待遇享受资格，压减不必要的证明材料，取消没有法律法规和国务院决定依据的证明材料，通过"数据多跑路"实现"群众少跑腿"。对于老年人、残疾人等特殊群体加强无障碍服务，通过授权代办、上门服务等方式提供便利服务。这要求社保经办机构强化宗旨意识，继续深化"放管服"改革，以便民服务为指引，优化经办流程，创新服务方式，加强社保经办服务标准化和规范化，不断提升群众办事的良好体验感和满意度。①

3. 及时原则

"及时"强调的是社会保险经办服务的行政效率。《条例》规定，在用人单位和个人办理社会保险登记、社会保险关系转移接续、申请领取社会保险待遇等方面，社会保险经办机构应当及时核实有关情况，并在规定的时限内完成办理。这要求社保经办机构以服务上的"高要求"来落实时间上的"硬标准"，把服务群众的承诺转变成为推动经办提质增效的强大动力。

4. 公开原则

"公开"体现的是对公众知情权、参与权、表达权和监督权的尊重和维护。《条例》规定，社会保险经办机构应当向用人单位和个人提供咨询、查询等服务，定期向社会公布参加社会保险的情况以及社会保险基金的收入、支出、结余和收益情况，听取用人单位和个人的意见建议，接受社会监督。任何组织和个人有权对违反社会保险法律、法规、规章的行为进行举报、投诉。这要求社保经办机构必须始终做到行政行为公开透明，让管理服务在阳光下运行，自觉接受人民的监督。

5. 安全原则

"安全"是社会保险经办工作的底线要求。主要体现在以下三个方面：①保障社会保险基金安全。社会保险基金安全问题与人民群众利益相关，《条例》对于防止社会保险基金跑冒滴漏、打击欺诈骗保作出了严格规定，明确了用人单位和个人责任。②保障社会保险数据安全。要求社会保险经办机构妥善保管社会保险经办信息，确保信息完整、准确和安全，健全信息核验机制。③强化社会保险运行安全。加强社会保险经办机构内部管理，建立健全社保经办业务、财务、基金安全和风险管理等内部控制制度，定期开展检查、评估和监督，这要求社保经办机构必须始终坚持底线思维，强化安全底线，防范化解重大风险，② 确保社保经办规范有序。

三、社会保险经办服务与管理的内容

《中华人民共和国社会保险法》（以下简称《社会保险法》）规定，"国家建

---

①② 遵循合法、便民、及时、公开、安全的原则［EB/OL］．［2023-09-04］．https：//www.gov.cn/xinwen/jdzc/202309/content_6902142.htm.

立基本养老保险、基本医疗保险、工伤保险、失业保险、生育保险等社会保险制度""社会保险经办机构提供社会保险服务，负责社会保险登记、个人权益记录、社会保险待遇支付等工作"。①《社会保险经办条例》中所规定的社会保险经办适用范围，与《社会保险法》规定的五个险种保持一致，职业年金、企业年金、个人养老金等经办暂不适用。社会保险经办服务内容主要包括社会保险登记、个人权益记录、社会保险待遇核定和支付、社保信息查询与咨询服务等。

（一）社会保险登记

社会保险登记是用人单位履行社会保险义务，缴纳社会保险费的基础，依法办理社会保险登记是各类用人单位的法定义务。用人单位一经成立就应当同步办理社会保险登记。社会保险经办机构应当通过与登记管理机关共享的用人单位信息，同步办理社会保险登记。登记管理机关包括市场监督管理部门、民政部门和机构编制管理机关等部门。社会保险登记事项主要包括单位名称、住所或地址、单位类型、统一社会信用代码、法定代表人或者负责人、开户银行账号等事项。社保经办机构依托企业开办"一网通办"平台，共享市场监管部门的企业注册信息，同步办理企业社保登记，采用统一社会信用代码对社保登记进行管理。

（二）个人权益记录

社会保险经办机构是社会保险服务的具体承担者，直接面对广大参保人员，"记录一生、保障一生、服务一生"是社会保险经办机构的庄严承诺。社会保险经办机构在办理社会保险业务过程中，将直接形成具有保存和利用价值的相关资料，如参加社会保险的人员信息、缴费、待遇享受、个人账户和其他相关情况，这些资料是对参保单位和个人权益的真实记录，是确定参保人员享受社会保险待遇的重要依据。社会保险经办机构应当增强服务意识，及时、完整、准确地做好参加社会保险的个人缴费和用人单位为其缴费以及享受社会保险待遇等个人权益记录等各项工作。

（三）社会保险待遇核定

对领取社会保险待遇人员的资格认证和待遇核定，是社会保险经办较为重要的工作内容。自2018年5月全面取消社会保险待遇资格集中认证后②，社会保险经办机构积极构建"寓认证于无形"的工作新机制，努力实现"让数据多跑路，群众少跑腿"。目前主要通过内部数据比对，以及与公安、司法、民政、交通运输、卫生健康、医保、法院等部门进行数据共享，推动人脸识别等自助认证方

---

① 中华人民共和国社会保险法 [EB/OL]. [2010-10-28]. https：//www.gov.cn/guoqing/2021-10/29/content_5647616.htm.

② 2018年5月，人力资源社会保障部办公厅印发《关于全面取消领取社会保险待遇资格集中认证的通知》，不再要求待遇享受人员在规定时段到指定地点进行现场认证。

式，确认社会保险待遇享受资格。对未确定待遇享受资格人员，社会保险经办机构通过退休人员社会化服务、全民参保登记入户调查、上门服务、村（居）协办员上报等方式进行核实，或委托第三方机构开展核实工作。对涉嫌丧失待遇享受资格后继续领取待遇的人员，社会保险经办机构通过与用人单位、待遇领取人员或其家属联系，上门核实等方式及时开展调查；经核实确认丧失待遇领取资格的，及时停发待遇；经核实发现疑点信息有误的，将核实情况反馈数据来源部门。

不同的社会保险险种项目，其社会保险待遇的核定方法、申领流程、经办材料和经办时限有很大不同，但都要依法办事，有理有据。

（四）社会保险待遇支付

社会保险待遇支付是社会保险经办机构根据社会保障相关法律法规的规定，按一定的标准与方式向社会保险对象支付待遇的过程，是社会保障基金管理的最后一个环节，社会成员的社会保险权益也只有当待遇支付后才得以实现。根据权利与义务相对应的原则，社会保险经办机构应按照有关法律规定先对社会保险待遇申请人的资格进行审定，计算申请人应该享受的待遇，通过法定方式将社会保险待遇按时足额地发放给社会保险待遇享受人。以货币方式支付的，要予以及时发放，以医疗服务等方式提供的，要予以即时结算。

（五）社保信息查询与咨询服务

社会保险经办机构免费向用人单位和个人提供查询核对社会保险缴费和享受社会保险待遇记录、社会保险政策咨询等相关服务。用人单位和个人不仅可以在社会保险经办的线下实体窗口享受查询核对缴费、咨询社会保险待遇记录等服务，还可通过国家社会保险公共服务平台或地方社会保险公共服务平台、政府网站、移动终端、自助终端、电话等实现线上查询相关信息。社会保险经办机构提供的线上与线下查询与咨询等服务均为免费服务。

当前，各项社会保险参保人员异地居住、异地安置、异地工作普遍发生，各类人员在城乡间、区域间加速流动，异地就医结算、社保关系转移接续、养老保险待遇异地办理等跨区域的社会保险业务需求日益增多，广大人民群众对便捷可及的社保经办管理服务的要求越来越高。社会保险经办机构以全国一体的社会保险经办服务体系和信息系统为依托，以社会保障卡为载体，以实体窗口、互联网平台、电话咨询、自助查询等多种方式为服务手段，巩固完善全国统一的五级社会保险经办管理服务体系，实现线上线下服务渠道的有机衔接，为参保单位和参保人员提供全网式、全流程的方便快捷服务，实现跨地区、跨部门、跨层级社会保险公共服务事项的数据共享、业务协同、统一经办。

第四节 "五险一金"管理实务

一、"五险一金"内涵

"五险一金"是指用人单位给予雇用劳动者的若干种保障性待遇的合称，是法律强制的雇员福利。其中，"五险"包括职工基本养老保险、职工基本医疗保险、工伤保险、失业保险和生育保险，是用人单位和职工个人必须参加的法定险种，工伤保险和生育保险只由用人单位缴费，劳动者不缴费；"一金"是指住房公积金，是由在职职工及其所在单位缴纳的一种义务性住房储金。

（一）职工基本养老保险

职工基本养老保险制度，是指用人单位和职工个人缴费达到法定期限且个人达到法定退休年龄后，国家和社会提供一定的物质帮助以保证劳动者退休后有稳定、可靠的生活来源的一项社会保险制度。

（二）职工基本医疗保险

职工基本医疗保险制度，是指按照国家规定由用人单位和职工个人缴纳一定比例的医疗保险费，在参保职工个人因患病和意外伤害而发生医疗费用后，由医疗保险基金支付其医疗保险待遇的一项社会保险制度。

（三）工伤保险

工伤保险制度，是指由用人单位缴纳工伤保险费，对劳动者因工作原因遭受意外伤害或者职业病，从而造成死亡、暂时或者永久丧失劳动能力时，给予职工及其相关人员工伤保险待遇的一项社会保险制度。

（四）失业保险

失业保险制度，是指劳动者由于非本人原因暂时失去工作，致使工资收入中断而失去维持生计来源，并在重新寻找新的就业机会时，从国家或社会获得物质帮助以保障其基本生活的一项社会保险制度。

（五）生育保险

生育保险制度，是指由用人单位缴纳保险费，其职工或者职工未就业配偶按照国家规定享受生育医疗费用和生育津贴等待遇的一项社会保险制度。

（六）住房公积金

住房公积金，是指国家机关、国有企业、城镇集体企业、外商投资企业、城镇私营企业及其他城镇企业、事业单位、民办非企业单位、社会团体及其在职职工缴存的长期住房储金。住房公积金只在城镇建立，农村不建立住房公积金制度，而且只是针对在职职工建立住房公积金制度，无工作的城镇居民和离退休职工不实行住房公积金制度。

住房公积金由两部分组成：①职工个人每月缴存部分，这部分属于职工工资；②单位每月为职工个人缴存部分，这部分实质上是单位以住房公积金的形式给每名职工增加的住房工资，也是职工薪酬的组成部分。

二、"五险一金"缴费基数

用人单位给职工缴纳的"五险一金"与职工的切身利益息息相关，直接地关系到职工在职期间所能享受到的保障性待遇以及退休后的退休金、医疗福利等。同时，对用人单位来说也是非常重要，关系到用人单位用工成本负担水平的高低。

"五险一金"的缴费额由相应的缴费基数乘以缴费比例确定。随着社会保险制度改革的不断深入，我国各个城市对用人单位给职工缴纳"五险一金"的具体政策也在逐渐规范和统一。具体的政策执行依据主要有《社会保险法》《社会保险费征缴暂行条例》《人力资源社会保障部 财政部关于阶段性降低社会保险费率的通知》《关于阶段性降低失业保险、工伤保险费率有关问题的通知》《国务院办公厅关于印发降低社会保险费率综合方案的通知》等有关规定。

（一）"五险"的缴费基数

"五险"的缴费基数一般规定是：用人单位的月缴费基数按本单位上年度在职职工月平均工资总额确定（或以单位职工工资总额为基数），职工个人的月缴费基数按上年度职工本人月平均工资收入确定。每年社保部门都会在固定的时间（3月或者7月，各地不同）核定社保缴费基数。

通行的个人缴费基数标准规定是：一般以上一年度本人月平均工资收入为缴费基数。具体政策如下：

（1）职工工资收入高于当地上年度职工平均工资300%的，以当地上年度职工平均工资的300%为缴费基数。

（2）职工工资收入低于当地上年度职工平均工资60%的，以当地上年度职工平均工资的60%为缴费基数。

（3）职工工资在当地上年度职工平均工资60%～300%的，按实申报。职工工资收入无法确定时，其缴费基数按当地劳动行政部门公布的当地上年度职工平均工资为缴费工资确定。

需要注意的是，各省市关于职工社会保险缴费基数的具体规定也有所不同。如内蒙古呼和浩特市规定：城镇职工基本医疗保险月缴费工资低于上年度社会平均工资的80%的参保职工，按上年度社会平均工资的80%核定缴费基数；失业保险以参保职工本人工资（职工本人工资不低于当地最低工资标准）为职工个人缴费基数数据核定。呼和浩特市无雇工的个体工商户、灵活就业人员、续保人员等以个人身份参加养老保险的人员，基本养老保险缴费基数以全区上年度在岗职工月平均工资的 60%、80%、100%、200% 和 300% 确定五个档次。①

2019 年 4 月 4 日，国务院办公厅印发《降低社会保险费率综合方案》中提出，"调整就业人员平均工资计算口径。各省应以本省城镇非私营单位就业人员平均工资和城镇私营单位就业人员平均工资加权计算的全口径城镇单位就业人员平均工资，核定社保个人缴费基数上下限，合理降低部分参保人员和企业的社保缴费基数。""完善个体工商户和灵活就业人员缴费基数政策。个体工商户和灵活就业人员参加企业职工基本养老保险，可以在本省全口径城镇单位就业人员平均工资的 60%～300% 选择适当的缴费基数。"②

（二）"一金"的缴费基数

"一金"的住房公积金需单位和职工共同缴存，缴费基数都是职工本人上年度月平均工资，按照职工本人上一年度工资总额除以 12 确定。住房公积金缴存基数不得低于当地人力资源和社会保障部门公布的上一年度职工月最低工资标准，不得超过当地统计部门公布的上一年度全市在岗职工月平均工资的 3 倍。

三、"五险一金"缴纳方式

（一）"五险"的缴纳方式

"五险"是法定险，强制用人单位和职工参保，雇主必须主动申报并参与缴费。其中，职工养老保险、职工医疗保险和失业保险是由用人单位和职工个人共同缴费，而工伤保险和生育保险是由用人单位缴费，职工个人不缴费。根据《社会保险法》和《社会保险费申报缴纳管理规定》等相关法律规定，职工应缴纳的社会保险费由用人单位代为申报，由用人单位代扣代缴。用人单位依法履行代扣代缴义务时，任何单位或者个人不得干预或者拒绝。③

（二）"一金"的缴纳方式

"一金"是在职职工的一项法定权利，不是单位可缴可不缴的福利。根据国务院《住房公积金管理条例》规定："住房公积金，是指国家机关、国有企业、城镇集体企业、外商投资企业、城镇私营企业及其他城镇企业、事业单位、民办非企业单位、社会团体（以下统称单位）及其在职职工缴存的长期住房储金。职工个人缴存的住房公积金和职工所在单位为职工缴存的住房公积金，属于职工

---

① 关于 2018 年度社会保险缴费基数核定及差额调整等相关工作的通知［EB/OL］．［2018 - 07 - 02］．http：//www. huhhot. gov. cn/sbj/xxgk/bmxxgkml/201807/t20180716_331458. html.

② 降低社会保险费率综合方案［EB/OL］．［2019 - 04 - 04］．http：//politics. people. com. cn/n1/2019/0404/c1001-31014699. html.

③ 社会保险费申报缴纳管理规定［EB/OL］．［2013 - 09 - 26］．http：//www. mohrss. gov. cn/SYrlzyhsh-bzb/zcfg/flfg/gz/201601/t20160112_231614. html.

个人所有。"① 因此，住房公积金和"五险"一样，都具有强制的法律约束力，用人单位为在职职工缴存公积金是强制的法定义务，享受住房公积金政策是在职职工的合法权利。用人单位不得以任何理由拒绝，经营困难、效益不好，不能作为不给职工缴纳住房公积金的理由。

职工个人缴存的住房公积金，由所在单位每月从其工资中代扣代缴。新参加工作的职工从参加工作的第二个月开始缴存住房公积金；单位新调入的职工从调入单位发放工资之日起缴存住房公积金；住房公积金中的职工个人缴存部分由单位代扣代缴后，连同单位缴存部分一并缴存到住房公积金个人账户内，而且是由用人单位和职工双方在其本人工作期间不间断地按规定缴存，除职工离退休或发生《住房公积金管理条例》规定的其他情形外，不得中止和中断，是专项用于住房消费等相关支出的个人住房储备金。

四、"五险一金"侵权与维权

（一）"五险一金"常见的侵权行为

"五险一金"是除工资外，雇主必须支付的最大项劳工成本。为了减少用工成本，一些不良用人单位可能会少缴或不缴"五险一金"，这是对劳动者的严重侵权行为。劳动者应拿起法律的武器为自己维权。

由于"五险一金"的缴费比例（或缴费率）是由当地政府统一规定的标准，从"缴费率"无法动手脚。通常情况下，一些不良用人单位规避"五险一金"缴费责任的做法主要有以下四种：

1. 并非全员参保或只参保部分险种

用人单位只为少数骨干职工参加社保，即便让普通员工参保，也只参加养老、医保或工伤等几项劳动者普遍关注的险种，更不会缴存住房公积金，这些不良用人单位往往通过少报或瞒报职工人数，少缴或不缴社保。

2. 降低缴费基数

一些不良用人单位可能在"缴费基数"上做手脚，它们将所有职工的缴费基数"一刀切"，统统按照当地上年度社会平均工资打 6 折，或者就按职工的基本工资作为缴费基数，再分别乘上法定缴费率，这样就能少缴"五险一金"费用。

3. 和职工约定不买社保

在实务中，有一些不良用人单位与员工不签订劳动合同而是签订不缴纳社保的协议，或是双方签订《劳动合同书》，但要员工以保证书形式（如签订《自愿

---

① 《住房公积金管理条例》，1999 年 4 月 3 日中华人民共和国国务院令第 262 号发布，2002 年 3 月 24 日《国务院关于修改〈住房公积金管理条例〉的决定》修订。

放弃社保协议书》等）表示自愿不缴纳社会保险，并将用人单位应该缴纳社保费用的比例按工资补贴部分发放给员工，美其名曰"发给员工现钱要远比缴存储蓄更实惠"。这虽然使用人单位在一定程度上逃避了社保缴费责任，降低了用工成本，但只要一发生工伤事故后，用人单位要承担全部的费用补偿责任，而且对劳动者而言，是自身社保权益的极大损失。

事实上，用人单位和劳动者按照法律规定的比例缴纳社会保险是法定义务。用人单位与劳动者即使在意思自治的原则下，签订不购买社保的承诺书，也违反了法律的强制性规定，承诺书是无效的。

4. 试用期不为员工参加社保

在实务中，很多用人单位在试用期内不为员工缴纳社会保险费，认为试用期是用人单位考察劳动者是否适合工作岗位的一项制度设计，用人单位与劳动者之间的劳动关系还处于不太稳定的状态。为此，不少用人单位把试用期当成了"临时期"，认为与劳动者还没有建立正式的劳动关系，所以在实践中不为试用期职工缴纳社会保险，不签订劳动合同或者单独签订试用期合同的现象普遍存在。

事实上，依据《中华人民共和国劳动法》《中华人民共和国劳动合同法》和《社会保险法》等相关规定，劳动关系一旦确立，用人单位就应该依法自用工之日起为劳动者缴纳社会保险，试用期并非独立于劳动关系之外的特殊时期，而是包括在劳动合同期限内。

（二）"五险一金"维权的法律依据

用人单位不缴社会保险的行为严重侵害了职工的合法权益，用人单位应为其违法行为承担法律后果。具体依据以下四项：

1. 用人单位拒不参加社会保险的行为违法

根据《社会保险法》第五十八条规定："用人单位应当自用工之日起三十日内为其职工向社会保险经办机构申请办理社会保险登记。未办理社会保险登记的，由社会保险经办机构核定其应当缴纳的社会保险费。"① 根据《中华人民共和国劳动法》《社会保险费征缴暂行条例》《社会保险费申报缴纳管理规定》等规定，用人单位依法参加社会保险是其强制义务，也就是说用人单位必须参加社会保险，不参加社会保险的行为是违法的。

2. 用人单位拒不参加社会保险的应当承担行政责任

根据《社会保险法》第八十四条规定："用人单位不办理社会保险登记的，由社会保险行政部门责令限期改正；逾期不改正的，对用人单位处应缴社会保险费数额 1 倍以上 3 倍以下的罚款，对其直接负责的主管人员和其他直接责任人员

---

① 中华人民共和国社会保险法［EB/OL］．［2010-10-28］．http：//www.mohrss.gov.cn/SYrlzyhsh-bzb/zcfg/flfg/fl/201601/t20160111_231408.html.

处 500 元以上 3000 元以下的罚款。"根据《工伤保险条例》第六十二条规定："用人单位依照本条例规定应当参加工伤保险而未参加的，由社会保险行政部门责令限期参加，补缴应当缴纳的工伤保险费，并自欠缴之日起，按日加收 5‰的滞纳金；逾期仍不缴纳的，处欠缴数额 1 倍以上 3 倍以下的罚款。"①

3. 用人单位拒不参加社会保险给劳动者造成损失的应当承担赔偿责任

用人单位参加社会保险是其强制义务，由于用人单位不参加社会保险导致劳动者无法享受社会保险待遇的，劳动者可以要求用人单位给予补缴，给劳动者造成了实际的损失，单位应当承担赔偿责任。根据《中华人民共和国劳动合同法》② 第三十八条、第四十六条规定，用人单位未依法为劳动者缴纳社会保险费的，劳动者可以解除劳动合同，并要求用人单位支付劳动关系解除的经济补偿。③ 根据最高人民法院《关于审理劳动争议案件适用法律若干问题的解释（三）》第一条规定："劳动者以用人单位未为其办理社会保险手续，且社会保险经办机构不能补办导致其无法享受社会保险待遇为由，要求用人单位赔偿损失而发生争议的，人民法院应予受理。"④

4. 用人单位补缴社会保险费要接受行政处罚

根据《中华人民共和国劳动法》第一百条、《社会保险费征缴暂行条例》第二十三条、《社会保险法》第八十六条等规定，用人单位未按时进行社保缴费申报或未足额缴纳社保费的行为，都被纳入人力资源和社会保障部门或社会保险费征收部门的处理范围。特别是 2013 年 11 月 1 日起实施的《社会保险费申报缴纳管理规定》第三十条、第三十一条的规定，"用人单位未按照规定向社会保险经办机构进行缴费申报或者未按照规定缴纳社会保险费的，社会保险行政部门应当依法查处。用人单位未按时足额缴纳社会保险费的，由社会保险经办机构按照《社会保险法》第八十六条的规定，责令其限期缴纳或者补足，并自欠缴之日起按日加收 0.5‰的滞纳金；逾期仍不缴纳的，由社会保险行政部门处欠缴数额 1 倍以上 3 倍以下的罚款。用人单位未按月将代扣代缴社会保险费明细情况告知

---

① 现行《工伤保险条例》于 2003 年 4 月 27 日中华人民共和国国务院令第 375 号公布，2004 年 1 月 1 日生效实施，并于 2010 年 12 月 20 日《国务院关于修改〈工伤保险条例〉的决定》修订后重新公布。修订的部分，自 2011 年 1 月 1 日生效，未修订的部分自 2004 年 1 月 1 日生效。

② 《中华人民共和国劳动合同法》由中华人民共和国第十届全国人民代表大会常务委员会第二十八次会议于 2007 年 6 月 29 日通过，自 2008 年 1 月 1 日起施行。《全国人民代表大会常务委员会关于修改〈中华人民共和国劳动合同法〉的决定》已由中华人民共和国第十一届全国人民代表大会常务委员会第三十次会议于 2012 年 12 月 28 日通过，自 2013 年 7 月 1 日起施行。

③ 中华人民共和国劳动合同法 [EB/OL]. [2012-12-28]. http：//www.mohrss.gov.cn/SYrlzyhshbzb/zcfg/flfg/fl/201605/t20160509_239643.html.

④ 《最高人民法院关于审理劳动争议案件适用法律若干问题的解释（三）》，于 2010 年 7 月 12 日由最高人民法院审判委员会第 1489 次会议通过，现予公布，自 2010 年 9 月 14 日起施行。

职工本人,或者未按照规定通报、公布本单位全年社会保险费缴纳情况的,职工有权向社会保险行政部门举报、投诉。"① 这更进一步明确了用人单位未按时进行缴费申报或未足额缴纳社保费的,应由人力资源和社会保障部门或社会保险行政部门处理,并且劳动者有权举报。

综上所述,社保费用的申报缴纳属于用人单位、劳动者和社保经办机构三方的关系,因此社保费用的申报缴纳、补缴问题不属于劳动争议,不能通过调解、仲裁、诉讼程序处理,属于行政范畴,只能通过劳动行政部门或社保费征收机构查处用人单位,然后再进行行政诉讼程序。换言之,用人单位未按时为员工缴纳社会保险的,员工有权解除劳动合同并要求支付经济补偿金,这属于劳动争议范畴;用人单位未缴纳社会保险的,员工可以要求用人单位补缴社会保险,但社保费申报补缴纠纷不属于劳动仲裁范围,只能由劳动者向劳动保障监察部门或社会保险行政部门投诉处理。

(三)"五险"维权方式

1. 协商

劳动争议发生后,劳动者可首先与用人单位自行协商,以达成新的协议,或者有过错的一方改正错误,消除争议。

2. 调解

劳动者与用人单位自行协商不成的,可以向本单位的劳动争议调解委员会提出申请,请求调解。调解申请,应当自知道或应当知道权利被侵害之日起 30 日内提出。

3. 仲裁

劳动争议仲裁是解决劳动争议的主要途径。劳动者可在自己的合法权益受到侵害之日起 1 年内向所在地劳动争议仲裁委员会申请劳动争议仲裁,劳动争议仲裁委员会的裁决具有强制执行力,一方在 15 日内既不起诉也不执行的,另一方可直接向人民法院申请强制执行。

4. 举报投诉

县级劳动部门都设有劳动监察部门,有权纠正和查处用人单位违反劳动法律、法规、规章的行为。劳动者可以向用人单位所属区域的劳动保障监察机构举报、投诉,要求查处用人单位的违法行为,以维护自己的合法权益。

5. 诉讼

劳动争议当事人对仲裁裁决不服的,可在收到仲裁裁决书之日起 15 日内向人民法院起诉。但需注意,未经劳动争议仲裁委员会仲裁的劳动争议案件,法院

---

① 社会保险费申报缴纳管理规定[EB/OL].[2013-09-26].http://www.mohrss.gov.cn/SYrlzyhsh-bzb/zcfg/flfg/gz/201601/t20160112_231614.html.

不予受理。

（四）"一金"维权方式

住房公积金是在职职工的一项法定权利，但与"五险"等其他的劳动争议维权有所不同。国家将住房公积金的处罚职能授予住房公积金管理中心，该中心是行使处罚权的唯一单位。职工的公积金权益受到侵害时，应该向公积金管理中心投诉举报，而不是到劳动仲裁部门提起劳动仲裁。根据国务院《住房公积金管理条例》中的罚则规定："违反本条例的规定，单位不办理住房公积金缴存登记或者不为本单位职工办理住房公积金账户设立手续的，由住房公积金管理中心责令限期办理；逾期不办理的，处 1 万元以上 5 万元以下的罚款。单位逾期不缴或者少缴住房公积金的，由住房公积金管理中心责令限期缴存；逾期仍不缴存的，可以申请人民法院强制执行。"[①]

（五）劳动者维权证据的收集

"谁主张、谁举证"是劳动争议处理中的常态举证规则。可在现实生活中，很多劳动者常常面临这样无助又无奈的局面：明明用人单位侵权事实明显，可自己连证明与单位存在劳动关系的证据都没有。遇到用人单位不缴、少缴或欠缴、拖缴"五险一金"的情况，劳动者要在前期注意收集相关的证据，以便将来在仲裁或诉讼时支持自己的观点。劳动者入职后要留心收集和保留的主要证据包括以下九条：

（1）工资卡、工资存折、工资条或其他工资发放记录（最好有单位盖章）、职工花名册等。如无法收集到上述证据原件，可采取复印或拍照方式收集。

（2）社会保险缴费记录。如用人单位已为劳动者缴纳了社会保险，劳动者可以到劳动行政部门打印自己的社会保险缴费记录。

（3）能够证明劳动者职务职位的证件。如用人单位向劳动者发放的工作证、服务证、上岗证、胸卡、门禁卡、出入证、暂住证、健康证、资质证等（最好上面有单位盖章）。

（4）劳动者入职时填写的招工招聘登记表、报名表等招用记录。此类证据可采取复印或拍照方式保留。

（5）采取复印或拍照方式收集用人单位的考勤记录。考勤记录一般有诸如考勤表、出勤卡等证据。在加班费争议中，单位的排班表、主管领导签名或盖有单位公章的加班通知，都是证明存在加班事实的初步证据。

（6）同事的书面证言。此类证据需要注意以下两条：一是进行诉讼时，出具证言的同事一般要到庭作证；二是同事需要有证据证明其本人与用人单位存在

① 住房公积金管理条例［EB/OL］．［2002-03-24］．http：//www.gov.cn/gongbao/content/2002/content_61418.htm.

劳动关系。

（7）用人单位下发的含有劳动者名字的各种文件、证明、通知等书面材料。如加盖了用人单位公章的荣誉证书、介绍信、委托书；以用人单位职工名义参加的公益活动、劳动竞赛等凭证等。

（8）劳动者代表用人单位与其他实体或个人签订的文件。如代表用人单位与其他用人单位签订的经济合同等。

（9）用合法的手段取得证明劳动关系存在的录音、录像、手机短信、电子邮件、网上聊天记录。此类证据，最好是记录劳动者与用人单位法定代表人或主要负责人协商谈判双方劳动关系事宜的相关信息。

【思考题】

1. 社会保险的特征是什么？
2. 社会保险在社会保障制度中的地位及其原因是什么？
3. 社会保险费的负担方式有哪些？
4. 社会保险的优势和局限是什么？
5. 社会保险经办机构的性质定位是什么？
6. 社会保险经办服务的内容有哪些？

第四章　养老保险制度与管理实务

📚 学习目标

通过本章学习，了解养老保险的概念和特点，准确认识人口老龄化对养老保险制度建设和发展带来的影响。掌握养老保险制度结构和主要内容，重点理解养老保险的缴费方式和待遇给付方式，能熟练地将中国养老保险政策运用到解决养老问题和管理实践中。

第一节　长寿风险与人口老龄化

地球上的一切生物，都要经历出生、成长、发育、成熟、衰老、死亡的过程，人类也不例外。人类长寿风险的日益普遍化和社会化，使养老问题成为世界各国面临的主要问题之一，而完善养老保险制度是应对人口老龄化的重要举措。

一、长寿风险及其后果

（一）长寿风险的定义

进入工业化社会后，社会经济发展速度加快，人民生活水平日益提高，医疗科技水平日渐发达，使得人类的平均预期寿命不断延长，但同时也带来了人口老龄化、长寿风险、养老危机等诸多社会问题，给世界各国的经济社会发展造成困扰。

对个人而言，长寿风险主要是指个人实际寿命超过总体人口的平均预期寿命，导致其老年收入不足以支撑生活消费的风险。通俗地讲，就是人们享受生命的时间越来越长，但可供消费的金钱储蓄却越来越少。

对社会而言，长寿风险主要是指社会总体人口的生存年龄实际值高于预期值，导致当前绝大多数养老保险计划和产品无法满足未来的社会养老保障需求，从而使养老金的管理变得更加困难。换言之，长寿风险是因人类总体生存状况的改善，造成人口死亡率的群体性降低和社会平均预期寿命的系统性延长，使社会养老金的实际支出大于预期支出，导致养老金管理成本上升，形成巨大的养老金缺口，从而使养老金计划不可持续。

（二）长寿风险的后果表现

1. 养老资产积累不足以满足老年人生活需要

就个人而言，长寿意味着可以享受更长时间的晚年生活，但每个人都不能确定自己的准确寿命，所以无法对自己的老年保障做出精准安排。多数情况是，个人在年轻时的积蓄往往不足以支付更长时间的老年生活开支，尤其是长寿会大量增加老年人医疗和护理方面的消费开支，势必会出现养老金或个人储蓄等老年经济安排与退休后实际生活需要的养老支出不能完全对等的情况。工作期间的养老资产积累不足，导致老年期间的经济安全失去保障，从而使老年生活质量下降。

2. 个人退休期间的最优消费策略无法实现

根据生命周期消费理论的启示，我们试图在工作期积累大量财富，为退休期的老年生活作资金筹集的准备，但谁都无法准确预测出退休后的生命期长短和消费支出总额。现实情况是，长寿风险可能导致老年人退休生活状态存在"人活着，钱没了"和"人死了，钱没花完"两种现象，即长寿风险可能会导致储蓄积累不足，从而难以支持更长时间的老年生活消费，或是储蓄积累太多而没有实现老年生活消费的最优化安排。

3. 对公共养老金体制和商业养老保险的偿付能力造成冲击

世界上多数国家的社会养老保险实行的是国家（或政府）、用人单位和个人三方共同担责的体制，养老金是以终生年金的形式发放。当人们的实际寿命超过制度设计的期望寿命时，人们从积累制的个人账户中领取到的养老金额度将远远超过其本人的缴费积累额度，从而把个人养老资源不足的风险转嫁给公共养老金体制，增大了公共养老金的支付压力。同理，商业养老保险可保证被保险人退休后将能持续获得固定支付的现金流，但是又无法准确预测未来老年人死亡率给商业养老保险业务盈利水平带来的不确定性，进而无法准确确定养老产品的市场价格，即长寿风险会对商业养老保险费率决策和定价产生重大影响，对商业养老保险的财务状况和偿付能力也提出了更高的资金要求。

4. 加重家庭和社会的抚养负担

随着经济社会的发展、医学的进步、人们生活方式的转变和健康意识的提高，人均预期寿命的延长已经成为全世界的普遍现象，但也带来一系列的社会问题。首先，人们的寿命延长，使得老年人对养老金需求大量增加，也就延长了养老金的发放时间，这给政府带来沉重的养老财政负担，也将对社会保障的发展和完善产生不利影响；其次，高龄老人数量整体增多，失能和半失能的现象更为普遍，老年人的医疗和照护需求暴增，特别是在一些医疗保险制度不完善的国家或是护理机构和人员不足的地区，老年人的生存质量并不高，家庭子女的照护负担相对偏重，"小老人养老老人"的状况将直接降低家庭的福利水平；最后，从国家角度讲，整个社会的长寿风险加剧，将使劳动人口年龄结构趋于老化，单位劳动生产率下降，社会抚养负担加重。"银发社会"①不仅对国家经济发展产生冲击，而且还会吞噬大量的社会财富，加重社会抚养负担。

二、人口老龄化下的养老保险发展

（一）人口老龄化的判定标准

按照年龄划分，一个国家的人口可划分为未成年人口、成年人口和老年人口。受到人口出生率和死亡率等多种因素影响，人口年龄结构会不断发生变化。在总人口中，当老年人口的比重不断提高，而其他年龄组人口的比重相对下降，这一动态过程就视为人口老龄化。

理论上讲，人口老龄化是指因人口生育率降低和人口平均预期寿命延长，导致年轻人口数量减少、老年人口数量增加、老年人在总人口中的占比相应增长的动态过程。具体包括两层含义：①指老年人口的相对增多，且在总人口中所占比例不断上升的过程；②指社会人口结构呈现老年化状态，进入老龄化社会。

国际上判定一个国家或地区是否进入老龄化社会的通行标准是：当一个国家或地区60岁以上老年人口占总人口数的比例达到10%②，或65岁以上老年人口占总人口数的比例达到7%③。以此为衡量标准，中国于2000年进入老龄化社会。④

（二）"五支柱"养老保险模式

随着人口老龄化形势的日益严峻，传统养老方式已难以满足老年人多样化的养老需求，这也倒逼养老保险制度加快向社会化和多层次化的方向改革。其中，建设多层次（或多支柱）的养老保险体系已成为全球主流，是世界各国应对人口老龄化挑战的普遍做法。⑤

---

① "银发社会"是对老龄化社会的一种形容，是指随着人类物质生活和健康医疗水平的不断改善，人的寿命也在不断延长，从某种意义上来讲，人类社会似乎已经逐渐演变成一个主要服务于"老人和准老人"群体的社会。

② 1982年维也纳老龄问题世界大会，确定60岁及以上老年人口占总人口比例超过10%，意味着这个国家或地区进入老龄化。

③ 1956年联合国《人口老龄化及其社会经济后果》确定的划分标准，当一个国家或地区65岁及以上老年人口占总人口比例超过7%时，则意味着这个国家或地区进入老龄化。

④ 2000年11月底第五次人口普查数据显示，中国60岁以上人口达到1.3亿人，占总人口的10.2%，65岁以上老年人口已达8811万人，占总人口的6.96%。中华人民共和国统计局. 2000年第五次全国人口普查主要数据公报［EB/OL］. ［2001-03-28］. http：//www. people. com. cn/GB/shizheng/16/20010328/427870. html.

⑤ 2018年10月25日，由中国银保监会主办的国际养老金监督官组织（IOPS）年会及全球养老金论坛在北京隆重召开，论坛主题是"完善养老金体系，应对老龄化挑战"。时任中国银保监会主席郭树清在论坛开幕致辞上指出，"回溯近百年养老金发展历史，特别是20世纪80年代以来的市场化改革浪潮，政府主导的单一现收现付制度，向包括企业和个人资金积累制的多元化制度转变，已经成为全球主流，是应对老龄化挑战的普遍做法"。

世界银行在 2005 年 12 月出版的《21 世纪的老年收入保障——养老金制度改革国际比较》（以下简称《报告》）中，建议各国的老年经济安全在建立"三支柱"① 退休保障制度的基础上，应进一步建立多层次的退休保障制度，并郑重提出将"三支柱"扩展为"五支柱"。该《报告》是对过去 20 年来各国的养老金制度实践做的一次概括和总结，目的是让国际社会能够更广泛地理解世界银行关于养老金制度"五支柱"的改革框架并推荐给各国政府作为参考，以更有效地应对人口老龄化挑战。

1. 零支柱

零支柱是一种定额式、非缴费型的国民养老金，主要为贫困者以及不适用任何社会养老保险制度的老年人或丧失劳动能力者提供最低水平保障的社会养老保险，以达到制度兜底作用（覃平，2019）。② 零支柱是以消除贫困为明确目标、来自财政转移支付的基本支柱。

2. 第一支柱

第一支柱是缴费型、强制性的养老金制度，以社会保障费作为主要的资金来源，并与缴费者本人的收入水平不同程度地挂钩。该支柱的主要特色是通过社会财富的再分配功能以及代内或代际间所得转移作用，为老年退休者提供最低生活水平的终身保障，也被称为强制性的社会保障年金制度（汤兆云，2014）。③

3. 第二支柱

第二支柱是强制性的个人储蓄账户式养老金，主要通过个人和用人单位在职期间缴纳的一定费用，建立职业年金或个人年金。但各国具体建立形式各有不同。

4. 第三支柱

第三支柱是灵活多样、自愿型的个人商业保险储蓄制度，包括完全个人缴费型、雇主资助型、缴费确定型或待遇确定型等形式，个人可自主决定是否参加以及缴费数额的多少，其养老金给付是通过私营部门的商业保险机构来进行，旨在提高劳动者年老或丧失工作能力后的生活质量。

---

① 20 世纪 80 年代始，全球人口老龄化逐步加剧，当时很多主流国家实行的养老金制度面临着财务平衡难以持续、国家财政负担不断加重等情况。在此背景下，世界银行于 1994 年 10 月出版的《防止老龄危机——保护老年人及促进增长的政策》报告中首次提出了"三支柱"养老金改革模式的建议，即第一支柱"公共养老金计划"、第二支柱"职业养老金计划"、第三支柱"自愿型个人储蓄养老金计划"，核心是通过多个模式的不同养老金支柱来应对单一养老保险制度内老龄化带来的问题。

② 覃平. 探索社会养老保险"五支柱"模式[EB/OL]. [2019-04-10]. http：//www.cssn.cn/shx/shx_bjtj/201904/t20190410_4862360.shtml.

③ 汤兆云. 我国社会养老保险制度的改革——基于世界银行"五支柱模式"[J]. 江苏社会科学，2014（2）：83-91.

5. 第四支柱

第四支柱是伦理性、非正规的家庭供养制度，主要是家庭成员之间或代际之间为老年人提供晚年生活照顾，包括家庭赡养、医疗服务和住房政策等方面的经济或非经济援助，经费一部分来源于正规制度的年金给付，另外部分来自子女供养、自有住宅、家庭间财富转移或个人储蓄等方面（Holzmann 和 Hinz，2005）。① 该支柱的目的是弥补前四个支柱的保障不足。

世界银行将养老保险模式从"三支柱"扩展到"五支柱"，是希望利用多支柱的制度设计来消除贫困和熨平收入差距，同时能有效地应对养老金制度普遍面临的经济、政治和人口风险，更好地实现养老金制度的多重目标。

三、养老保险的概念和特点

（一）养老保险的概念

养老保险是指国家和社会根据一定的法律和法规，为解决劳动者在达到国家规定的解除劳动义务的劳动年龄界限，或因年老丧失劳动能力退出劳动岗位后的基本生活而建立的一种社会保险制度。其内涵可以理解为以下四个方面：

（1）养老保险是国家和社会为劳动者解除养老后顾之忧而设置的一种社会保险项目，其目的是增强劳动者抵御年老风险的能力，同时弥补家庭养老的不足，在劳动者退出劳动岗位或达到法定退休年龄后为其提供相应的收入保障。

（2）养老保险是在法定范围内的老年人完全或基本退出社会劳动生活后才自动发生作用的。这里所谓的"完全"，是以劳动者与生产资料的脱离为特征，如劳动者丧失劳动能力，不得不退出劳动岗位；所谓的"基本"，指的是参加生产活动已不是主要社会生活内容，如劳动者虽具备参加生产活动的能力，但达到法定解除劳动义务的劳动年限界限。需要强调的是，法定退出劳动领域的年龄界限（各国有不同的标准）才是养老保险发生作用的切实可行的衡量标准。

（3）养老保险的目的是为保障老年人的基本生活需求，为其提供稳定可靠的生活来源，降低年老风险带来的消极影响。

（4）养老保险是以社会保险的手段达到保障的目的，强调缴费义务和待遇享受权利的相对应，体现风险共担、责任共负的社会性原则。

（二）养老保险的特点

养老保险作为社会保险的主要项目，具有显著的社会保险性质和特征（钟仁耀，2011），② 但与其他险种相比，还有以下三个特点：

---

① Holzmann, R. and Hinz, R. Old-Age Income Support in the 21Century：An international Perspective on Pension System and Reform ［M］. Washington D. C.：The World Bank，2005：12.

② 钟仁耀. 社会保障学教程［M］. 北京：北京大学出版社，2011：128.

1. 普遍需求

由于年老是人生不可避免的自然规律，这就决定了任何人如果要想安享晚年，都需要社会养老保险来"保驾护航"。人们对养老保险的普遍需求，正是源于其化解年老风险的普遍性，相对于失业、疾病、伤残等风险发生时间的不确定性，年老是确定、可预见、人人都会遭遇的风险。尽管由于每个人的能力、经历和家庭经济条件不同，对老年期收入锐减、身体衰弱等结果的承受能力也不同，但是随着家庭规模的缩小、保障功能的弱化以及市场竞争带来各种风险的集中化和多重化，任何人都不能保证自己在年老时可以有充足的经济储蓄来满足老年支出需要，因此，养老保险就成为社会公众最普遍需求的保险项目。

2. 地位特殊

一方面，年老风险的普遍性决定了其影响面和波及层的广度和深度要远大于其他人生风险，这也决定了年老风险理应得到个人、家庭和社会的最高重视，在人口老龄化下更是如此；另一方面，养老保险因缴费时间长（贯穿整个工作生涯）、领取养老金的时间长（自退休起到死亡）、基金收支规模庞大，这也决定了养老保险不仅是最重要的社会保险项目，而且在各国社会保障体系中占据着举足轻重的地位。

3. 管理复杂

养老保险管理的复杂性，不仅在于基金积累的长期性增大了制度设计与管理的技术难度，而且还由于基金规模庞大，基金保值增值的工作负担也十分繁重，需要有专门的机构和专业的人员来进行基金投资运营工作。相较而言，其他社会保险险种的基金积累期较短，没有如此大的基金保值增值压力。

第二节　养老保险制度结构和内容

养老保险，又称社会养老保险，是社会保险各大险种中最重要的险种，是社会保障制度的重要组成部分。中国养老保险制度主要由基本养老保险、补充养老保险（企业年金和职业年金等）和商业养老保险（或个人储蓄养老保险）组成。

一、养老保险覆盖对象

养老保险覆盖范围，是指养老保险制度法定的保障对象和适用人群，即规定具备何种资格的行业或个人可以参加养老保险制度。

从政府角度来讲，养老保险只对覆盖范围内的人群负责；从个人角度来讲，只有被纳入覆盖范围才有资格参加保险。从国家间的横向比较来看，虽然养老保险是针对劳动者生活或工作风险而设计的一项选择性社会保护制度，但在西欧、北欧等高福利国家中养老保险制度却覆盖到了全体国民；有些国家的养老保险只覆盖有雇佣关系的劳动者，是一种典型的选择性保障模式，如德国、美国等。从制度建立时间的纵向比较来看，多数国家在养老保险建立初期，覆盖面较窄，只覆盖少数重点行业及其劳动者，然后随着经济社会发展才逐步扩大覆盖面，从城镇劳动者扩大到城乡居民，最后实现全民覆盖。

二、养老保险基金筹集

养老保险由国家（或政府）通过立法建立、多方筹资形成，主要有国家（或政府）、用人单位（雇主）和个人（雇员）等筹资主体。

不同国家的养老保险筹资渠道和比例有所不同，有些国家是国家（或政府）、单位和个人三方共同筹资，有些国家是由其中两方筹资，而智利等国则是完全由个人负担筹资。多数国家的养老保险基金筹集是按照参保人工资收入的一定比例来筹集保险费，保险费率的高低取决于对退休后的生活水平预期；有些国家对不同工资收入的参保人按不同的费率征收保险费，或实行累进保险费率①；有些国家规定缴费工资的最低限额，最低限额以下的参保人免缴保险费或统一按最低限额作为缴费基数；也有部分国家规定缴费工资的最高限额，超出最高限额部分不计入缴费基数。

三、养老保险待遇领取条件

世界上不同的国家，鉴于养老保险制度模式和社会保障政策的不同，对养老金的领取条件或待遇享受资格条件有不同的规定，主要考虑法定退休年龄、工龄、缴费年限和居住年限等因素。

（一）法定退休年龄

所谓法定退休年龄，是指国家法律规定的劳动者退出工作岗位并有资格领取养老金的年龄。各国退休年龄的规定因国家、地区、历史、文化、经济和社会等多种因素而异，具有很强的国家特色。多数国家养老金领取的主要资格条件就是法定退休年龄。养老保险费率的确定以及养老保险基金收支平衡参数的设计等都是以法定退休年龄为计算依据的。

（二）缴费年限或工龄

所谓缴费年限，是指用人单位和劳动者个人按照规定缴纳养老保险费的累计年限，是计发养老保险待遇的依据之一。劳动者只有缴够最低年限，才能在退休后领取养老金，这也是基于养老保险制度财务收支平衡的考虑。缴费年限不同于

---

① 累进保险费率，即根据参保人的实际收入规定不同的保险费率，对于低收入的被保险人，征收较小百分比的保险费，对于高收入的保险费则征收较大百分比的保险费，并且随着收入的增加，收费的百分比也跟着增加。总之，保险费的负担，会随收入增加而增加。

连续工龄，缴费年限指参加社保缴费的累计时间，工龄是指参加工作的累计年限，但两者在时间上有一定的承袭关系。国家在实行缴费型养老保险制度之前，职工的工作年限称为工龄，并且作为计算退休金的重要依据，在调整退休金标准时，也是按照工龄长短进行调整。国家实行缴费型养老保险制度之后，由于计算退休养老金，是按照缴费年限计算的，而不再采用工龄计算，改为计算缴费年限，调整退休养老金标准也是按照缴费年限进行调整。

（三）居住年限

在部分高福利国家，养老保险实行的是全民普惠制，只要达到法定领取年龄并在该国居住过一定年限（居龄）就可以获得普惠制的养老金。例如，加拿大老年保障金的享受条件是年龄必须达到65岁且18岁之后在加拿大居住的年限必须是10年以上，老年保障金标准与居住年限高度相关，与个人是否工作过无关，也不需要缴纳任何费用就可领取，居住满40年就可拿到最高限额标准的老年保障金。

四、养老保险待遇给付

在满足本国规定的领取养老金条件后，养老保险的待遇利益最终体现在养老金的计发和支付上。按照养老金给付标准与劳动者（或受益者）工作期间收入水平的关系来划分，可将养老保险待遇的给付分为普遍生活保障模式和收入关联模式。

（一）普遍生活保障模式

普遍生活保障模式，也称为普遍保险模式，强调国家为不能自我供养的老年公民提供统一、均等的养老金，体现国家使用再分配手段实现社会公平的原则，该模式以英国为代表。主要特点包括以下三个：

（1）实施范围广泛。该模式通常覆盖的对象是全体国民，甚至包括在本国侨居一定年限的外国居民。

（2）养老金给付与收入状况无关。养老保险待遇水平与劳动者个人工作期间的收入状况无关，即养老金水平高低只与社会消费水平有关，与老年人是否就业过、退休前工资收入的高低、职业是否稳定等没有关系，一般是保障退休者的基本生活水平。

（3）资金来源主要是国家财政补贴。该模式的资金来源主要是国家财政补贴，资金来源渠道的单一性导致政府税负不断加重，当政府财力有限时，该模式将难以为继。另外，由于该给付模式下的养老金水平全民均等划一且偏低，设计缺乏合理性，容易造成富人不关心和穷人不够用的现象。

（二）收入关联模式

收入关联模式，主要是通过社会保险机制为工薪劳动者建立退休收入保险制度，强调缴费与收入、退休待遇相关联，即养老保险缴费与待遇是按工资收入的一定比例来筹集和给付的，并建立在严格的保险运行规则上，强调权利与义务的对应和平衡。目前，世界上大多数国家实行该模式，以德国为典型。主要特点包括以下三个：

（1）养老保险基金由三方缴费形成。该模式强调养老保险费由雇主、雇员和国家（或政府）共同负担，而且雇主和雇员必须按照雇员工资收入的一定比例缴纳，国家（或政府）通过税收、利息、财政政策给予一定的资金支持。

（2）养老保险待遇取决于工资收入水平。退休者的养老金给付水平直接与退休前的工资收入相关联，通常以退休者在就业期间领取的最高工资或平均工资作为计算基础，以"替代率"即养老金占退休前收入的一定比例来反映养老保险的给付水平。由于这是一种与收入水平相关联的给付模式，也就自然而然地将非工薪阶层排除在保障之外（潘锦棠，2010）。[1]

（3）具有收入再分配功能。尽管养老金与劳动者的缴费水平和收入水平高度相关，但是和人身保险中的投保费与年金直接对应的商业保险运行规则不同，养老保险在缴费和给付方式上通过特定的技术机制（如规定缴费基数的上下限额或缴费比例累进式计算），使国民收入在代际之间、不同人群的收入之间进行再分配，即高收入阶层向低收入阶层进行某种程度的收入转移，以此实现养老保险制度收入再分配的政策目标。

第三节 中国基本养老保险政策

2011 年 7 月 1 日起施行的《中华人民共和国社会保险法》中明确指出，中国社会养老保险制度应形成城镇企业职工基本养老保险（以下简称城职保）、城镇居民社会养老保险（以下简称城居保），新型农村社会养老保险（以下简称新农保）三个板块构成的主体结构。几经发展，逐步将零散的城乡养老保险制度整合归并，在国家层面统一规范社会养老保险政策标准，取消机关事业单位人员养老保险和城镇企业职工基本养老保险的"双轨制"，并于 2014 年将城镇居民社会养老保险和新型农村社会养老保险整合并轨为城乡居民基本养老保险制度。目前，中国社会养老保险制度主要由城乡居民基本养老保险和城镇职工基本养老保险两大部分构成。

---

① 潘锦棠. 社会保障学 ［M］. 大连：东北财经大学出版社，2010：46.

一、中国多层次养老保险体系

改革开放后，中国的养老保险制度在渐进改革探索中不断完善。1993 年通过的《关于建立社会主义市场经济体制若干问题的决定》对社会保障改革提出了明确的要求，即"建立多层次的社会保障体系"。20 世纪 90 年代中期，在世界银行的推动下，中国开始着手建立多层次的养老保险制度，即第一层是基本养老保险，第二层是企业年金等补充养老保险，第三层是个人储蓄性养老保险。经过一系列的改革，建立了具有中国特色的社会统筹和个人账户相结合的基本养老保险制度，但第一支柱"一支独大"、第二和第三支柱实际发展缓慢的局面长期并未改变。

构建多层次养老保险体系是当今世界养老金制度改革的最大共识，也是不可逆转的发展潮流，更是我国建设中国特色社会保障体系的必然举措。2013 年 11 月 12 日通过的《中共中央关于全面深化改革若干重大问题的决定》中指出，"加快发展企业年金、职业年金、商业保险，构建多层次社会保障体系。"① 2017 年 3 月颁布的《国务院关于印发"十三五"国家老龄事业发展和养老体系建设规划的通知》中指出，"完善社会统筹与个人账户相结合的基本养老保险制度，构建包括职业年金、企业年金，以及个人储蓄性养老保险和商业保险的多层次养老保险体系。"② 党的十九大报告提出"按照兜底线、织密网、建机制的要求，全面建成覆盖全民、城乡统筹、权责清晰、保障适度、可持续的多层次社会保障体系（习近平，2017）。"③ 在党和政府的强力推动下，2018 年中国进入养老保险制度改革的关键年，多层次养老保险体系顶层设计基本完成并依序步入落地期，搭建起一个由政府、用人单位和个人共同参与的多层次养老保险体系的基本框架。

（一）基本养老保险

目前中国已形成"城镇职工+城乡居民"两大基本养老保险制度平台，这是整个养老保险体系的主体和基础，也标志着养老保险的第一支柱（或层次）即基本养老保险制度业已建立。2018 年 7 月 1 日起实施的《关于建立企业职工基本养老保险基金中央调剂制度的通知》，提出"坚持促进公平、明确责任、统一政策、稳步推进的基本原则，建立养老保险基金中央调剂制度，作为实现养老保险全国统筹的第一步，均衡地区间企业职工基本养老保险基金负担，实现基本养

---

① 中共中央关于全面深化改革若干重大问题的决定[EB/OL]. [2013-11-15]. http://www.gov.cn/jrzg/2013-11/15/content_2528179.htm.

② 国务院关于印发"十三五"国家老龄事业发展和养老体系建设规划的通知[EB/OL]. [2017-03-06]. http://www.gov.cn/zhengce/content/2017-03/06/content_5173930.htm.

③ 习近平. 决胜全面建成小康社会，夺取新时代中国特色社会主义伟大胜利——在中国共产党第十九次全国代表大会上的报告[M]. 北京：人民出版社，2017：15.

老保险制度可持续发展"①，进一步夯实了第一支柱（或层次）的发展基础。

（二）企业年金和职业年金等补充养老保险

第二支柱（或层次）是企业建立的企业年金和机关事业单位建立的职业年金等补充性养老保险。

企业年金是企业及其职工在依法参加基本养老保险的基础上，自主建立的补充养老保险制度。2004 年《企业年金试行办法》正式实施，标志着中国的企业年金进入迅速发展时期，但运行十几年来仍具有鲜明的"中国特色"②，实际进展并不理想。2018 年 2 月 1 日起施行的《企业年金办法》③ 明确指出，"企业年金所需费用由企业和职工个人共同缴纳。企业缴费每年不超过本企业职工工资总额的 8%。企业和职工个人缴费合计不超过本企业职工工资总额的 12%。具体所需费用，由企业和职工一方协商确定。"④ 需要说明的是，只要参加了企业职工基本养老保险的用人单位及其职工，都可以通过集体协商自主、自愿建立企业年金制度，这有利于完善企业职工的薪酬体系，展现企业良好文化、增强人才吸引力、稳定职工队伍。职工参加企业年金，有利于在基本养老保险的基础上，使未来的退休收入多元化，能够提高退休后的收入水平和收入稳定性，进一步提高退休后的生活质量。因此，企业年金是中国多层次养老保险制度体系中第二支柱的重要组成部分。

职业年金，是指机关事业单位及其工作人员在参加机关事业单位基本养老保险的基础上，建立的补充养老保险制度，也是面向机关事业单位在职在编人员的一项单位福利制度，它与企业年金最大的不同就是强制参保。根据《国务院关于机关事业单位工作人员养老保险制度改革的决定》和《国务院办公厅关于印发机关事业单位职业年金办法的通知》规定，从 2014 年 10 月 1 日起实施机关事业单位工作人员职业年金制度，"机关事业单位在参加基本养老保险的基础上，应当为其工作人员建立职业年金。单位按本单位工资总额的 8% 缴费，个人按本人

---

① 关于建立企业职工基本养老保险基金中央调剂制度的通知[EB/OL]．[2018-06-13]．http：//www. gov. cn/zhengce/content/2018-06/13/content_5298277. htm.

② 中国企业年金的发展具有"中国特色"，是指建立企业年金大多是垄断性的国有企业，而非民营企业，市场在其中发挥的作用还是相对有限。

③ 2017 年 12 月 18 日，由人社部、财政部联合印发《企业年金办法》，这是贯彻落实党中央、国务院关于建立多层次社会保障体系、大力发展企业年金要求的具体举措，是在我国社会保障制度不断健全和企业年金市场持续发展的基础上，对 2004 年《企业年金试行办法》的修订和完善。《企业年金办法》自2018 年 2 月 1 日起施行。原劳动和社会保障部 2004 年 1 月 6 日发布的《企业年金试行办法》同时废止。

④ 企业年金办法[EB/OL]．[2017-12-18]．http：//www. mohrss. gov. cn/SYrlzyhshbzb/zcfg/flfg/gz/201712/t20171221_284783. html.

缴费工资的 4% 缴费。"① "职业年金所需费用由单位和工作人员个人共同承担。单位缴费按照个人缴费基数的 8% 计入本人职业年金个人账户；个人缴费直接计入本人职业年金个人账户，由单位代扣。单位和个人缴费基数与机关事业单位工作人员基本养老保险缴费基数一致。"② 因此，职业年金是为机关事业单位职工未来的退休养老做准备、以避免基本养老保险不足导致生活水平下降的一项补充养老保险。

（三）个人商业养老保险

第三支柱（或层次）目前主要是个人储蓄性养老保险、商业养老保险和个人养老金制度。③

2017 年 7 月颁布的《国务院办公厅关于加快发展商业养老保险的若干意见》指出，"商业养老保险是商业保险机构提供的，以养老风险保障、养老资金管理等为主要内容的保险产品和服务，是养老保障体系的重要组成部分。到 2020 年，基本建立运营安全稳健、产品形态多样、服务领域较广、专业能力较强、持续适度盈利、经营诚信规范的商业养老保险体系，商业养老保险成为个人和家庭商业养老保障计划的主要承担者、企业发起的商业养老保障计划的重要提供者、社会养老保障市场化运作的积极参与者、养老服务业健康发展的有力促进者、金融安全和经济增长的稳定支持者。"④

2018 年 4 月，财政部等五部委发出《关于开展个人税收递延型商业养老保险试点的通知》，明确"从 2018 年 5 月 1 日起，在上海市、福建省（含厦门市）、苏州工业园区实施个人税收递延型商业养老保险试点，试点期限暂定为一年。"⑤ 2018 年 5 月至 6 月，《个人税收递延型商业养老保险产品开发指引》《个人税收递延型商业养老保险业务管理暂行办法》《个人税收递延型商业养老保险

① 国务院关于机关事业单位工作人员养老保险制度改革的决定［EB/OL］．［2015-01-14］．http：//www.gov.cn/zhengce/content/2015-01/14/content_9394.htm.

② 国务院办公厅关于印发机关事业单位职业年金办法的通知［EB/OL］．［2015-04-06］．http：//www.gov.cn/zhengce/content/2015-04/06/content_9581.htm.

③ 个人储蓄性养老保险主要是指劳动者通过个人储蓄、投资形成的积累资金来支付退休后的养老生活支出。商业养老保险是个人自愿参与，市场化、法治化运作的养老金融业务，要求参与人是需要年满 18 周岁并与养老保险公司签订相关业务合同，个人参与商业养老保险业务没有相关优惠。个人养老金是政府政策支持、个人自愿参加、市场化运营，实现养老保险补充功能的养老保险制度，要求参与人是中国境内参加城镇职工基本养老保险或者城乡居民基本养老保险的劳动者，个人向个人养老金资金账户缴费、领取都有个人所得税优惠。

④ 国务院办公厅关于加快发展商业养老保险的若干意见［EB/OL］．［2017-07-04］．http：//www.gov.cn/zhengce/content/2017-07/04/content_5207926.htm.

⑤ 关于开展个人税收递延型商业养老保险试点的通知［EB/OL］．［2018-04-02］．http：//szs.mof.gov.cn/zhengwuxinxi/zhengcefabu/201804/t20180412_2866479.html.

资金运用管理暂行办法》的相继出台，明确了税延养老保险的产品设计原则、业务管理要求和资金运用监管要求。可见，上述政策的密集出台，预示着第三支柱开始破冰，以个人税收递延型商业养老保险为突破口，来全面推动发展个人商业养老保险。

2022 年 4 月 21 日，国务院办公厅印发《关于推动个人养老金发展的意见》，开启推动发展适合中国国情、政府政策支持、个人自愿参加、市场化运营的个人养老金制度，确立了我国第三支柱养老保障基础制度框架，对健全我国多层次、多支柱养老保险体系具有标志性意义。2022 年 11 月 4 日，人力资源和社会保障部等五部门联合发布《个人养老金实施办法》，个人养老金制度落地，被认为是我国多层次养老保障体系第三支柱的重要顶层设计。2022 年 11 月 25 日，人力资源社会保障部办公厅等三部门发布《关于公布个人养老金先行城市（地区）的通知》，明确在 36 个先行城市（地区）所在地参加职工基本养老保险或城乡居民基本养老保险的劳动者，可参加个人养老金。规定个人养老金实行个人账户制度，缴费完全由参加人个人承担，实行完全积累；参加人通过个人养老金信息管理平台，建立个人养老金账户，每年缴纳上限为 12000 元，账户资金用于购买符合规定的储蓄存款、理财产品、商业养老保险、公募基金等金融产品（参与个人养老金运行的金融机构和金融产品由相关金融监管部门确定），参加人可自主选择，并承担相应的风险；个人养老金资金账户实行封闭运行，其权益归参加人所有，除另有规定外不得提前支取；当参加人达到领取基本养老金年龄，或完全丧失劳动能力，或出国（境）定居，或者具有其他符合国家规定的情形，经信息平台核验领取条件后，可以按月、分次或者一次性领取个人养老金，领取方式一经确定不得更改；领取时，应将个人养老金由个人养老金资金账户转入本人社会保障卡银行账户；参加人死亡后，其个人养老金资金账户中的资产可以继承。①

2024 年 12 月 12 日，人力资源社会保障部等五部门发布《关于全面实施个人养老金制度的通知》，自 2024 年 12 月 15 日起，在中国境内参加城镇职工基本养老保险或者城乡居民基本养老保险的劳动者，均可以参加个人养老金制度。税收优惠政策的实施范围从 36 个先行城市（地区）同步扩大到全国。② 个人养老金制度具有政府政策支持、个人自愿参加、市场化运营的核心特征，参与流程包括

① 《关于推动个人养老金发展的意见》政策解读［EB/OL］. ［2022-12-16］. http：//dhq. nc. gov. cn/dhqrmzf/zyzc/202212/1fc62d42cfa8431e87dd45a31f54fff2. shtml.

② 人力资源社会保障部 财政部 国家税务总局 金融监管总局 中国证监会关于全面实施个人养老金制度的通知［EB/OL］. ［2024－12－10］. https：//www. gov. cn/zhengce/zhengceku/202412/content_6992279. htm.

开立账户、缴费、投资、领取等环节，同时实施 EET 模式的递延纳税[①]优惠政策，肩负着健全多层次多支柱养老保险体系、促进社保事业健康可持续发展、做好养老金融大文章的重要使命。

二、城镇职工基本养老保险

（一）覆盖范围

《社会保险法》第十条和第九十五条对城职保的覆盖对象做了原则性和权威性的界定说明，再综合国务院各部委出台的一些补充性政策，可确定目前城职保的法定覆盖对象主要包括以下五类：

（1）各种经济成分类型下的城镇企业和其具有劳动关系的固定工及合同工[②]。

（2）实行企业化管理的事业单位及其职工。

（3）依法在各级民政部门登记的社会团体、基金会、民办非企业单位及其签订聘用合同或劳动合同的专职工作人员[③]。

（4）进城务工的农村居民（即农民工）等。

（5）无雇工的个体工商户、未在用人单位参加基本养老保险的非全日制从业人员以及其他灵活就业人员等群体[④]可自愿参加城职保。

从政策演变的角度来讲，城镇企业职工基本养老保险制度的覆盖范围已从只面向正规就业劳动者逐渐向灵活就业者不断扩展，理论上已基本涵盖了正在从事社会劳动的全体劳动者。

（二）筹资模式和方式

城镇职工基本养老保险制度实行"社会统筹与个人账户相结合"[⑤] 模式，实

---

① 所谓递延纳税，是指在年金缴费环节和年金基金投资收益环节暂不征收个人所得税，将纳税义务递延到个人实际领取年金的环节，也称 EET 模式（E 代表免税，T 代表征税）。

② 2005 年，《国务院关于完善企业职工基本养老保险制度的决定》规定，把基本养老保险覆盖范围扩大到城镇各种经济成分类型的企业及其具有劳动关系的职工，并把非公有制企业、城镇个体工商户和灵活就业人员的参保工作作为今后的工作重点。

③ 2008 年原劳动和社会保障部发《关于社会组织专职工作人员参加养老保险有关问题的通知》规定，凡依法在各级民政部门登记的社会团体、基金会、民办非企业单位、境外非政府组织驻华代表机构及其签订聘用合同或劳动合同的专职工作人员，参加当地企业职工基本养老保险。

④ 2010 年 10 月 28 日中华人民共和国主席令第三十五号公布、2011 年 7 月 1 日起施行的《中华人民共和国社会保险法》第十条明确规定，无雇工的个体工商户、未在用人单位参加基本养老保险的非全日制从业人员以及其他灵活就业人员可以参加基本养老保险，由个人缴纳基本养老保险费。

⑤ 社会统筹与个人账户相结合是我国首创的一种新型的基本养老保险制度模式。基本养老保险基金的筹集由国家、单位和个人共同负担；基本养老保险基金实行社会互济；基本养老金的计发采用结构式的计发办法，强调个人账户养老金的激励因素和劳动贡献差别。因此，该制度既吸收了传统型养老保险模式的优点，又借鉴了个人账户模式的长处；既体现了传统意义上社会保险的互助互济、分散风险、保障性强等特点，又强调了职工的自我保障意识和激励机制。

施用人单位和职工个人缴费以及政府补贴的三方共担缴费机制。其中，用人单位应当按照国家规定的本单位职工工资总额的比例（一般不得超过企业工资总额的20%①）缴纳基本养老保险费，计入统筹基金账户；职工按照国家规定的本人工资的比例（一般为本人缴费工资的8%）缴纳基本养老保险费，计入个人账户；当基本养老保险基金出现支付不足时，政府给予补贴，明确了政府在基本养老保险中的兜底责任。

（三）养老保险待遇领取条件

《中华人民共和国社会保险法》第十六条规定，"参加基本养老保险的个人，达到法定退休年龄时累计缴费满15年的，按月领取养老金。达到法定退休年龄时累计缴费不足15年的，可以缴费至满15年，按月领取基本养老金，也可以转入新型农村社会养老保险或者城镇居民社会养老保险，按照国务院规定享受相应的养老保险待遇。"② 可见，按月领取基本养老金必须符合两个条件：一是达到法定退休年龄，二是达到最低累计缴费年限。

1. 关于法定退休年龄

2025 年 1 月 1 日之前我国法定退休年龄是男职工 60 周岁、女干部 55 周岁、女工人 50 周岁，③ 这是 20 世纪 50 年代根据我国基本国情确定的。为适应我国人口发展新形势，充分开发利用人力资源，2024 年 9 月 13 日第十四届全国人民代表大会常务委员会第十一次会议通过《关于实施渐进式延迟法定退休年龄的决定》，开始实施渐进式延迟法定退休年龄改革，即从 2025 年 1 月 1 日起，同步启动延迟男女职工的法定退休年龄，用 15 年时间，逐步将男职工的法定退休年龄从原 60 周岁延迟至 63 周岁，将女职工的法定退休年龄从原 50 周岁、55 周岁分别延迟至 55 周岁、58 周岁；职工达到最低缴费年限，可以自愿选择弹性提前退休，提前时间最长不超过 3 年，且退休年龄不得低于女职工 50 周岁、55 周岁及男职工 60 周岁的原法定退休年龄；职工达到法定退休年龄，所在单位与职工协商一致的，可以弹性延迟退休，延迟时间最长不超过 3 年。④

延迟法定退休年龄改革实行"渐进式"，采取小步调整的方式逐步到位。男职工和原法定退休年龄为 55 周岁的女职工，法定退休年龄每 4 个月延迟 1 个月；原法定退休年龄为 50 周岁的女职工，法定退休年龄每 2 个月延迟 1 个月。这主

---

① 2019 年 5 月 1 日起实施的《降低社会保险费率综合方案》中明确指出，降低城镇职工基本养老保险单位缴费比例，高于 16% 的省份，可降至 16%。

② 中华人民共和国社会保险法［EB/OL］．［2010－10－28］. http：//www.mohrss.gov.cn/SYrlzyhsh-bzb/zcfg/flfg/fl/201601/t20160111_231408.html.

③ 详见《国务院关于安置老弱病残干部的暂行办法》和《国务院关于工人退休、退职的暂行办法》。

④ 全国人民代表大会常务委员会关于实施渐进式延迟法定退休年龄的决定［EB/OL］．［2024－09－13］. http：//www.npc.gov.cn/npc/c2/kgfb/202409/t20240913_439534.html.

要根据男女职工原法定退休年龄、改革后提高幅度，设置不同的改革节奏。原法定退休年龄低的，节奏会略快一些；原法定退休年龄高的，节奏会慢一些。同时，按照职工出生年月，采取按月延迟的方式，更为平滑，确保年度间当年12月退休的人与第二年1月退休的人延迟月数不会相差太大，体现公平性。①

2. 关于最低累计缴费年限

根据《关于实施渐进式延迟法定退休年龄的决定》，从2030年1月1日起，将职工按月领取基本养老金最低缴费年限由15年逐步提高至20年，每年提高6个月；职工达到法定退休年龄但不满最低缴费年限的，可以按照规定通过延长缴费或者一次性缴费的办法达到最低缴费年限，按月领取基本养老金。② 这表明，关于最低累计缴费年限的调整从2030年才开始逐步实施（见表4-1），在2025~2029年退休的人员，最低缴费年限的要求不变，还是《中华人民共和国社会保险法》规定的15年。这样能让改革初期离原法定退休年龄较近、已经或快要缴费满15年的职工不受影响，对于2030年以后退休的职工，最低缴费年限也不是一步提高到20年，而是每年提高6个月逐步过渡到位，从2039年之后最低累计缴费年限为20年。

表4-1　提高最低缴费年限情况

退休年份	当年最低缴费年限
2025	15年
2026	15年
2027	15年
2028	15年
2029	15年
2030	15年+6个月
2031	16年
2032	16年+6个月
2033	17年
2034	17年+6个月

---

① 延迟退休年龄具体实施方案，详见《全国人民代表大会常务委员会关于实施渐进式延迟法定退休年龄的决定》中关于男女职工延迟法定退休年龄对照表，或登录国家社会保险公共服务平台 https://si.12333.gov.cn/点击法定退休年龄计算器，选择出生年月、性别及人员类型，即可计算出对应的改革后法定退休年龄、改革后退休时间、延迟月数。

② 全国人民代表大会常务委员会关于实施渐进式延迟法定退休年龄的决定[EB/OL].［2024-09-13］. http://www.npc.gov.cn/npc/c2/kgfb/202409/t20240913_439534.html.

续表

退休年份	当年最低缴费年限
2035	18 年
2036	18 年+6 个月
2037	19 年
2038	19 年+6 个月
2039	20 年

资料来源：《全国人民代表大会常务委员会关于实施渐进式延迟法定退休年龄的决定》。

（四）养老保险待遇计发

我国城镇职工养老保险制度自 20 世纪 90 年代建立以来，从县级统筹起步，逐步提高统筹层次。2018 年 7 月，启动实施了基金中央调剂制度；2019 年全国统一的社会保险公共服务平台正式上线；2020 年底，全国各省份养老保险政策已逐步统一，多数省份的养老保险单位缴费比例已统一为 16%，实现了企业职工基本养老保险基金省级统收统支，解决了省内地区间基金负担不均衡的问题；2022 年 1 月起企业职工基本养老保险启动全国统筹。目前，基本养老金的计发办法仍是按照 2005 年颁布的《国务院关于完善企业职工基本养老保险制度的决定》计算执行，但《关于实施渐进式延迟法定退休年龄的决定》已明确要健全养老保险激励机制，鼓励职工长缴多得、多缴多得、晚退多得。

我国退休人员的基本养老金主要包括两大部分：一是基础养老金，二是个人账户养老金。这两部分养老金的标准，主要与职工的缴费年限、缴费水平、退休年龄直接相关。

1. 基础养老金

基础养老金又称社会性养老金，职工退休时的基础养老金月标准是以上年度省在岗职工月平均工资与本人指数化月平均缴费工资之和的平均值（即两个数之和的一半）作为计发基数，缴费年限每满一年发给 1%。计算公式如下：

基础养老金＝（全省上年度在岗职工月平均工资+本人指数化月平均缴费工资）÷2×缴费年限×1%

本人指数化月平均缴费工资＝全省上年度在岗职工月平均工资×本人平均缴费指数。

其中，本人平均缴费指数是指参加职工基本养老保险人员历年缴费工资指数的平均值，它是由参保人每年的缴费基数除以当地上年度的职工平均工资，得出缴费当年的缴费工资指数（当年缴费工资指数一般在 0.6~3，即个人缴费基数介于当地上年度职工平均工资的 60%~300%）。如此每年计算一次缴费工资指数，到退休时，把每年的缴费工资指数相加，然后再除以实际缴费年限得出。

在上述公式中可以看到，基础养老金水平的高低主要与以下三个因素有关：①参保人员退休时的社会平均工资（上年度在岗职工月平均工资）；②本人的缴费工资指数；③缴费年限。缴费年限越长、缴费工资指数越高，计发的基础养老金越高，体现长缴多得、多缴多得。同时，在缴费年限相同的情况下，缴费工资指数越高，相应基础养老金就会越高。

2. 个人账户养老金

职工个人参保缴费是法定的责任和义务，个人缴费计入个人账户，作为个人缴费记录和退休时计发个人账户养老金的依据。个人账户养老金，是由个人缴费和利息形成的个人账户储存额，除以国家规定的计发月数计算出来的。用公式表示为：

个人账户养老金＝参保人员退休时个人账户储存额÷本人退休年龄相对应的计发月数

其中，个人账户储存额主要为个人在职期间的养老保险缴费金额与缴费计息的总和。个人账户储存额不得提前支取，计息记账利率不得低于银行定期存款利率，免征利息税，个人死亡的，个人账户储存余额可以继承。计发月数指养老金计划发放的月数，是根据职工退休时城镇人口平均预期寿命、退休年龄等因素确定，不同的退休年龄对应不同的计发月数（见表4-2）。

表4-2　个人账户养老金计发月数　　　　　　　　　　　单位：岁

退休年龄	计发月数	退休年龄	计发月数	退休年龄	计发月数	退休年龄	计发月数
50	195	55	170	60	139	65	101
51	190	56	164	61	132	66	93
52	185	57	158	62	125	67	84
53	180	58	152	63	117	68	75
54	175	59	145	64	109	69	65

资料来源：《国务院关于完善企业职工基本养老保险制度的决定》。

由表4-2可以看出，职工退休年龄晚，计发月数就小。晚退休1年，多缴费1年，个人账户积累额就会越多，个人账户计发月数越小，计算出来的个人账户养老金就越高，体现晚退多得。换言之，职工退休早，履行的缴费义务相对少，则获得的养老保险待遇较之退休晚的参保对象必定要低。

我国城镇职工基本养老保险制度实行社会统筹与个人账户相结合的模式，用人单位缴纳的基本养老保险费计入社会统筹账户，形成统筹基金，用来支付退休人员的基础养老金，还要负责支付每年国家为退休人员调整提高的养老金，还要支付职工死亡以后的死亡补助，包括丧葬补助金和抚恤金两个部分；职工个人缴纳的基本养老保险费计入个人账户，形成个人账户基金，用来支付个人账户养老金。如果个人账户的养老金领完之后人还健在，就会由基本养老保险统筹账户基金继续支付个人账户养老金的发放，养老金是发放至终身的。

三、城乡居民基本养老保险

（一）覆盖范围

按照党的十八大精神和党的十八届三中全会关于整合城乡居民基本养老保险制度的要求，依据《中华人民共和国社会保险法》有关规定，在总结新型农村社会养老保险和城镇居民社会养老保险试点经验的基础上，国务院于 2014 年颁布《国务院关于建立统一的城乡居民基本养老保险制度的意见》，决定在全国范围内建立统一的城乡居民基本养老保险。规定的法定参保对象是：年满 16 周岁（不含在校学生），非国家机关和事业单位工作人员以及不属于职工基本养老保险制度覆盖范围的城乡居民，可以在户籍地参加城乡居民养老保险。

（二）筹资模式和方式

城乡居民养老保险坚持和完善"社会统筹与个人账户相结合"的制度模式，巩固和拓宽个人缴费、集体补助、政府补贴相结合的资金筹集渠道。

在个人缴费方面规定，目前参加城乡居民养老保险的人员的缴费标准设为每年 100 元、200 元、300 元、400 元、500 元、600 元、700 元、800 元、900 元、1000 元、1500 元、2000 元 12 个档次，省（区、市）人民政府可以根据实际情况增设缴费档次，[①] 最高缴费档次标准原则上不超过当地灵活就业人员参加职工基本养老保险的年缴费额，并报人力资源和社会保障部备案。人力资源和社会保障部会同财政部依据城乡居民收入增长等情况适时调整缴费档次标准。参保人自主选择档次缴费，多缴多得。

在集体补助方面规定，有条件的村集体经济组织应当对参保人缴费给予补助，补助标准由村民委员会召开村民会议民主确定，鼓励有条件的社区将集体补助纳入社区公益事业资金筹集范围。鼓励其他社会经济组织、公益慈善组织、个人为参保人缴费提供资助。补助、资助金额不超过当地设定的最高缴费档次

---

① 按照《国务院关于建立统一的城乡居民基本养老保险制度的意见》文件精神，我国城乡居民基本养老保险实行的是 12 个缴费档次，但是各地方政府根据实际需要等因素，对于缴费档次进行了调整，各地缴费档次及补贴标准的政策设置不一。如缴费档次有增有减，相应缴费档次的补贴标准有多有少；部分地方增设较高缴费档次，适当拉大各个缴费档次的档差；取消每人每年 100 元的最低缴费档次，或是将100 元档次保留，只适用于政府为低保对象等扶贫特困人员代缴等。参保人完全根据个人的实际和经济状况，由个人选择适合自己的缴费渠道，自由选择缴费档次，并允许每年调整一次缴费标准；待遇发放基本按照多缴多得、按年累计、达到规定领保年龄（现 60 周岁）、最低年限 15 年的原则。

标准。

在政府补贴方面规定，政府对符合领取城乡居民养老保险待遇条件的参保人全额支付基础养老金，其中，中央财政对中西部地区按中央确定的基础养老金标准给予全额补助，对东部地区给予50%的补助。地方人民政府应当对参保人缴费给予补贴，对选择最低档次标准缴费的，补贴标准不低于每人每年30元；对选择较高档次标准缴费的，适当增加补贴金额；对选择500元及以上档次标准缴费的，补贴标准不低于每人每年60元，具体标准和办法由省（区、市）人民政府确定。对重度残疾人等缴费困难群体，地方人民政府为其代缴部分或全部最低标准的养老保险费。

（三）养老保险待遇领取条件

参加城乡居民养老保险的个人，年满60周岁（男女同为60周岁）、累计缴费满15年，且未领取国家规定的基本养老保障待遇的，可以按月领取城乡居民养老保险待遇。

新型农村社会养老保险或城镇居民社会养老保险制度实施时已年满60周岁，且未领取国家规定的基本养老保障待遇的，不用缴费，可以按月领取城乡居民养老保险基础养老金；距规定领取年龄不足15年的，应逐年缴费，也允许补缴，累计缴费不超过15年；距规定领取年龄超过15年的，应按年缴费，累计缴费不少于15年。城乡居民养老保险待遇领取人员死亡的，从次月起停止支付其养老金。有条件的地方人民政府可以结合本地实际探索建立丧葬补助金制度。

（四）养老保险待遇计发

城乡居民养老保险待遇由基础养老金和个人账户养老金构成，支付终身。

1. 基础养老金

基础养老金由财政支付。中央确定基础养老金最低标准，建立基础养老金最低标准正常调整机制，根据经济发展和物价变动等情况，适时调整全国基础养老金最低标准；地方人民政府可以根据实际情况适当提高基础养老金标准，对长期缴费的，可适当加发基础养老金，提高和加发部分的资金由地方人民政府支出，具体办法由省（区、市）人民政府规定，并报人力资源和社会保障部备案。

2. 个人账户养老金

个人缴费计入个人账户，地方财政按每年每人不低于30元的标准予以补助并计入个人账户，农村集体组织对个人参保缴费的补助也计入个人账户。个人账户实行实账积累，用来支付个人账户养老金。个人账户养老金的月计发标准，目前为个人账户全部储存额除以139（与现行职工基本养老保险个人账户养老金计发月数的规定相同，60周岁退休的个人账户计发月数为139个月）。

参保人在领取养老金待遇之前死亡的，其个人账户资金总额由法定继承人或指定受益人继承，没有丧葬补助金；从 2015 年 1 月 1 日起，参保人在领取养老金待遇期间死亡并已办理户籍注销手续的，有丧葬补助金，补助金标准按参保人员死亡当月享受基础养老金标准的 10 个月确定①，其丧葬补助金和个人账户资金余额由法定继承人或指定受益人继承；参保人在个人账户养老金余额用完之后人还健在的，由基本养老保险基金按个人账户养老金标准继续支付个人账户养老金，直至参保人去世为止。

第四节 养老保险管理实务

一、多重养老保险关系的处理

参保人员流动就业，同时在两地以上存续基本养老保险关系的，在办理转移接续基本养老保险关系时，由社会保险经办机构与本人协商确定保留其中一个基本养老保险关系和个人账户，同期其他关系予以清理，个人账户储存额退还本人，相应的个人缴费年限不重复计算。即多重养老保险关系之间可以转移接续，参保人员只能享受一份基本养老待遇，不能重复领取。

重复参加城镇企业职工养老保险和城乡居民养老保险人员，在到龄申请待遇前，本人须选择保留一种养老保险关系。保留企业职工养老保险的，需持本人社保卡或身份证，到企业职工养老保险经办机构办理制度衔接手续；保留城乡居民养老保险的，需持本人社保卡或身份证到城乡居民养老保险经办机构办理制度衔接手续。对于同时领取其他基本养老保险和城乡居民基本养老保险待遇的，终止并解除城乡居民养老保险关系，除政府补贴外的个人账户余额退还本人，已领取的城乡居民养老保险基础养老金应予以退还；本人不予退还的，由社会保险经办机构负责从城乡居民养老保险个人账户余额或者其他基本养老保险养老金中抵扣。

二、养老保险关系的转移接续办理

（一）城镇企业职工养老保险关系跨省转移

到原参保地养老保险经办机构开具《参保缴费凭证》，有欠费的，可进行补

---

① 根据《关于建立统一的城乡居民基本养老保险制度的意见》第七条规定：有条件的地方人民政府可以结合本地实际探索建立丧葬补助金制度。这填补了城乡居民养老保险参保人身故后无丧葬待遇的政策空白，使参加不同社会养老保险的人员较公平地享受社会保障，减轻亡者家庭丧葬费用负担，提高参保积极性，还能促进待遇享受人员家属及时向社保经办机构申报参保人死亡信息，有效防止养老金多领、冒领现象，维护基金的安全。但目前全国各地的城乡居民养老保险丧葬补助金政策和实际做法有一定差别，包括施行时间有先有后，丧葬补助金待遇标准有所不同，例如，有的是一次性定额发放，有的是按参保人员死亡当月享受基础养老金标准的 12 个月（或月数不等）一次性发放。详情具体咨询当地社保经办机构。

缴，到新参保地不允许补缴；不愿意补缴欠费的，参保者需在《参保缴费凭证》下方的"不同意补费确认栏"内签章。将《参保缴费凭证》交新参保地养老保险经办机构，接续养老保险关系，按规定转移基金。

（二）城镇企业职工养老保险关系省内统筹范围内转移

在原参保地开具《参保缴费凭证》，新就业地的用人单位在《参保缴费凭证》上签署同意接收意见后，将《参保缴费凭证》交至新就业地养老保险经办机构，接续养老保险关系。

（三）职工在企业和机关事业单位之间转移

在转移基本养老保险关系和个人档案的同时，按规定转移基金。

向机关事业单位转移，填写《转移申请表》，转出单位、转入单位及转入经办机构签章后，到转出经办机构办理转移手续，再将《转移申请表》交转入地养老保险经办机构，接续养老保险关系。

机关事业单位向企业转移，填写《转移申请表》，转出单位、转入单位及转入经办机构签章后，到转出经办机构办理转移手续，再将《转移申请表》交转入地养老保险经办机构，接续养老保险关系。

机关事业单位向企业转移，2014年9月30日以前，在单位工作的年限视同为缴费年限，并从调入企业起参保缴费，到龄时按企业职工养老保险办法计算退休待遇。

（四）城镇职工养老保险与城乡居民养老保险之间转移

参加城镇职工养老保险和城乡居民养老保险的人员，达到城镇职工养老保险法定退休年龄后，城镇职工养老保险缴费年限满15年的（含延长缴费至15年），可以申请将城乡居民养老保险转入城镇职工养老保险，按城镇职工养老保险办法计发相应待遇。城镇职工养老保险缴费年限不足15年的，可以申请从城镇职工养老保险转入城乡居民养老保险，待达到城乡居民养老保险规定的领取待遇条件时，按照城乡居民养老保险办法计发待遇。

三、办退休时出现身份证和档案出生时间不一致情况的处理办法

办理退休是否需要本人档案是依据个人情况来决定的。职工在办理退休审批时，会对职工申报材料的真实性进行审查，例如，如果你是1998年前参加养老保险的且存在视同缴费年限、早期获得职称职务职级或特殊工种等情况，在办理退休时需审查原始档案材料，特别对职工的工作经历（特殊工种）、工作年限和出生时间是需要严格认定的。根据《劳动和社会保障部关于制止和纠正违反国家规定办理企业职工提前退休有关问题的通知》规定：对职工出生时间的认定，实行居民身份证与职工档案相结合的办法。当本人身份证与档案记载的出生时间不一致时，以本人档案最先记载的出生时间为准。现实中也可能出现如下情况：本

人身份证记载的出生时间与职工档案不一致，且职工档案中记载的出生时间也不一致的，若本人主张职工档案记载的出生时间错误，但无事实证明材料和法律依据，则仍应以本人档案最先记载的时间为准。

如果确实是因为某种原因，本人提供不了个人档案的，或是没有建立人事档案的人员，则可以根据你参加基本养老保险时最早登记的出生日期或身份证上的出生日期为依据，办理退休享受养老金待遇。

人事档案是记录个人出生、学习、工作经历最原始直接的证明，也是核定个人达到符合国家法定退休年龄时申领基本养老金待遇应当提供的材料。在参加工作或加入组织时，大家都要填写第一张人生履历，请认真填写重要的个人信息。我国1996年1月1日才开始使用出生医学证明①，《中华人民共和国居民身份证法》2004年1月1日起施行，如发现人事档案中记录的出生时间、参加工作时间与实际有出入的，请及时收集或补充完善档案材料。

四、个人养老金办理指南

（一）参加个人养老金制度的好处

个人养老金是指政府政策支持、个人自愿参加、市场化运营的补充养老保险制度，采取个人账户模式，由个人缴费，实行完全积累，市场化运营，并与基本养老保险、企业（职业）年金相衔接。在中国境内参加城镇职工基本养老保险或者城乡居民基本养老保险的劳动者，都可以自愿参加个人养老金制度，但没有退休的可以参加个人养老金，已退休且领取基本养老保险待遇的人员不再参加个人养老金制度。

参加个人养老金的好处多多，可以在基本养老保险的基础上，再增加一份财富积累，退休后再多一份收入，更好地保障老年生活，还可以享受税收优惠政策，帮助个人理性规划养老资金。

（二）参加个人养老金制度的流程

（1）通过全国统一线上服务入口和商业银行等渠道，选择"个人养老金账户开立"服务，建立个人养老金账户。

（2）通过商业银行手机银行或柜面等渠道，开立个人养老金资金账户。

（3）通过现金、手机银行或个人网银等渠道，自然年度内一次性或分次向个人养老金资金账户缴费。参加人自主决定是全程参加还是部分年度参加，目前每年缴费上限为12000元，超过限额不能缴存，可按月、分次或者按年度缴费，缴费额度按自然年度累计，次年重新计算。参加人可以选择在预扣预缴（取得工

---

① 《出生医学证明》是根据《中华人民共和国母婴保健法》相关规定，于1996年1月1日启用的。该证明是具有法律效力的重要医学文书，主要用于证明婴儿的出生状态、血缘关系，并且是申报国籍、户籍以及取得居民身份号码的法定医学证明。

资薪金所得、按累计预扣法预扣预缴劳务报酬所得的）或者综合所得汇算清缴时，享受税收优惠政策。

（4）通过个人养老金产品销售渠道，购买符合规定的储蓄存款、理财产品、商业养老保险、公募基金、国债等个人养老金产品。

（5）通过商业银行渠道，选择按月、分次或者一次性等方式领取个人养老金，由商业银行机构代扣代缴个人所得税后，并转入本人社会保障卡。

（三）个人养老金的领取条件

目前，参加人申请领取个人养老金的条件有以下六个：①达到领取基本养老金年龄；②完全丧失劳动能力；③出国（境）定居；④患重大疾病达到一定条件；⑤领取失业保险金达到一定条件；⑥正在领取最低生活保障金等。（其中，④⑤⑥具体领取规程根据各地而定）。

参加人达到领取条件时，可以选择按月、分次或者一次性领取个人养老金。商业银行根据个人选择的方式，把个人账户资金转入到参加人的个人社会保障卡银行账户。参加人按月领取时，可以按照基本养老保险确定的计发月数逐月领取，也可以按照自己选定的领取月数逐月领取，领完为止；或者按照自己确定的固定额度逐月领取，领完为止。参加人选取分次领取的，应选定领取期限，明确领取次数或方式，领完为止。特殊情形下，例如完全丧失劳动能力、出国出境定居等，可以凭劳动能力鉴定结论书、出国（境）定居证明等向商业银行提出。参加人死亡后，其个人养老金资金账户中的资产可以继承。

【思考题】

1. 简述人口老龄化的含义及其影响。
2. 简述养老保险的含义和特征。
3. 简述长寿风险及其表现形式。
4. 简述养老保险在公众生活中的作用和意义。
5. 思考中国养老服务体系建设和发展的重心应体现在哪些方面。
6. 简述中国多层次养老保险体系的现实与展望。

第五章　医疗保险制度与管理实务

📚 **学习目标**

通过本章学习，了解疾病风险和医疗保险的概念及特点。理解并把握医疗保险制度的实施原则和主要内容，掌握中国医疗保险政策与管理实务。

第一节　疾病风险与医疗保险

健康是人们永远的追求和向往，而疾病是健康的大敌。疾病是每个人一生中必然要遭遇、不可避免的风险，一旦发生，或多或少会给自己和家人带来不幸。因此，公众在日常生活中应重点防范和应对疾病风险，从而减少患病、残疾和早亡事件带来的损失。

一、疾病风险概述

（一）疾病风险的含义

关于什么是疾病风险？学者们有着不同的理解和看法。如程晓明（2003）在《医疗保险学》一书中将疾病风险定义为"疾病发生及其所造成健康损失的不确定性"。[①] 才让加和祁恒珺（2008）在《社会保险学》中提出，疾病风险是指由于患病或意外损伤而带来的风险。[②] 田勇和冯振翼（2003）在《医疗保险基本理论与实践》中将疾病风险分为广义的疾病风险和狭义的疾病风险，广义的疾病风险是指除疾病引起的风险外，还包括生育和意外伤害等引起的风险，狭义的疾病风险是指由于人体身患疾病所引起的风险。[③]

本书认为，疾病风险是指人在生存过程中因患各种疾病而遭受的经济、生理和心理上的损失。疾病风险的危害对象是人的身体和生命，后果可能导致人体健康的损害甚至死亡。疾病风险的产生原因较为复杂，生理、心理、社会、环境、

---

① 程晓明. 医疗保险学 ［M］. 上海：复旦大学出版社，2003：21.

② 才让加，祁恒珺. 社会保险学 ［M］. 兰州：甘肃民族出版社，2008：137.

③ 田勇，冯振翼. 医疗保险基本理论与实践 ［M］. 北京：中国劳动社会保障出版社，2003：9-13.

生活方式和自然老化等因素均可引致疾病风险。

（二）疾病风险的特征

疾病风险同其他类型的风险一样，都具有风险的一般性特征，同时还有自身的特征①：

1. 疾病风险危害的对象是人，不是财产

疾病风险影响的对象是人的身体健康和生命，属于人身风险，而非财产风险。因此，人们对疾病风险及其后果的重视程度很高。

2. 疾病风险具有不可避免性、随机性和不可预知性

疾病是每个人生活过程中必然要遭遇的风险，由于很多疾病都是突然发作，没有人能够预测到自己什么时候会生病、会生什么病、患病后果及程度如何？这就使疾病风险不可被预知。

3. 疾病风险产生的原因比较复杂

疾病风险的产生原因多种多样，不仅包括自然灾害或意外事故，生理、心理、社会、生活方式、环境以及自然老化等因素也都可能导致疾病风险的发生。另外，疾病风险往往与其他风险紧密相连、互相交错，相互影响和触发，从而可能会加重风险带来的危害和损失。

4. 疾病风险造成的后果难以计量

生命是无价的，疾病本身及诊疗过程是复杂的，疾病引起的个人身体和心理的损失很难计量，确定费用补偿较为困难。另外，疾病风险因人而异、因病而异，不同疾病风险对不同的个体所造成的伤害和损失，不能采用定额经济补偿，有时健康的损失也不一定能够用经济补偿，因此疾病风险引起的损失很难计量。

5. 疾病风险造成的损失具有社会外溢性

与一般风险不同，有些疾病风险如甲类传染病、某种非典型肺炎等一旦发生，便可以由一部分人传染给另一部分人，如不采取有效的预防、治疗和控制措施，疾病风险损失会不断扩大，形成连锁效应②，对公共卫生和社会稳定造成严重威胁。因此，疾病风险造成的损失不仅会影响到个人和家庭，而且还具有社会外溢性，严重时将影响经济发展、社会稳定和国际交往（程晓明，2003）。③

二、疾病风险与医疗保险的关系

（一）疾病风险对医疗保险的影响

医疗保险是应对疾病风险的主要机制之一，也是现代社会中弥补个体和家庭

---

① 社会保险实用系列丛书编写组.医疗保险［M］.北京：机械工业出版社，2004：15.

② 连锁效应是指一种因素的变化引起了一系列相关因素的连带反应，如因素 A 的变化引起了因素 B 的变化，而因素 B 的变化又引起了因素 C 的变化等。

③ 程晓明.医疗保险学［M］.上海：复旦大学出版社，2003：3-4.

应对能力不足的有效手段。从本质上来讲，医疗保险是指以保险合同约定的医疗行为的发生为给付保险金条件，为被保险人接受诊疗期间的医疗费用支出提供补偿的一种保险方式，具有风险转移和补偿转移的功能，即把个体身上的由疾病风险所引致的经济损失分摊给所有受同样风险威胁的成员，用集中起来的医疗保险基金来补偿由疾病所带来的经济损失。可见，疾病风险对医疗保险的影响是全面的。

1. 疾病风险的存在是医疗保险建立的先决条件

没有疾病的发生，人们的健康就不会受到侵害，疾病风险也就不存在，更不需要医疗保健服务，医疗经费的提供也就失去了意义。疾病风险存在并引起了疾病损失后果，医疗保险的建立才有必要（孙松，1995）。①

2. 医疗保险无法化解全部可能存在的疾病风险

医疗保险不是疾病风险的唯一承担者，更不能承担所有可能存在的疾病风险，这是因为疾病风险的致因因素不同和性质不同。例如，社会性疾病风险因素（如外部环境污染等）所导致的疾病风险影响面大，波及范围广，必须由政府干预，并给予大量的资金投入，进行必要的基础卫生防疫和社会性疾病风险因素的防控治理等；局部性疾病风险因素是指由局部环境或某些单位工作性质所造成的疾病风险因素，由这些因素引起的疾病如职业病、传染病、食物中毒等，应该由当地政府或单位来承担医疗保险经费；个体性疾病因素是指由个人因素造成的疾病风险因素，通常也是人们有能力或有条件避免的疾病风险，如不良的饮食习惯、遗传因素等导致疾病及产生的医疗费用，应该由个人全部或大部分承担。因此，疾病风险需要集中全社会、多主体的力量从疾病预防、控制、医疗保障和治理以及健康促进的全过程来化解。

3. 医疗保险可以减少疾病风险损失

疾病风险的发生不仅给人带来身体上的痛苦，而且还导致经济上的损失，给其本人心理和家庭造成很大的负面影响，而且疾病风险的严重程度越高，给人们带来的经济损失也就越大，则人们对医疗保险的需求也就越大。因此，医疗保险的需求量是与疾病风险的发生频率和严重程度密切相关的。另外，医疗保险除了对风险受害人进行医疗保险费用的赔付或经济损失补偿外，还可以强化人们对疾病风险预见性和防范性的意识，引导公众开展自我保健，以增强体质减少疾病的发生，并通过政府的卫生和健康政策干预，减少或消除可避免的疾病风险因素的发生，从而经济合理地使用医疗保险经费，充分发挥医疗保险防病、治病和补损的作用。

---

①　孙松.疾病风险与医疗保险的关系［J］.卫生经济研究，1995（8）：28.

（二）人口老龄化对医疗保险的影响

人口老龄化对医疗保险的影响是显著的，因为年老和患病两大风险是呈正相关关系的，具体影响主要体现在以下三个方面：

1. 人口老龄化使医疗保险支出显著增加

经济社会的发展和医疗科技的进步使人类预期寿命提高，人类个体的老年生命阶段大大延长。据一般规律，由于老年人生理器官的老化，健康水平不断下降，其发病率要高于其他年龄组的人群，并且随着其步入高龄化，发病率还将逐步上升。在老年阶段，除了具有发病率高的特征外，还有一个特征就是慢性病（例如，骨关节病、冠心病、呼吸疾病、消化疾病、老年痴呆等）取代急性和传染性疾病，成为威胁老年人群健康的主要因素（陈文辉，2005）。[1] 由于疾病、伤残、衰老而失去生活自理能力的老年人口的显著增长，因此使医疗保险费用的补偿增加，国家、社会和个人的负担加重。

2. 人口老龄化使医疗保险的资金来源大幅减少

随着年龄的增加，老年人逐渐丧失劳动能力，老年人的收入逐渐减少，老年人支付医疗保险费用的能力逐渐降低……由于老年人口结构的影响，使医疗保险缴费的来源相对减少，整个社会的医疗保险费用开支却大幅增加，如没有新的、持续的资金注入，医疗保险基金将处于亏空状态，无法支付老年人不断上涨的医疗保险费用。

3. 人口老龄化对医疗保险的内容和形式要求越来越多样

老年人口的大量增加，使老年人的医疗需求和对医疗服务水平要求有了大幅提高，如需要重大疾病救治、失能护理等的需求越来越强烈，显著增加了医疗保险资金的支出额度；另外，老年人除了医疗救治，还需要相应的医养护服务、康复服务和心理慰藉服务，这就使医疗保险的制度形式不单单局限于经济性的医疗保险资金给付，更扩展到医养康护一体化的服务内容和多样化的服务形式，而且随着经济社会的不断发展，以及老年人对老年生活质量需求的提升，医疗服务的形式和内容将越来越全面多样和人性化。

三、医疗保险的概念和特点

（一）医疗保险的概念

世界各国政府都积极建立社会医疗保险制度，保障国民的基本生存权和发展权，现已成为一项义不容辞的责任。世界卫生组织（World Health Organization，

---

① 陈文辉. 团体保险发展研究［M］. 北京：中央编译出版社，2005：250-251.

WHO)① 的《组织法》中提到"政府对其人民的健康负有责任，只有通过适当的卫生保健和社会措施才能履行其职责"（钟仁耀，2009）。②

医疗保险是一个内涵宽泛的概念，它可以指由政府提供的社会医疗保险（或基本医疗保险），也可以指由市场企业提供的商业医疗保险。在本章的讨论中，医疗保险主要指社会医疗保险（或基本医疗保险），是国家和社会为补偿社会成员因疾病风险造成的经济损失，保障劳动者的身心健康，通过立法形式建立的一项为社会成员提供一定的医疗费用和医疗技术服务的社会保险制度。

医疗保险的根本目标是为社会成员提供安全、有效、方便、价廉的医疗卫生服务，改善其健康状况，降低其疾病风险损失。其目标实现机制是通过用人单位和个人缴费，建立医疗保险基金，参保人员患病就诊发生医疗费用后，由医疗保险经办机构给予一定的经济补偿，以避免或减轻劳动者因患病、治疗等带来的经济风险。

（二）医疗保险的特点

1. 医疗保险具有普遍性

社会保险的其他项目如生育、工伤、失业等保险项目的给付对象只是部分人群，其他人群完全可以避开这些风险。而疾病风险是每个人都难以避免的，因此医疗保险是社会保险项目中保障对象最广泛的一个险种（潘锦棠，2010）。③

2. 待遇支付不确定，费用难以控制

医疗保险与其他社会保障内容的最大不同点就是医疗保险支付给被保险人的资金补偿是不确定的。医疗保险的补偿待遇是依据被保险者的疾病种类、严重程度、发生频率和医疗费用支出水平所确定的，而与被保险者缴纳的医疗保险费多少无关。由于疾病的发生具有随机性和突发性，并且参保人每次医疗费用支出的数额也不相同，因此相对其他社会保险项目来讲，医疗保险对风险的预测和费用的控制比较困难。

3. 医疗保险服务消费的被动性

与其他社会保障项目相比，医疗保险对于被保险者来说是被动消费的，被保险者在享受医疗保险产品或服务时自主选择性较差，被保险者既不能选择医疗服务项目的数量，也不能自主选择医疗服务项目的内容，这些内容和数量都是由医疗提供者所决定的，或者是在国家相关医疗保险法律法规确定医疗服务范围下进

---

① 世界卫生组织（World Health Organization，WHO），1948 年成立，是联合国属下的专门机构，国际最大的公共卫生组织，总部设于瑞士日内瓦。该组织的宗旨是：使全世界人民获得尽可能高水平的健康。该组织将健康定义为"身体、精神和社会生活的完美状态"。

② 钟仁耀. 社会保障概论［M］. 大连：东北财经大学出版社，2009：126.

③ 潘锦棠. 社会保障学［M］. 大连：东北财经大学出版社，2010：63-64.

行的。因此，被保险者在医疗保险服务消费上具有较大被动性。

4. 补偿期短但受益时间长

由于疾病的发生具有随机性和不可预测性，医疗保险提供的补偿也具有不确定性，一次疾病的时间通常不会太长，从而每次的补偿期也较短。另外，人的一生中不可避免地要生病，医疗保险也就会伴随参保人的一生，这一点显然与其他社会保险有很大区别，如养老保险是劳动者退休后才能受益，失业保险只在失业期间受益，工伤保险只在工伤事件发生后才能受益，生育保险更是一次性保险。从这个意义上讲，医疗保险不仅会惠及所有参加保险的人员，而且自其参加保险之日起将伴随一生，可以说是受益时间最长的社会保险项目。

5. 医疗保险涉及面广，运作机制复杂

一方面，医疗保险涉及医疗服务提供者、参保人、医疗保险经办机构、政府、用人单位等多方的权利与义务关系，如何平衡各方利益以保证医疗保险的科学、合理运行并非易事；另一方面，医疗保险制度运行的有效性不仅与医疗保险制度本身的设计有关，还与医疗卫生服务体制以及药品生产流通体制的改革紧密相关。因此，医疗保险是涉及面最广、内部关系最复杂的一项社会保险。

第二节　医疗保险制度结构和内容

医疗保险一般指社会医疗保险，是为了补偿公民因疾病风险造成的经济损失而建立的一项社会保险制度。社会医疗保险制度的实施集聚了单位和社会成员的经济力量，再加上政府的资助，可以使患病的社会成员从社会获得必要的物质帮助，减轻医疗费用负担，防止患病的个人及其家庭因病致贫、因病返贫。

一、医疗保险覆盖对象

医疗保险制度覆盖对象，有狭义和广义之分。狭义的医疗保险参与者主要是指医疗保险的参保人员；广义的医疗保险参与者除参保人员外，还包括用人单位、医疗保险定点医疗机构、零售药店、医疗保险服务医师以及国家（或政府）等相关利益主体。

一般意义上来讲，医疗保险的参保者也是医疗保险的需求方，特指医疗保险待遇的享受对象，主要是参加医疗保险并缴费的社会成员。在不同的医疗保险模式下，参与者所指的对象也不完全相同。例如，在国家公费医疗保险模式下医疗保险的参与者为全体国民；在社会医疗保险模式下参保者范围主要为投保医疗保险的劳动者，这些人多为中低收入者，因无法承担高昂的私人医疗保险费用只能选择社会医疗保险；在商业医疗保险模式下，医疗保险的参与者主要为中高收入人群。

国家（或政府）是医疗保险的主要参与者，是医疗保险基金的主要提供者或是扮演医疗保险的保险方和监管方的角色，通常是由医疗保险管理部门，代表政府对医疗保险行使管理权。在社会医疗保险模式下，政府主要是医疗保险的保险方和监管方，但是在商业医疗保险模式下，政府扮演的角色主要为市场的监管者，监督市场主体不发生违法行为并且对违法行为进行处罚。

医院是医疗保险最重要的主体，是政府行政管理部门认定的医疗服务提供者，医院不仅要为参保人提供疾病治疗服务，而且还是政府实施医疗保险的媒介。

二、医疗保险实施原则

医疗保险[①]的实施应遵循以下六项原则：

1. 强制参保原则

凡是医疗保险政策规定的用人单位和职工都应参保，不管个人的身体状况和年龄大小如何，都应强制纳入医疗保险的保障范围。如果采用自愿参保原则，可能会出现"逆向选择"[②]问题，即高风险的人，如老年人、体弱多病者积极参保，而身强体壮者不愿意参保，这将给医疗保险基金带来很大的经营风险。强制参保可规避"逆向选择"带来的风险，不仅能更好地体现互助互济的制度功效，还能增强医疗保险基金抵御风险的能力。

2. 基本保障原则

无论参保人缴费多少，都有权获得规定的医疗服务，参保人所享受的医疗待遇与其缴费水平无关。医疗保险的目标是满足人们的基本医疗需求，而不是满足人们的所有健康需求，医疗保险的筹资和保障水平与经济社会发展水平相适应，因此，保基本、广覆盖是中国医疗保险实施的主要原则。

3. 公平与效率相结合原则

公平性原则是指对参保人而言，无论其年龄、职业、职位、用工形式以及身体状况如何，都按政策统一的规定缴纳医疗保险费，并享受相应的保险待遇。效率性原则是指要提高医疗保险的运行效果，控制医疗费用的不合理支出，避免过度医疗、浪费资源。医疗保险实施过程中，在覆盖范围、权益维护等宏观层面要最大限度地讲求公平，在筹资缴费、待遇计发和管理服务等微观层面要最大限度地追求效率。

---

① 医疗保险可分为社会医疗保险和商业医疗保险，两者的实施原则不同，本书所说的医疗保险实施原则是指社会医疗保险的实施原则。

② "逆向选择"在经济学中是一个含义丰富的词汇，主要是指由交易双方信息不对称和市场价格下降产生的劣质品驱逐优质品，进而出现市场交易产品平均质量下降的现象。

4. 国家、用人单位和个人三方负担费用原则

医疗保险缴费通常由个人、用人单位和国家三方共同负担，劳动者个人的负担比例主要取决于劳动者的经济承受能力，强调社会公平性和责任共担性。社会医疗保险制度要求个人承担部分费用，有利于培养个人的费用意识，控制不合理的医疗消费。

5. 以收定支、收支平衡、略有结余原则

这是医疗保险基金支付管理的主要原则。医疗保险经办机构要根据医疗保险基金的筹资能力来决定偿付标准，即依据所筹集资金之多少，确定支出的量，做到量入为出，不能长期透支，同时还要有部分储备资金，以便抵御未来的各种风险。

6. 属地化管理原则

属地化管理将社会医疗保险由单位自管转化为社会化管理，法律规定的单位及其职工必须参加所在统筹地区的基本医疗保险，执行统一的政策，实行医疗保险基金的统一筹集、使用和管理。医疗保险实行社会化管理，既明确了政府和单位各自对职工保障所承担的责任，减轻了单位的社会事务负担，也有利于互助共济，更有利于基金及时足额给付。

三、医疗保险基金筹集

医疗保险基金是医疗保险制度运行的物质基础，它是医疗保险管理机构依法对法定范围内的用人单位和参保群体征收医疗保险费（税）而形成。在筹集过程中，一般要遵循强制性、费用多方共担和收支平衡等原则。

（一）医疗保险基金的来源

1. 国家（或政府）补贴

国家（或政府）补贴是医疗保险基金的一个重要来源，补贴额度取决于该国的医疗保险模式、制度设计、经济发展水平和社会价值观念等因素。英国等北欧国家早期实行的是国家公费医疗保险模式，国家（或政府）补贴在医疗保险基金中占绝大部分。

2. 用人单位（雇主）出资

用人单位（雇主）为与之形成劳动雇佣关系的雇员缴纳雇员工资一定比例的保险费。在大部分实行社会医疗保险模式的国家，如德国、日本等国的医疗保险缴费中，雇主出资比例占到了50%以上。

3. 个人（雇员）缴费

个人（雇员）缴费体现了医疗保险中的个人责任，通常是按其年平均工资总额的一定比例来缴纳。一方面，可以增强雇员的医疗费用意识和责任意识，减少不合理的医疗消费，同时也能提高个人的自我保健意识；另一方面，可提高总

的缴费水平，充实医疗保险基金，提高医疗保险待遇。

4. 医疗保险管理机构罚没的滞纳金

对于没有按时缴纳医疗保险费的雇主和雇员，管理机构有权对其实行处罚，罚没的滞纳金归入医疗保险基金。

5. 基金的运营增值

医疗保险基金除了支付当期需要偿付的医疗服务费和管理费以外，剩余部分按国家制定的有关原则进行投资，并取得利息收益。

（二）医疗保险基金的筹资模式

1. 统筹分摊式

统筹分摊式也叫现收现付式。这种模式以短期内（通常是1年）的收支平衡为原则，先测算出年内需要支付的医疗保险费，然后以支定收，将支出费用总额按一定的规则分摊到参加医疗保险的所有用人单位和雇员，当年提取，当年支付。该模式的优点是简便易行，同时由于平衡周期短，不必维持较大数量的风险储备金，还可以减少因通货膨胀所导致的基金贬值风险，风险较小。其缺点是每隔一段时间就要调整收费标准，特别是当社会人口结构和劳动力的年龄结构发生变化时，可能增加现有人口和劳动力的负担。该模式是当前世界多数国家医疗保险采用的基金筹资模式。

2. 预提分摊式

该模式根据长期（通常是5年左右）收支平衡原则确定医疗保险费率，即在预测未来若干年内医疗保险费用支出的基础上，确定一个可以保证在这些年内收支平衡的平均费率，并对已提取但尚未支付的保险基金有计划地管理运营。该模式的缺点比较明显，例如，计划复杂、实施难度大、社会共济能力差，主要适用于商业医疗保险。

3. 部分积累式

部分积累式又称混合式，以近期平衡为基础，兼顾长期平衡，即统筹分摊式与预提分摊式的结合。

（三）医疗保险基金的筹集方式

医疗保险基金的筹集（缴纳）方式，反映出一个国家医疗费用的取得形式和政府控制医疗服务成本的能力。世界上多数国家医疗保险基金的筹集都是通过税收或缴纳保险费的方式进行，归纳起来，主要有四种方式：

（1）国家税收式。国家通过征税的形式筹集医疗保险金，然后通过财政预算拨款的方式将资金拨付给医疗保险服务的提供者，如医院等。该方式多见于实行国家公费医疗保险模式的国家。

（2）强制缴费式。国家通过法律手段强制要求符合法定参保条件的居民、雇员及其雇主（用人单位）缴纳一定比例的保险费。该方式常见于实行社会医疗保险模式的国家。

（3）自愿投保式。社会成员根据自身医疗健康需要和经济支付能力，自愿缴纳一定费用参保，医疗保险待遇与缴费数额及投保项目密切相关。该方式常见于实行商业医疗保险模式的国家。

（4）储蓄账户式。国家通过立法强制要求劳动者缴纳储蓄性医疗保险，并将缴费全部纳入个人医疗保险账户，产权属个人全权所有。该模式常见于实行储蓄医疗保险模式的国家。

四、医疗保险待遇给付

医疗保险待遇给付，也称为医疗保险费用偿付或结算，主要指参保人在享受医疗服务后，医疗保险机构遵循相关制度规定，对医疗救治过程中所产生的医疗费用进行部分或全部补偿的行为（仇雨临和孙树菡，2001）。①

医疗保险费用偿付的具体方法和途径，就是医疗保险待遇给付的方式。医疗保险费用偿付既涉及保险人与被保险人之间的关系，也反映了医疗保险的保障程度，又涉及医疗保险人与医疗服务提供者之间的关系，不同的费用给付方式对医疗保险各方的行为会产生不同的影响。医疗保险费用支付方式具体有以下五种：

（一）按服务项目付费

按服务项目付费是指医疗保险管理机构根据医疗机构向参保人提供的医疗服务项目和服务数量，按照每个服务项目的价格向医疗机构支付费用的方式。按服务项目付费属于后付制，支付单元是服务项目，具体地说，它是根据医疗机构报送的病人接受服务项目（如治疗、检查、药品等），向医疗机构直接付费。按项目付费是最简捷的医保费用支付方式，也是运用较早、最广泛的支付方式。

按服务项目付费方式的优点是：按服务项目支付是医疗保险中最传统，也是应用最广泛的一种费用支付方式，实际操作简便，适用范围较广，医院提供医疗服务的积极性高，病人的医疗需求可以得到较好保障。

按服务项目付费方式的缺点主要有：由于医院收入与其提供的医疗服务量相挂钩，会导致医院提供过度医疗服务，即所谓的"供方诱导的过度消费"，结果将会造成卫生资源的浪费和医疗费用的过度增长，同时医疗保险机构对其审核和管理的难度较大。

（二）按人头付费

按人头付费，又称为平均定额付费。首先，由医保经办机构制定每一门诊人次或者每一住院人次的费用支付定额标准；其次，医疗保险经办机构根据医院实

---

① 仇雨临，孙树菡. 医疗保险［M］. 北京：中国人民大学出版社，2001：111.

际提供的服务人次（门诊与住院人次）向医院支付医疗费用，医院的收入随着病人数的增加而增加。

按人头付费方式的优点是：管理比较简单，管理费用较低，并能使医院产生内在的成本制约机制，自觉采取控制费用的措施。按人头付费结合"竞争性首诊制"，还可以促使医院自觉自愿地开展疾病预防和公共卫生服务，如计划免疫、妇幼保健、健康教育等。因为积极开展这样的服务可以吸引更多的参保者将其作为定点医疗机构，可以增加其收入。同时，由于首诊定点具有竞争性，不同的医院必须在服务质量上展开竞争，不合理转诊的现象会大大减少，还可以减少医疗保险机构的工作量，有助于医疗保险机构的服务改善。

按人头付费方式的缺点是：医院会选择相对健康、病情简单的患者，推诿病情反复、严重的患者，并可能出现医院为节约费用而减少服务或降低服务质量的情况。

（三）按病种付费

按病种付费是指通过统一的疾病诊断分类，科学地制定出每种疾病的定额支付标准，医保经办机构按照该标准与住院人次向定点医疗机构支付住院费用。医疗机构的投入与所治疗住院病人的数量、疾病复杂程度和服务强度成正比。

按病种付费也可称为按疾病诊断分类定额支付，最初由耶鲁大学米尔等学者提出，其把医疗服务的过程看成一个计量单位和确定服务价格的标识。根据国际疾病分类法，将住院病人的疾病按诊断、年龄、行为等分成若干组，每组又根据疾病轻重程度及有无合并症、并发症分成不同的级别，对每一组不同级别预先制定一个补偿价格标准，按这种费用标准对该组某级疾病治疗的全过程进行一次性支付（张晓和刘蓉，2004）。[①]

（四）总额预付制

总额预付制是由医保经办机构与定点医疗机构协商后，确定某一定点医疗机构一年的总额预算（也可以是一季度的总预算），在该年度内，医院的医疗费用全部在总额中支付，结余留存，超支不补，而定点医疗机构对保险范围中的所有参保人员必须提供规定的医疗服务。

总额预付制方式的优点是：消除了医院提供过度医疗服务的经济动因，促进医疗行为的规范化，有效控制医疗费用的不合理增长，手续简便，管理成本较低。

总额预付制方式的缺点主要是：适用性较差，医院可能出现医疗服务提供不足和医疗服务质量下降的现象，而且确定年度预算总额是一件困难的事，由于变

---

① 张晓，刘蓉．社会医疗保险概论［M］．北京：中国劳动社会保障出版社，2004：84.

动因素很多，难以事先估计准确。

（五）按床日付费

按床日付费是指医疗保险经办机构制定每个住院床日的平均费用标准，然后根据病人住院时间的长短，测算出每例患者的费用进行医保付费，与每个病人每日或每次治疗的实际花费无关（章娜，2017）。[①]

第三节 中国基本医疗保险政策

经过长期的社会保险制度建设，中国应用最广泛、覆盖人群最广、绝大多数城乡居民能够共同享有的医疗保险制度主要有三类：城镇职工基本医疗保险制度、新型农村合作医疗制度（以下简称"新农合"）、城镇居民基本医疗保险制度。2016 年 1 月 12 日，国务院发布《国务院关于整合城乡居民基本医疗保险制度的意见》，决定整合城镇居民基本医疗保险和新型农村合作医疗两项制度，建立统一的城乡居民基本医疗保险制度。目前，中国的基本医疗保险主要形成了城镇职工基本医疗保险制度和城乡居民基本医疗保险制度并存的格局。

一、城镇职工基本医疗保险

城镇职工基本医疗保险是中国医疗保险的重要组成之一，是为补偿劳动者因疾病风险遭受经济损失而建立的一项社会保险制度。通过用人单位和个人缴费，建立医疗保险基金，参保人员患病就诊发生医疗费用后，医疗保险经办机构给予一定的经济补偿，以避免或减轻劳动者因患病、治疗等所承受的经济风险。

（一）覆盖范围

按照《国务院关于建立城镇职工基本医疗保险制度的决定》的规定，城镇所有用人单位，包括企业（国有企业、集体企业、外商投资企业、私营企业等）、机关、事业单位、社会团体、民办非企业单位及其职工，都要参加基本医疗保险。这也就是说，必须参加城镇职工基本医疗保险的单位和职工，既包括机关事业单位也包括城镇各类企业；既包括国有经济单位也包括非国有经济单位；既包括效益好的企业也包括困难企业。这是目前中国社会保险制度中覆盖范围最广的险种之一。

基本医疗保险原则上以地级以上行政区（包括地、市、州、盟）为统筹单位，也可以县（市）为统筹单位，北京、天津、上海三个直辖市原则上在全市

---

① 章娜. 医保 5 种主要支付方式供患者选择［EB/OL］.［2017-12-21］. http://news. 163. com/17/1121/08/D3OJH60B00018AOP. html.

范围内实行统筹（以下简称"统筹地区"）。所有用人单位及其职工都要按照属地管理原则参加所在统筹地区的基本医疗保险，执行统一政策，实行基本医疗保险基金的统一筹集、使用和管理。铁路、电力、远洋运输等跨地区、生产流动性较大的企业及其职工，可采用相对集中的方式异地参加统筹地区的基本医疗保险。

乡镇企业及其职工、城镇个体经济组织业主及其从业人员是否参加基本医疗保险，由各省、自治区、直辖市人民政府决定。显然，城镇职工基本医疗保险因统筹层次的问题，各统筹区域的相关政策规定仍有一定差别。

（二）筹资模式和方式

城镇职工基本医疗保险制度实行"社会统筹与个人账户相结合"的模式，基本医疗保险费由用人单位和职工共同缴纳。一般缴费规则有以下三项：

（1）各统筹地区要确定一个适合当地职工负担水平的个人基本医疗保险缴费率，一般为工资收入的2%。

（2）由个人以本人工资收入为基数，按当地规定的个人缴费率缴纳基本医疗保险费。个人缴费基数应按国家统计局规定的工资收入统计口径为基数，即包括各类奖金、劳动收入和实物收入等所有工资性收入为基数，乘以规定的个人缴费率，即为本人应缴纳的基本医疗保险费。基本医疗保险的缴费基数是用人单位以国家规定的职工工资总额为缴费基数，职工以本人上年工资收入为缴费基数。职工工资收入高于当地职工平均工资300%的，以当地职工平均工资的300%为缴费基数。

（3）个人缴费一般不需个人到社会保险经办机构去缴纳，而是由单位从工资中代扣代缴。用人单位缴费率应控制在职工工资总额的6%，职工缴费率一般为本人工资收入的2%。[1] 随着经济的发展，用人单位和职工缴费率可作相应调整。

基本医疗保险基金由社会统筹使用的统筹基金和个人专项使用的个人账户基金组成。职工个人缴纳的基本医疗保险费，全部计入个人账户。用人单位缴纳的基本医疗保险费全部计入统筹基金[2]。

（三）医疗保险待遇领取条件

根据《中华人民共和国社会保险法》规定，参加城镇职工基本医疗保险的个人，达到法定退休年龄时累计缴费达到国家规定年限的，退休后不再缴纳基本

---

[1]　关于城镇职工基本医疗保险的缴费比例，各省份或各统筹区域的规定有所不同。

[2]　2021年4月23日，国务院办公厅印发《关于建立健全职工基本医疗保险门诊共济保障机制的指导意见》，提出"改进个人账户计入办法"，即"在职职工个人账户由个人缴纳的基本医疗保险费计入，单位缴纳的基本医疗保险费全部计入统筹基金"。

医疗保险费，按照国家规定享受基本医疗保险待遇；未达到国家规定年限的，可以缴费至国家规定年限。另外，个人跨统筹地区就业的，其基本医疗保险关系随本人转移，缴费年限累计计算。一般规定，缴纳医疗保险费（含视同缴费）男缴费满25年、女缴费满20年（具体规定各地有所不同），便可以退休后不再缴费，直接享受医疗保险待遇。如达不到最低年限的，须由职工本人以退休时的缴费基数，按单位和个人的缴费比例，一次性缴足上述年限的基本医疗保险费，才能在退休后享受医疗保险待遇。

（四）医疗保险待遇计发

与筹资模式相对应，医疗保险待遇计发要建立统账分开①、范围明确的支付机制，统筹基金和个人账户确定各自的支付范围，分别核算，不得互相挤占。统筹基金要按照以收定支、收支平衡的原则，根据各地的实际情况和基金的承受能力，确定起付标准和最高支付限额。个人账户专项用于本人医疗费用支出，可以结转使用和继承，个人账户的本金和利息归个人所有。

在具体使用范围上，统筹基金主要支付大额和住院医疗费用，个人账户主要支付小额和门诊医疗费用。统筹基金有确定的起付标准和最高支付限额，起付标准原则上控制在当地职工年平均工资的10%左右，最高支付限额原则上控制在当地职工年平均工资的400%左右。起付标准以下的医疗费用，从个人账户中支付或由个人自付。起付标准以上、最高支付限额以下的医疗费用，主要从统筹基金中支付，个人也要负担一定比例。超过最高支付限额的医疗费用，可以通过商业医疗保险等途径解决。统筹基金的具体起付标准、最高支付限额以及在起付标准以上和最高支付限额以下医疗费用的个人负担比例，由统筹地区根据以收定支、收支平衡的原则确定。

（五）医疗保险待遇支付范围

基本医疗保险支付范围仅限于规定的基本医疗保险药品目录、诊疗项目和医疗服务设施标准内的医疗费用；对提供基本医疗保险服务的医疗机构和药店实行定点管理；社会保险经办机构与基本医疗保险服务机构（定点医疗机构和定点零售药店）要按协议规定的结算办法进行费用结算。

基本医疗保险不予支付费用的诊疗项目范围主要包括以下四个方面：①服务项目类：院外会诊费、病历工本费等；出诊费、检查治疗加急费（急诊除外）、点名手术附加费、优质优价费、自请特别护士费等特需医疗服务。②非疾病治疗项目类：各种美容（生活美容、医学美容）健美项目以及非功能性整容，矫形手术等；各种减肥、增胖、增高项目；各种健康体检；各种预防、保健性的诊疗

---

① 这里的"统账分开"，主要是指医疗保险的社会统筹账户基金与个人账户基金分开使用。

项目；牙科整畸、牙科烤瓷；各种医疗咨询（不含精神科咨询）、医疗鉴定。③诊疗设备及医用材料类：应用正电子发射断层扫描装置、电子束 CT、眼科准分子激光治疗仪等大型医疗设备进行检查治疗项目；眼镜、义齿、义眼、义肢、助听器等康复性器具；各种自用的保健、按摩、检查康复和治疗器械。④治疗项目类：各类器官移植、组织移植的器官源或组织源；除肾脏、心脏瓣膜、角膜、皮肤、血管、骨、骨髓移植外的其他器官或组织移植；近视眼矫形术；气功疗法、音乐疗法，保健性的营养疗法、磁疗等辅助性治疗项目；各种不育（孕）症、性功能障碍的诊疗项目；各种科研性、临床验证性的诊疗项目。

二、城乡居民基本医疗保险

城乡居民基本医疗保险是中国社会医疗保险的组成部分之一，采取政府主导，以居民个人缴费为主，政府适度补助为辅的筹资方式，按照缴费标准和待遇水平相一致的原则，为城乡居民提供医疗服务的医疗保险制度。《国务院关于整合城乡居民基本医疗保险制度的意见》要求，各省（区、市）要于 2016 年 6 月底前对整合城乡居民医保工作做出规划和部署，于 2016 年 12 月底前出台具体实施方案。2019 年 4 月，国家医疗保障局、财政部发布《关于做好 2019 年城乡居民基本医疗保障工作的通知》，强调 2020 年底前全面取消城乡居民医保个人（家庭）账户，提出要全面做实城乡居民医保地市级统筹并建立统一的城乡居民医保制度，对城镇居民基本医疗保险和新型农村合作医疗制度尚未完全整合统一的地区，要按照党中央、国务院部署要求，于 2019 年底前实现两项制度并轨运行向统一的城乡居民医保制度过渡。

目前，各统筹地区根据各地参保情况和财政实力，制定了属地管理、有差异的城乡居民基本医疗保险政策。本书选取内蒙古呼和浩特市城乡居民基本医疗保险政策为例进行介绍。

（一）覆盖范围

为进一步完善统一的城乡居民基本医疗保险制度，提高城乡居民医疗保险保障水平，健全多层次医疗保障体系，结合呼和浩特市实际，2022 年 1 月制定了《呼和浩特市城乡居民基本医疗保险实施办法》。其中规定，呼和浩特市城乡基本居民医疗保险的参保范围主要是本市行政区域内不属于职工基本医疗保险范围的城乡居民，具体包括以下五类居民：

（1）具有本市户籍或持本市《居住证》不满 18 周岁的非在校少年儿童。

（2）父母一方具有本市户籍或持有本市《居住证》或近 6 个月连续参加自治区本级、呼和浩特市基本医疗保险，并在出生后 90 天内办理参保登记缴费的非本市户籍新生儿。

（3）本市中小学校和幼儿园的在校（园）学生儿童。

（4）本市行政区域内各类普通高等院校（包括民办院校）在校的全日制本（专）科生、研究生。

（5）具有本市户籍或持本市《居住证》的，年满 18 周岁不属于职工基本医疗保险范围内的其他居民。

另外，针对部分特殊人群采取了自愿参保的政策，规定"具有本市户籍或持本市《居住证》的，不在职工基本医疗保险待遇期内，且在职工基本医疗保险待遇期满后办理停保的人员，可自愿选择参加城乡居民基本医疗保险"。

（二）筹资模式和方式

城乡居民个人缴纳的保险费和各级政府专项补助资金构成城乡居民基本医疗保险基金，城乡居民基本医疗保险不设个人账户，所筹资金全部用于社会统筹；城乡居民大病补充保险基金从城乡居民基本医疗保险基金中划拨，居民个人不再另行缴纳。

城乡居民基本医疗保险实行"年预缴费制度"，每年 9 月至次年 3 月为缴费期，收缴下年度个人参保费用。呼和浩特市 2025 年度城乡居民基本医疗保险个人缴费标准具体为以下三个方面：

（1）2025 年度我市城乡居民基本医疗保险个人缴费标准为每人 400 元。

（2）参保居民中本市低保对象、城乡特困人员、孤儿、烈属、低收入家庭人员、丧失劳动能力的残疾居民以及纳入乡村振兴部门的脱贫不稳定人员、边缘易致贫人员及突发严重困难人员，个人缴费标准按上述个人缴费标准的 50% 确定，即个人缴费标准为 200 元，其余 50%（200 元）由市本级与旗县区按现行财政体制比例分担。符合医疗救助资助条件的参保居民，个人缴费部分由医疗救助基金给予资助，具体资助标准根据我市医疗救助相关政策另行制定。

（3）除在校（园）学生儿童外，持我市居住证或在我市居住地社区（村）办理居住信息登记的非本市户籍居民，直接在居住地社区（村）医保服务站（点）办理参保登记，按照每人 400 元标准缴纳个人医疗保险费，财政补贴部分由各级财政按我市居民相同标准给予补助。

（三）医疗保险待遇领取的等待期

城乡居民基本医疗保险按照自然年度计算参保周期并享受待遇，按照政策规定的人群范围和标准预先缴费是享受待遇的前提条件。具体包括以下四个方面：

（1）首次参保。首次参加城乡居民医保的参保人员从缴费当月享受待遇，不设待遇等待期。

（2）续保。集中缴费期（每年 9 月 1 日至次年 3 月 31 日）期间续保缴费的，直接接续上一年度享受待遇。

（3）中断参保后重新参保。未在规定时间内续接上一年度参保缴费的视为中断参保，中断参保后重新参保的，从缴费当月设置 3 个月待遇等待期，等待期间发生的医疗费用不享受任何医保待遇。

（4）跨制度参保。职工基本医疗保险中断缴费 3 个月内办理城乡居民基本医疗保险的，不设等待期，从缴费当月开始享受待遇。未在中断缴费 3 个月内办理城乡居民基本医疗保险参保缴费的，从缴费当月设置 3 个月待遇享受等待期，待遇享受等待期间发生的医疗费用不享受任何医保待遇。

（四）医疗保险待遇的计发

1. 城乡居民基本医疗保险基金支付范围

统筹基金主要用于参保居民的住院、普通门诊、门诊慢特病的医疗费用支出；无责意外伤害发生的医疗费用纳入城乡居民基本医疗保险支付范围；因生育发生的住院医疗费用按住院标准支付，孕期门诊产科检查费用纳入门诊统筹支付范围；参保居民在定点医疗机构发生的门（急）诊费用按门诊统筹办法支付。

城乡居民基本医疗保险基金设立起付标准和最高支付限额。住院起付标准以下的费用全部由个人承担（见表 5-1），一个年度内城乡居民基本医疗保险统筹基金最高支付限额为 17 万元。

表 5-1　参保居民在一个参保年度内住院的起付标准　　　　　单位：元

一个年度内住院起付线	医院等级			
	三甲及以上	三乙和三丙	二级	一级及以下
首次	1000	600	200	100
二次及以上	800	400	150	50

资料来源：《呼和浩特市城乡居民基本医疗保险实施办法》。

一个年度内，城乡居民基本医疗保险基金起付标准以上、最高支付限额以下，符合基本医疗保险药品目录、诊疗项目、医疗服务设施标准的住院医疗费用，由城乡居民基本医疗保险基金按照医疗机构等级和所确定的支付比例，采取"分段计算、累加支付"的办法结算（见表 5-2）。

表 5-2　参保居民在一个参保年度内住院的统筹基金支付比例

政策范围内住院医疗费用	医院等级对应的住院统筹基金支付比例			
	三甲及以上	三乙和三丙	二级	一级及以下
起付线~10000 元（含 10000 元）	73%	78%	83%	88%
10000~30000 元（含 30000 元）	78%	83%	88%	93%
30000 元以上	83%	88%	93%	95%

资料来源：《呼和浩特市城乡居民基本医疗保险实施办法》。

2. 城乡居民基本医疗保险基金不予支付范围

（1）应当从工伤保险基金中支付的；

（2）应当由第三人负担的；

（3）应当由公共卫生负担的；

（4）在境外就医的；

（5）体育健身、养生保健消费、健康体检；

（6）国家规定的基本医疗保险基金不予支付的其他费用。

3. 城乡居民基本医疗保险基金结算流程

参保居民到本市城乡居民定点医药机构就医时，应当主动出示医疗保险凭证，定点医药机构核验确认后所发生的医疗费用，属于城乡居民基本医疗保险基金支付部分，由定点医药机构记账，按照协议规定与医疗保险经办机构结算；参保居民自付部分，由参保居民个人与定点医药机构直接按规定结算。①

第四节　医疗保险管理实务

一、医保个人账户"家庭共济"的使用和办理

（一）医保个人账户家庭共济的使用人员范围

个人账户家庭共济使用，是指职工医保个人账户的资金，从仅限职工本人使用，拓展到可以给家庭成员使用。可使用参保职工个人账户的家庭成员是指符合法律规定的参保人员的配偶、父母、子女。需要注意的是家庭共济成员不包含配偶的父母。

（二）医保个人账户家庭共济实施的条件

（1）职工医保参保人与其需要共济的配偶、父母或子女都是本市基本医疗保险（职工医保或城乡居民医保）参保人，且当前处于正常参保状态。

（2）职工医保参保人个人账户资金有结余。

（三）医保个人账户家庭共济可用的医疗费用

可以用于其配偶、父母、子女在定点医疗机构就医发生的由个人负担的医疗费用，以及在定点零售药店购买药品、医疗器械、医用耗材发生的由个人负担的费用。不得用于公共卫生费用、体育健身或养生保健消费等不属于基本医疗保险保障范围的支出。

---

① 关于印发呼和浩特市城乡居民基本医疗保险实施办法的通知［EB/OL］．［2022-01-19］．http：//www.huhhot.gov.cn/zfxxgknew/fdzdgknr/gzxzgfxwj/kj_jy/202201/t20220126_1172980.html.

（四）医保个人账户家庭共济的办理

实现个人账户家庭共济，需要参保职工和指定的家庭成员建立绑定关系，职工作为共济人，家庭成员作为被共济人。

参保人（一般是共济人）可通过国家医保服务平台 App 地方专区、当地医保部门微信公众号、官方网站、支付宝等"职工医保个人账户家庭共济"功能模块，实现线上办理，具体途径由各统筹区医保部门向社会公开；操作智能设备困难的老年人等特殊群体，也可以在线下医保大厅办理。

二、新生儿参加城乡居民医疗保险的办理流程

（一）新生儿参保范围和办理时间

新生儿参保范围一般是具有本市户籍或在本市居住的新生儿，参保缴费标准与本市城乡居民参加城乡居民医疗保险的个人缴费标准一致，并享受财政政策的补贴。

新生儿参保办理时间不受集中缴费期限制，可随时办理。新生儿监护人可凭出生证明在新生儿出生当年缴纳本年度居民医疗保险费，一是新生儿在出生 90 天内办理参保，并缴纳出生当年医保费用的，从出生之日起按规定享受待遇；二是新生儿超出 90 天办理参保缴费的，从缴费当月按规定享受待遇。

（二）新生儿参保缴费流程

已落户的新生儿凭新生儿本人户口本直接办理；未落户的新生儿可暂时凭《出生医学证明》进行线上或线下办理，落户后及时办理实名变更，否则会影响宝宝后期待遇的正常享受。具体办理流程有两种：

1. 通过"新生儿出生一件事"线上办理

即一次申请后即可完成新生儿出生医学证明、落户、医保参保登记、社会保障卡申领等相关事项的办理。办理人可通过内蒙古医保个人网厅、内蒙古医保微信/支付宝小程序、内蒙古医保 App、国家医保服务平台 App、蒙速办 App 等渠道办理。以内蒙古医保 App 为例：

（1）步骤一：监护人用自己的身份信息登录内蒙古医保 App，在业务经办栏目中，选择"城乡居民参保登记"模块。

（2）步骤二：在"为谁参保登记"选择"新生儿（凭出生医学证明）参保"，按要求填写相关信息（当前未落户的新生儿户口信息跟随父母即可）。

（3）步骤三：点击"添加更多附加材料"，上传新生儿出生医学证明，提交成功后，可以通过"办件进度查询"查看到业务的进度情况。

当登记业务审核通过后，即可进行参保缴费。可通过微信、支付宝搜索"社保缴费"小程序，登录后选择"社保缴费办理"，办理对象选择"他人"，身份证件类型选"出生医学证明"，在身份证件号码中输入出生医学证明编号。按照

提示填写完成后点击"提交"即可完成缴费。

监护人可以通过国家医保服务平台 App 亲情账户为新生儿申请医保码。监护人登录国家医保服务平台 App，点击"我的"，再点击"添加我的家庭成员"，然后点击"使用出生医学证明绑定"，按照要求填写相关信息后点击"确认"即可申请医保码。最后使用新生儿医保码即可实现相关费用直接结算。

2. 线下办理

新生儿父母可直接前往所在街道或社区的医保服务站（点）的医保经办机构窗口办理参保登记和缴费。

三、城镇职工基本医疗保险统筹基金和个人账户基金的支付范围

基本医疗保险基金由基本医疗保险统筹基金和基本医疗保险个人账户构成。其中，个人账户是以参保人名义建立的保险账户，属个人所有，由个人按照基本医疗保险的有关规定使用、支配。个人账户实行 IC 卡管理，不得提取现金，个人账户的资金和利息归个人所有，可以结转和继承；基本医疗保险统筹基金主要是由用人单位按照基本医疗保险的有关规定，将医疗保险缴费全部计入统筹基金所形成。根据《国务院关于建立城镇职工基本医疗保险制度的决定》的规定，统筹基金和个人账户要划定各自的支付范围，分别核算，不得相互挤占。

用人单位及其职工缴纳的基本医疗保险费构成基本医疗保险基金。基本医疗保险基金支付的医疗费用必须符合《基本医疗保险药品目录》《基本医疗保险诊疗项目目录》《基本医疗保险医疗服务设施范围和支付标准》（以上简称"三个目录"）。超出"三个目录"的费用，基本医疗保险基金不予支付。

（一）医保统筹基金支付范围

基本医疗保险统筹基金用于支付参保人员按照规定比例报销的住院费用、规定范围内疾病门诊医疗费用、家庭病床医疗费用、门诊急诊抢救留院观察转住院及门诊急诊抢救期间死亡发生的医疗费用。具体支付范围有以下两种：

（1）定点医院、转诊转院、异地就医急诊住院医疗费用。

（2）门诊特殊病种、规定病种、家庭病床医疗费用。

（二）医保个人账户基金支付范围

医保个人账户的本金和利息归个人所有，可以结转使用和依法继承。个人账户用于支付参保人员在定点医疗机构门诊的医疗费用、定点药店购药的费用和住院、家庭病床等医疗费用中需个人支付的部分。具体支付范围包括以下四种：

（1）参保职工在定点医疗机构门诊的医疗费用。

（2）定点零售药店购药的费用。

（3）住院、门诊特殊病种、门诊规定病种及家庭病床医疗费用中需个人支付的部分费用。

（4）参保职工因转诊或急诊在非定点医疗机构发生的符合医疗保险规定的需个人支付的医疗费用。

四、不属于基本医疗保险报销范围的费用

基本医疗保险基金不予支付是指在医疗保险统筹基金之内，不予报销的医疗费用。根据《中华人民共和国社会保险法》规定，结合各地医保政策，将发生医疗费用不予报销的情形归纳为以下六类：

（1）应当从工伤保险基金支付的费用。

（2）应当由第三人负担的费用。因打架、斗殴、酗酒、自残自杀、吸毒、犯罪及医疗事故、交通事故、意外伤害等应当由第三方承担医疗费用赔偿责任所发生的医疗费用，不能由医疗保险基金支付。

（3）应当由公共卫生负担的费用。

（4）在境外就医的。如出国及赴港、澳、台地区发生的医疗费用是不能报销的。

（5）未办理转诊转院手续自行外出就医的医疗费用。

（6）超出规定的病种目录、药品目录、医疗服务设施范围和支付标准的医疗费用以及其他超出诊疗项目的医疗费用。

因各地区实际情况不同，具体不予支付情形依据本地政策执行，但必须符合上述规定。

【思考题】

1. 医疗保险的定义、特征和原则。

2. 谈谈疾病风险的概念和特点。

3. 思考疾病风险的致因因素和应对方式有哪些。

4. 简述医疗保险资金筹集方式。

5. 简述医疗保险在公众生活中的作用和意义。

6. 谈谈社会医疗保险制度的公平性如何体现。

第六章　工伤保险制度与管理实务

通过本章学习，理解工伤保险的概念、特点和原则，了解工伤保险的发展历程以及在公众生活中的作用和意义。掌握工伤保险的主要内容和运行模式，以及工伤保险基金筹集、待遇申请和给付条件。重点把握中国目前工伤认定的条件、申请流程、给付标准，能够将工伤保险政策和管理实务同实际生活相结合，解决工作中遇到的工伤问题。

第一节　职业伤害风险与工伤保险

工伤保险是社会保险制度的重要组成部分，适用群体主要是遭受工作伤害或职业病风险的特殊工作人群。虽然工伤保险比不上养老保险和医疗保险覆盖的人群广泛，但是职业伤害的波及面较广、危害程度较大且容易引发严重的劳资冲突，因而成为世界多数国家较早建立、颇为重视的保险险种之一。

一、工业社会下的职业伤害风险

（一）职业伤害风险的概念

工业化推动了生产力的高速发展，同时也给劳动者带来了更大、更多、更复杂的人生风险。劳动的过程是人体四肢与机器的斗争，也是劳动者健康与各种职业伤害风险的斗争。在工业化生产面前，劳动者为社会的发展付出了惨痛代价，最明显的就是不断增多的职业伤害事故、严重的损失后果和日益增加的危害劳动者身体健康及生命安全的风险隐患，这些都是农业社会不曾有的风险。工伤事故带来的经济损失和人员伤亡，已成为世界各国普遍面临的严重劳动问题和社会问题。

职业伤害，又称"产业伤害""工业伤害"或"工作伤害"，一般统称为工伤。1921 年，国际劳工大会对工伤的定义是"由于工作直接或间接引起的事故"

（潘锦棠，2010）。① 1964 年，第 48 届国际劳工大会规定了工伤补偿应将职业病和上下班交通事故包括在内。目前，国际上比较规范的"工伤"定义包括两个方面的内容，即由工作引起并在工作过程中发生的事故伤害和职业病伤害。

1. 工作事故伤害

工作事故伤害是指劳动者在工作岗位从事与生产劳动有关的工作中，由于突发性致害因素使劳动者人体组织受到的损伤，或是劳动者在职业活动所涉及的区域内，由于工作环境恶劣、条件不良、任务过重或突发性事故导致的对劳动者身体的伤害。

2. 职业病

职业病是指劳动者在职业活动中，因接触职业性有毒、有害的环境（诸如，粉尘、噪声、高温、放射源、有毒有害化学物质、致病性微生物因素等）而引起的所有疾病。在法律意义上，职业病通常是指国家根据生产力发展水平、经济状况、医疗水平等综合因素，由主管部门明文规定的法定职业病（沈松泉，2006）。②

（二）工伤风险的后果

劳动者在工业化大生产下存在着职业伤害风险和职业病风险，当遇到一系列触发因素后，就演变成为工伤事故，最直接的后果就是对劳动者身体造成伤害或威胁到生命健康，进而影响到劳动者的劳动能力、劳动者个人和家庭的经济收入、企业的经营生产以及社会的稳定。

1. 工伤事故种类

中国在工伤事故统计中，按照《企业职工伤亡事故分类标准》（GB 6441-86）将企业工伤事故分为 20 类：物体打击、车辆伤害、机械伤害、起重伤害、触电、淹溺、灼烫、火灾、高处坠落、坍塌、冒顶片帮、透水、放炮、瓦斯爆炸、火药爆炸、锅炉爆炸、容器爆炸、其他爆炸、中毒和窒息及其他伤害。

2. 工伤表现形式

（1）按受伤程度分类，可分为轻伤和重伤。具体表现为轻伤、中度伤、无生命危险的重伤、有生命危险的重伤、危重、存活和不明等。

（2）按致伤因素分类，可分为机械性损伤、物理性损伤和化学性损伤。机械性损伤如锐器造成的切割伤和刺伤，钝器造成的挫伤，建筑物倒塌造成的挤压伤，高处坠落引起的骨折；物理性损伤如烫伤、烧伤、冻伤、电损伤、电离辐射损伤；化学性损伤如强酸、强碱、磷和氢氟酸等造成的灼伤。

（3）按受伤部位分类，可分为颅脑伤、面部伤、胸部伤、腹部伤和肢体伤。

（4）按皮肤或黏膜表面有无伤口分类，可分为开放性损伤和闭合性损伤。

---

① 潘锦棠.社会保障学［M］.大连：东北财经大学出版社，2010：109.
② 沈松泉.医疗保险理论与探索［M］.南京：江苏人民出版社，2006：125-126.

（5）按受伤组织和器官多少分类，可分为单个伤和多发伤。

3. 工伤后果影响

工伤风险直接受害的对象是职业人群，即从事生产工作的劳动者。这些人群一旦受到伤害，给个人、家庭乃至社会带来的影响往往远大于事故本身，而且是引发劳资冲突的重要原因之一。

（1）对劳动者个人来讲，发生工伤事故，对其本人的身体健康将直接带来损伤，甚至危及生命安全。同时，对劳动者造成劳动力的暂时或永久丧失，不仅会使收入锐减，而且还会加重医疗救治费用支出，对其精神心理的打击更大，影响到日后的正常生活。

（2）对劳动者家庭来讲，一旦家里的"顶梁柱"发生工伤事故，给家庭成员带来的精神痛苦远大于经济苦难。家庭失去亲人的痛苦，失去依靠的痛苦，失去经济主力军的痛苦，这些影响都是永久的、持续的，可能使家庭在极短时间内陷入贫困，还可能让家庭成员尤其是子女长期处于精神折磨中。

（3）对用人单位而言，当职工发生工伤后，将直接影响到企业的劳动生产率，还会有损企业形象。如果没有为职工缴纳工伤保险费，企业将会承担受伤职工的巨额医疗费用或经济赔偿费用，特别是会造成劳动争议和劳动冲突，给企业的持续生产带来巨大影响。

（4）对整个社会而言，工伤事故发生率较高，反映出社会安全生产意识淡薄和企业生产保护条件太差等问题，也体现出政府对企业工伤预防的工作措施不到位。另外，劳动问题和工伤问题的日益严重，也将导致企业和家庭的不稳定，以及整个社会的不和谐。

（三）工伤风险的规避

随着社会发展和技术更新，机械化、自动化生产已成为企业生产的主流，现代化的生产设备需要高素质的员工进行严格操作。但现实中，人为的和客观的原因所造成的职业伤害风险并未减少，这给国家、企业和公众的生命财产带来不小损失。如何规避工伤风险，减少工伤风险事故发生，进而降低损失呢？一般有以下三项措施。

1. 加强劳动安全生产意识和日常教育

用人单位（或企业）要增强安全生产意识和安全观念，尤其是要提高生产责任者"安全第一"的意识，真正落实"安全第一、预防为主、综合治理"① 的安

---

① "安全第一、预防为主、综合治理"是开展安全生产管理工作总的指导方针，是长期实践的经验总结。其中，"安全第一""预防为主"在1949年提出，前者是为了搞好煤矿安全生产，后者是为了搞好医疗卫生工作。"安全第一""预防为主""综合治理"三者联系在一起作为安全生产基本方针提出于2005年10月11日通过的《中共中央关于制定国民经济和社会发展第十一个五年规划的建议》。

全生产方针。在安全与生产发生矛盾时，时刻谨记安全第一是原则，预防为主是手段，综合治理是方法，首先要解决安全问题，在确保安全条件下进行生产作业。

用人单位（或企业）要时刻抓好安全生产教育，做好安全技术培训，提高职工的安全素质，强化职工的安全生产责任，构建企业安全生产文化。有关部门和用人单位通过不同形式，对劳动者进行安全生产的法律、法规以及安全生产知识的宣传和专项教育，提高职工的安全生产意识，使劳动者遵章守纪，掌握安全生产方面的知识和操作方法，增强事故的预防和处理能力。对从事特种作业人员进行安全技术培训，做到持证上岗，保证安全生产。

2. 加强劳动安全生产管理

加强工伤风险事故的预防和监控，可从源头上规避工伤事故的发生，消除工伤事故后果的影响。应采取以下三项措施：

（1）用人单位必须建立健全规章制度，强化作业现场管理。把安全工作落到实处，做到有章必循、违章必纠，同时要抓好现场管理和事故多发环节。抓好安全检查工作，及时发现工伤风险隐患，抓紧事故隐患的整改，并且要定时复查，做到及时反馈。重在提高内部安全生产管理水平，加大监管力度，常检查、早发现、早治理。

（2）由政府机关、企业单位组织制定有关规章、制度和措施，制定有关安全规程，规范安全标准。如建立内部科学完备的安全生产管理制度与安全（工伤）事故责任追究制度，从制度规范设置上杜绝工伤事故，减少工伤风险发生概率。推进安全生产管理体系，创新安全生产管理方法，建立符合企业实际的安全生产质量标准，努力实现安全管理制度化、规范化和标准化。

（3）用人单位按时、保质、保量地为劳动者提供必要的劳动保护用品。尤其是特种防护用品，不能以任何理由加以克扣，也不能以钱代物，因为工伤事故的发生除了有许多不可抗拒的、难以预测的情形外，还有大量的工伤事故是由于自然环境、社会环境和工作条件对人的影响造成的，应在初期积极介入管理，采取有效预防措施，提供必要的劳动保护用具，可将工伤事故消灭在萌芽状态或减弱风险损失程度。

3. 依法参加工伤保险制度

设置相应的工伤风险分散机制，不断完善工伤保险或商业保险制度，把用人单位和劳动者的工伤风险部分转嫁给其他机构，以达到减少损失的目的。

积极参加工伤保险，是用人单位规避工伤风险的首选。当用人单位发生工伤事故后，将面临巨大的经济赔付责任，最佳的救济办法是将用人单位的责任转嫁给工伤保险机构，分散用人单位因工伤产生的利益损失风险。另外，工伤保险制度设立的最主要目的就是保障因工作遭受事故伤害或者患职业病的职工获得医疗救治和经济补偿，促进工伤预防和职业康复，职工所在用人单位依法缴纳工伤保险费，当发生工伤后，按照国家规定从工伤保险基金中支付相应费用，保障受伤职工得到合理的经济赔偿。

针对一些随着市场需要而在不同区域和行业内经常流动的零散就业者，现行以缔结劳动关系为前提的工伤保险可能覆盖不到他们，但其工伤风险依然存在，用人单位聘用这类打工群体（如农民工、外卖员等）时，劳资双方都面临着巨大用工风险和劳动纠纷，用人单位可为其投保商业保险，或是随着劳动用工制度的不断规范和完善，工伤保险覆盖到全体就业者，这才能最大限度地降低用人单位和职工的工伤风险损失。

二、工伤保险制度的建立和发展

（一）工伤保险制度的建立

现代意义上的工伤保险制度经历了由工伤民事索赔—雇主责任保险—工伤社会保险的发展过程，这与工业化社会下工伤事故的特殊性、严重性以及法律政策和社会意识的改变息息相关。在世界上大多数国家中，工伤保险制度比其他类型的保险制度建立得更早，立法和适用范围更普遍，是目前发展相对完善的一项保险制度。

世界上最早建立工伤保险的国家是俾斯麦时期的德国。1884年7月6日，德国颁布了世界上第一部《工伤事故保险法》，这是专门针对工业事故和职业病预防与补偿问题的法律，主要涉及三项内容：①预防。通过采取一切有效的手段，预防工业事故，控制职业病的发生，以保障劳动者在工作中免遭职业伤害。②康复。如果发生了工伤事故，就应为受伤人员提供医疗救治服务，加快其身体康复，并努力恢复其职业和社会活动。③待遇给付。为受伤者本人及其需要抚养的家属，提供现金补偿费。

在德国之后，英国、法国、美国、日本等国家先后颁布相关法律法规，建立了工伤保险制度，普遍认为工伤保险是社会保险的重要组成部分，应由国家立法，政府有关部门负责工伤保险管理，统一筹措保险基金，共担风险。在国际劳工组织的倡导和推动下，一些国家逐步将职业病也列入工伤保险的范围。到了第二次世界大战前后，工伤保险已经在世界许多国家中普及，普及率高于养老保险、医疗保险和失业保险。

由于历史、文化、经济背景不同，世界多数国家实行的是工伤社会保险，少部分国家实行的是雇主责任保险，还有个别国家是两种方式并存，各具特色。

（二）工伤保险制度的发展趋势

1. 工伤保险的覆盖范围日趋扩大

从工伤保险的覆盖范围来看，呈现逐渐扩大的趋势，受益群体从企业雇员逐步扩展到农业劳动者、自雇者等群体。工伤保险最初只覆盖从事危险工作的体力劳动者，而将脑力劳动者排除在外，近年来也有些国家将农业工人、家庭保姆、家庭教师等纳入了工伤保险的范围。不难看出，许多国家已经将工伤保险的保障对象从体力劳动者扩大到非体力工作者，从产业工人扩大到所有劳动者。

2. 工伤认定的标准逐渐放宽和完善

工伤保险所保障的事故范围在逐步扩大，认定标准在不断完善。多数国家规定，只要跟工作有关、在工作范围内发生的事故，都可以列入工伤认定的范围，特别是关于职业病的认定范围和标准明显放宽。

3. 工伤预防和职业康复密切结合

工伤保险的保护性、积极性和预防性作用受到重视并取得长足发展。工伤保险的发展不仅仅是关注工伤发生后的经济赔偿，更多的是注重如何预防工伤事故的发生，还有积极推行康复和培训措施，使有关人员重新就业，重返社会。强化预防优先并逐步建立预防、赔偿、康复三位一体的工伤保险制度，是世界各国工伤社会保险发展的重点方向。

三、工伤保险的概念和特点

（一）工伤保险的概念

工伤保险，也称职业伤害保险或工业伤害保险，是指国家和社会为在生产、工作中遭受事故伤害和患职业性疾病的劳动者提供医疗救治、生活保障、经济补偿、职业康复等物质帮助的一种社会保险制度。其内涵可从以下四个方面理解：

（1）工伤保险的保障对象是特定的劳动者，即与用人单位存在劳动关系且在劳动生产过程中的劳动者。

（2）工伤保险所针对的风险是职业伤害和职业病风险，即劳动者因工作原因而遭受意外伤害或患职业病的风险。

（3）工伤保险的目的不仅在于对受伤害者的事后经济补偿、医疗救治和身体康复，而且还注重对职业伤害的预防。

（4）工伤保险的物质帮助不仅包括经济补偿，而且包括医疗救治和康复服务；既包括具有赔偿性质的一次性伤残补助金，又包括具有保障性质的伤残津贴。

（二）工伤保险的特点

工伤保险是根据职业风险原则建立，具有补偿与保障的双重性质。比起其他类别的社会保险项目，工伤保险待遇标准较高，保障内容全面（邓大松，2009），[1] 特点鲜明。

① 邓大松. 社会保险［M］. 北京：中国劳动社会保障出版社，2009：265-266.

1. 强制性

由于工伤具有不可逆转性，其造成的损失往往难以挽回，给个人带来终生的痛苦，给家庭带来永久的不幸，于企业不利，于国家不利。因此，世界各国法律规定实施强制性的工伤保险，在立法规范下，用人单位必须为雇用职工办理工伤保险，无条件地为其缴纳参保费用。

2. 保障性

工伤保险是世界上历史最悠久、实施范围最广泛的社会保险项目。政府通过法律手段，在发生职业风险与未发生职业风险的群体之间分散风险，切实达到保障劳动者基本生活水平的目的，注重对工伤职工及其供养亲属的基本生活保障，并通过及时的救治和康复，给予一次性的经济补偿和长期津贴待遇。

3. 互济性

工伤保险通过向各用人单位征收工伤保险费，建立工伤保险基金，用于工伤职工的救治、康复和经济补偿。通过统筹基金在较大范围内来分散工伤风险，以缓解用人单位之间、劳动者之间因工伤风险不同而承受的不同压力，发挥互助互济的功能。

4. 补偿性

补偿性是工伤保险不同于其他类型社会保险的显著特点。工伤保险费用不实行多方主体分担的方式，全部由用人单位承担，劳动者个人不需要缴纳参保费。

第二节 工伤保险制度结构和内容

工伤保险是国家（或政府）对劳动者履行的社会责任，是劳动者应该享有的基本权利。工伤保险政策不仅具有保障因工作遭受事故伤害或患职业病的职工获得医疗救治、经济补偿和职业康复的功能，而且还具有提升工伤预防能力、分散企业风险、促进社会和谐稳定的作用。

一、工伤保险覆盖对象

世界上不同国家的工伤保险制度覆盖范围有很大差异。多数国家的工伤保险制度一般只适用于工薪劳动者，不适用于自我雇佣者；部分工业化水平较高国家的工伤保险几乎覆盖所有雇员，如德国参加工伤保险的人员除了有产业界雇员外，还包括农民、教师、政府雇员等；个别发达国家的工伤保险制度实施范围较小，如意大利的工伤保险只覆盖体力劳动者、从事危险工作的非体力雇员和从事农业的独立劳动者。

目前，许多国家进一步扩大了工伤保险制度的覆盖人群范围，如针对红十字救援和其他救援人员、消防灭火人员、协助警察工作人员（包括临时警察）、从事工会活动的人员和就业培训人员，以及在工作中出现意外事故或保卫国家安全而负伤致残人员，均被包括在工伤保险范围之内（郑功成，2005）。[①]

二、工伤保险基金筹集

工伤保险基金是国家为实施工伤保险制度，遵循统筹共济和大数法则的原则，通过社会保险经办机构向用人单位广泛筹集资金，解决劳动者因工伤残或死亡之后本人或遗属的经济补偿问题，即通过法定程序建立起来、有专项用途的资金。

（一）工伤保险基金的来源

工伤保险基金主要由参保单位缴纳的工伤保险费、工伤保险基金的利息和依法纳入工伤保险基金的其他资金构成（如社会保险机构的各种罚款和投资收益），也有个别国家的工伤保险基金来源于税收。需要强调的是，与其他社会保险项目不同，工伤保险基金的来源中没有职工个人缴费。

在实行工伤社会保险的国家中，其工伤保险基金多来源于雇主缴纳的保险费，劳动者个人不缴费。欧洲国家中只有爱尔兰和英国的工伤保险基金主要来源于税收。例如，英国自1969年起，在工伤社会保险制度的基础上，又增加了雇主责任制，实行双重保险，对工作雇员提供的补偿性医疗服务分为两种情况：①工伤人员普通的医疗服务一般都是通过医疗保险来提供，其经费主要来源于税收；②其他的医疗费用支出必须来源于工伤保险基金（邓大松，2015）。[②]

（二）工伤保险基金的筹集原则

工伤保险基金是基于大数法则的原理，通过广泛筹措资金，使可能发生在少数人或者少数单位、地区的风险事故，转而由多数人或多数单位、地区共同分担，使资金在不同从业人员、用人单位和地区之间调剂使用。这样，一旦发生工伤事故，社会保险经办机构才会及时、足额地给付工伤保险金、支付医疗费等。一般来说，工伤保险资金的筹集遵循以下原则：

1. 以支定收、收支平衡、略有结余的原则

工伤保险基金是工伤保险制度的物质基础，要想满足伤残职工的医疗康复以及为丧失劳动能力的伤残职工及其供养亲属提供基本生活保障，就必须达到这方面的实际开支需求。所以，工伤保险基金筹集就必须要根据当年决算实际支付工伤保险费用总额来确定下一年度工伤保险基金的总额，并使两者始终保持大体平衡。另外，工伤保险基金的筹集是依据工伤保险待遇给付总额确定的，而由于工

---

① 郑功成. 社会保障学［M］. 北京：中国劳动社会保障出版社，2005：331-332.
② 邓大松. 社会保险（第三版）［M］. 北京：中国劳动社会保障出版社，2015：277-279.

伤保险事故的发生具有很强的突发性、偶然性，一般难以预测，所以在工伤保险基金的使用上应该保证收支平衡并留有一定的结余，以应对突发性、恶性工伤事故发生后对工伤保险基金的支出需要。

2. 个人不缴费原则

工伤保险费是由用人单位按照国家规定缴费率缴纳的，劳动者个人不缴纳任何费用。个人不缴费的原因是劳动者在为用人单位创造财富、为社会做出贡献的同时，付出了自己的健康甚至是生命，受伤者恢复体力的费用不应该由劳动者自己承担，理应由用人单位和社会承担。

3. 按照风险程度征收保险费的原则

工伤保险费应根据各行业的伤亡事故风险和职业危害程度实行差别费率，危险性越大的企业和职业，缴费率越高，并根据企业不同时期的事故情况实行浮动费率，以发挥工伤预防的功效（张茂松，2014）。[①]

（三）工伤保险费率确定

工伤保险费率是指社会保险经办机构在一定时期计算和征收工伤保险费（税）的比率。工伤保险基金实行现收现付制，也就是当期征缴的工伤保险费用于支付当期的各项工伤保险待遇及其他合法支出。

工伤保险费率的确定，应该保证各项工伤保险待遇及各项合法项目的支出，同时又不使基金有过多积累。归纳而言，多数国家的工伤保险费率确定机制主要有统一费率制、差别费率制和浮动费率制三种方式。

1. 统一费率制

统一费率制是指根据统筹共济、共担风险的原则，对所有用人单位采取统一的缴费比例。确定方法是预测法定统筹范围内的工伤保险基金开支需求，与同范围内企业的工资总额相比较，得出一个总的工伤保险费率。这种方式可以在最大可能范围内平均分散工伤风险，不考虑行业与企业工伤实际风险的差别。目前，实行统一费率制的国家主要有以色列、埃及等国家（刘钧，2012）。[②]

2. 差别费率制

差别费率制是指社会保险经办机构在确定工伤保险费率时，根据不同行业、产业、职业危害度的类别和发生工伤事故、职业病的频率，确定不同比例的工伤保险费率。差别费率制度是国际上通行的办法，根据不同行业的工伤保险费使用、工伤发生率等情况，确定不同行业类别的费率，并且在同一行业内设定不同的费率档次。风险程度高的行业，费率相应较高，反之则低。这一制度使每个行业、产业的工伤事故发生的频率同工伤保险费率直接挂钩，使工伤保险的缴费更

---

① 张茂松. 社会保险 ［M］. 郑州：河南大学出版社，2014：196.

② 刘钧. 社会保障理论与实务 ［M］. 北京：中国劳动社会保障出版社，2012：229.

加公平化、合法化。

3. 浮动费率制

浮动费率是指社会保险经办机构在确定行业缴纳的工伤保险费率后，根据每一个用人单位在一定时期内（上一年度）安全生产的实际情况，在评估用人单位事故风险的基础上，适当提高或降低下一年度工伤保险的缴费率。浮动费率也是国际通用的一种方法，行业的差别费率及费率档次确定后，根据每个用人单位上一年工伤保险费的使用、工伤发生率等情况，由统筹地区经办机构确定企业工伤保险费率。用人单位在同行业的工伤保险工作做得越好，其具体适用的费率档次就越低；反之，就有可能调高其适用的费率档次。采用浮动费率的调节方式可以起到促进用人单位预防工伤事故、加强劳动保护、改善工作条件的作用。

三、工伤范围认定

（一）工伤认定标准

工伤的认定既是区别因工与非因工负伤的标准，又是受保人能否享受工伤保险待遇的前提条件。

随着社会经济发展和工伤保险制度的日益完善，工伤保险实施范围由小到大，认定条件也逐渐放宽，保障内容由少到多，补偿标准也不断提高，特别是工伤认定范围也经历了从窄到宽、再到职业病的变化发展过程。一般情况下，在各国的工伤保险立法中，都对工伤范围的认定情况有明确规定。例如，1925 年国际劳工组织《社会保障（最低标准）公约》（第 102 号）对职业伤害的认定范围做出规定：身体受职业病伤害呈疾病状态者；由于永久或暂时失去劳动能力而完全或部分失去工资收入者；由于丧失劳动能力并因此中断收入者；由于供养者因工死亡或失去生活费来源者（潘锦棠，2010）。[①] 此后，对于工伤范围的认定标准和内容不断拓宽，把在工作场所与雇员的居住、就餐等处所之间的直接路线上发生的事故也作为工伤事故处理，即所谓的上下班途中发生的非工作原因直接伤害也列入工伤认定范围。目前，工伤认定范围进一步扩大，如把参与红十字会活动或营救工作、消防、治安、民防等公益活动中的事故伤害也列为工伤。

职业病的认定范围也有所扩展。国际劳工组织编制的第一份"职业病名录"（1925 年发布的第 18 号公约），仅包括铅中毒、汞中毒和炭疽病毒感染共三种职业病。在 1934 年第 42 号公约的附录上，又扩大到 10 种职业病。由于化学工业的迅速发展，出现了许多新的危害，对从业人员的危害也逐步显露，又在1964 年《职业伤害赔偿条约》中，把职业病扩大到 15 种。1980 年的国际劳工大会又修订了职业病名录，扩展到 29 种职业病。

---

① 潘锦棠. 社会保障学 ［M］. 大连：东北财经大学出版社，2010：117.

归纳而言，国际公约规定的工伤认定标准或条件主要包括以下三项：

（1）不论其原因，只要是在工作时间内，在工作场所或附近，或在工作场所外的任何地点因工作而发生的事故。

（2）在工作前后一段合理的时间范围内，从事与工作有关的诸如运输、清理、备料、安全贮存、收拾工具和衣物等预备性和收尾性工作时发生的事故。

（3）在工作过程中或行业、职业中因接触已知的物质或暴露在已知的危险条件下引起的疾病，应视为职业病。

（二）劳动能力鉴定

职工发生工伤，经治疗伤情相对稳定后存在残疾、影响劳动能力的，应当进行劳动能力鉴定。劳动能力鉴定是指利用医学科学方法和手段，依据鉴定标准，对伤病劳动者的伤、病、残程度和丧失劳动能力的综合评定，它能够准确认定职工的伤残、病残程度，它是给予受伤害职工工伤保险待遇的基础和前提条件，也是工伤保险管理工作的重要内容。通常包括劳动功能障碍程度和生活自理障碍程度的等级鉴定。

工伤职工劳动能力不同程度的丧失，可以享受不同的工伤保险待遇。在中国，劳动能力鉴定标准由国务院劳动保障行政部门会同国务院卫生行政部门制定，劳动功能障碍分十个伤残等级，最重的为一级，最轻的为十级；生活自理障碍分三个等级，分别为生活完全不能自理、生活大部分不能自理和生活部分不能自理。职工发生工伤，需要劳动能力鉴定的，应由参保单位、工伤职工或其亲属向所在地区的市级劳动能力鉴定委员会提出申请，并提供工伤认定决定和职工工伤医疗的有关资料。

凡因工、因病需进行劳动能力鉴定的职工，用人单位应在规定时间内组织职工进行劳动能力鉴定，以书面形式向劳动能力鉴定委员会提出申请，并填写《劳动能力鉴定申请表》。企业不提出申请的，职工及其亲属可以申请，劳动鉴定委员会不得拒绝。申请劳动能力鉴定所提交的材料不因申请主体不同而有所区别。

四、工伤保险待遇给付

与其他社会保险项目相比，工伤保险待遇无论在给付项目、给付标准还是给付期限上，均更加优厚。

（一）按给付内容分类

工伤保险待遇按支付内容分类，可分为医疗救治期间的待遇、经济补偿的待遇、生活保障的长期待遇三大类。

1. 医疗救治期间的待遇

医疗救治期间的待遇，应当包括工伤医疗待遇、住院伙食补助待遇和停工留薪待遇三项。工伤医疗待遇是指工伤职工在抢救治疗和康复治疗以及职业病的治疗过程中，个人不提额外要求的，所发生的住院费用和门诊费用不需要个人负担；住院伙食补助待遇是指工伤职工住院治疗工伤期间的伙食费用的补贴；停工留薪期待遇是指工伤职工发生工伤停止工作接受治疗期间，继续享受原工资福利的待遇。

2. 经济补偿的待遇

经济补偿的待遇，是一次性的工伤保险待遇，包括一次性伤残补助金、一次性工伤医疗补助金和伤残就业补助金、一次性工亡补助金等。一次性伤残补助金是在职工发生工伤以后，停工留薪期满经过劳动能力鉴定，伤残达到等级的，按照不同的伤残等级享受一次性的伤残待遇；一次性工伤医疗补助金和伤残就业补助金是当工伤职工未达到退休年龄而劳动合同到期或者本人自愿解除劳动关系，因工伤医疗和就业困难，给予的经济补偿，按照不同伤残等级享受相应的一次性补偿；一次性工亡补助金和丧葬补助金是职工因工死亡后给予其直系亲属的经济补偿和丧葬费。

3. 生活保障的长期待遇

生活保障长期待遇，包括伤残津贴、生活护理费和供养亲属抚恤金三项。伤残津贴是指工伤职工完全丧失劳动能力或大部分丧失劳动能力时，由工伤保险基金或用人单位按月支付的生活保障待遇，是对工伤职工失去工资收入的替代性补偿；生活护理费是指工伤职工在进食、翻身、大小便、穿衣洗漱、自我移动五项不能自理，并经过劳动能力鉴定委员会确认需要护理的，由工伤保险基金支付（未参加工伤保险的工伤职工由用人单位支付）雇用人员护理所需要的费用；供养亲属抚恤金是指生活来源主要依靠因工死亡职工生前所供养的亲属按月享受的基本生活待遇。

（二）按支付项目的主体分类

工伤保险待遇按支付项目的主体分类，可分为用人单位支付项目和工伤保险基金支付项目两大类。

1. 用人单位支付项目

由用人单位支付的待遇项目有五项：停工留薪期内的工资福利和生活护理待遇；工伤治疗住院期间的伙食补助费；到医院就医的交通费；伤残达到五级至六级工伤职工的伤残津贴；一次性工伤医疗补助金和伤残就业补助金。

2. 工伤保险基金支付项目

由工伤保险基金支付的待遇项目主要包括以下九项：

（1）治疗工伤的医疗费用和康复费用。

（2）住院伙食补助费；到统筹地区以外就医的交通食宿费。

（3）安装配置伤残辅助器具所需费用。

（4）生活不能自理的，经劳动能力鉴定委员会确认的生活护理费。

（5）一次性伤残补助金和一级至四级伤残职工按月领取的伤残津贴。

（6）终止或者解除劳动合同时，应当享受的一次性医疗补助金。

（7）因工死亡的，其遗属领取的丧葬补助金、供养亲属抚恤金和因工死亡补助金；劳动能力鉴定费。

（8）五级、六级伤残职工按月领取的伤残津贴。

（9）终止或者解除劳动合同时，应当享受的一次性伤残就业补助金。

第三节　中国工伤保险政策

一、中国工伤保险政策内容

工伤保险是社会保险制度的重要组成部分，其功能作用越来越受到各国重视。目前，中国工伤保险正在朝着"预防、康复、补偿"三位一体的工伤保险制度体系转型。

目前，中国工伤保险政策法律依据主要是 2011 年 1 月 1 日起施行的新修订《中华人民共和国工伤保险条例》①。

（一）覆盖范围

中华人民共和国境内的企业、事业单位、社会团体、民办非企业单位、基金会、律师事务所、会计师事务所等组织和有雇工的个体工商户（以下简称"用人单位"）应当依照《工伤保险条例》规定参加工伤保险，与用人单位形成劳动关系的职工和个体工商户的雇工，依法享受工伤保险待遇的权利。

（二）筹资模式和方式

工伤保险费主要由用人单位缴纳，职工个人不缴纳。工伤保险基金由用人单位缴纳的工伤保险费、工伤保险基金的利息和依法纳入工伤保险基金的其他资金构成。

1. 筹资模式

筹资模式一般采用现收现付式，但留有一定比例的储备金，用于统筹地区重大事故的工伤保险待遇支付，储备金不足支付的，由统筹地区的人民政府垫付。

用人单位缴纳工伤保险费的数额为本单位职工工资总额乘以单位缴费费率之积。用人单位必须按月向社会保险经办机构申报应缴纳的工伤保险费数额，经社

---

① 《中华人民共和国工伤保险条例》，于 2003 年 4 月 16 日国务院第 5 次常务会议讨论通过，2003 年 4 月 27 日中华人民共和国国务院令 375 号公布，并于 2004 年 1 月 1 日起施行。根据 2010 年 12 月 20 日《国务院关于修改〈工伤保险条例〉的决定》修订，于 2011 年 1 月 1 日起施行。

会保险经办机构核定后，在规定的期限内缴纳工伤保险费，用人单位不按规定申报应缴纳的工伤保险费数额的，由社会保险经办机构暂按该单位上月缴费数额的110%确定应缴纳数额；没有上月缴费数额的，由社会保险经办机构暂按该单位的经营状况、职工人数等有关情况确定应缴纳数额；用人单位应当以货币的形式全额缴纳工伤保险费，工伤保险费不得减免；用人单位未按规定缴纳工伤保险费的，由劳动保障行政部门责令限期缴纳；逾期仍不缴纳的，除补缴欠缴数额外，按日加收2‰的滞纳金。滞纳金并入工伤保险基金。

2. 筹资方式

工伤保险费根据以支定收、收支平衡的原则，确定费率。国家根据不同行业的工伤风险程度确定行业的差别费率，并根据工伤保险费使用、工伤发生率等情况在每个行业内确定若干费率档次。统筹地区经办机构根据用人单位工伤保险费使用、工伤发生率等情况，适用所属行业内相应的费率档次确定单位缴费费率。

不同工伤风险类别的行业执行不同的工伤保险行业基准费率。各行业工伤风险类别对应的全国工伤保险行业基准费率为：一类至八类①分别控制在该行业用人单位职工工资总额的0.2%、0.4%、0.7%、0.9%、1.1%、1.3%、1.6%、1.9%。

通过费率浮动的办法确定每个行业内的费率档次。一类行业分为三个档次，即在基准费率的基础上，可向上浮动至120%、150%，二类至八类行业分为五个档次，即在基准费率的基础上，可分别向上浮动至120%、150%或向下浮动至80%、50%。

（三）工伤保险待遇领取条件

工伤保险待遇领取必须符合以下条件：

1. 用人单位为职工参保缴费

符合《工伤保险条例》法定范围内的用人单位，必须按时足额地为与其形成劳动关系的职工（或雇工）缴纳工伤保险费。

2. 发生符合法律规定的工伤情形

用人单位的职工在劳动过程中出现了《工伤保险条例》规定的工伤认定范围或条件等情况。

（1）职工有下列情形之一的，应当认定为工伤。

1）在工作时间和工作场所内，因工作原因受到事故伤害的。

2）工作时间前后在工作场所内，从事与工作有关的预备性或者收尾性工作受到事故伤害的。

3）在工作时间和工作场所内，因履行工作职责受到暴力等意外伤害的。

① 关于行业工伤风险类别划分，是按照《国民经济行业分类》（GB/T 4754-2011）对行业的划分，根据不同行业的工伤风险程度，由低到高，依次将行业工伤风险类别划分为一类至八类。

4）患职业病的。

5）因工外出期间，由于工作原因受到伤害或者发生事故下落不明的。

6）在上下班途中，受到非本人主要责任的交通事故或者城市轨道交通、客运轮渡、火车事故伤害的。

7）法律、行政法规规定应当认定为工伤的其他情形。

（2）职工有下列情形之一的，视同工伤。

1）在工作时间和工作岗位，突发疾病死亡或者在48小时之内经抢救无效死亡的。

2）在抢险救灾等维护国家利益、公共利益活动中受到伤害的。

3）职工原在军队服役，因战、因公负伤致残，已取得革命伤残军人证，到用人单位后旧伤复发的。

（3）不得认定为工伤或者视同工伤的情形。

1）故意犯罪的。

2）醉酒或者吸毒的。

3）自残或者自杀的。

3. 在法定时间内提出工伤认定申请

当职工发生工伤后，必须在法律规定的时间内向工伤保险经办机构提出工伤认定申请。根据《工伤保险条例》第十七条的规定："职工发生事故伤害或者按照职业病防治法规定被诊断、鉴定为职业病，所在单位应当自事故伤害发生之日或者被诊断、鉴定为职业病之日起30日内，向统筹地区社会保险行政部门提出工伤认定申请。遇有特殊情况，经报社会保险行政部门同意，申请时限可以适当延长。用人单位未按前款规定提出工伤认定申请的，工伤职工或者其近亲属、工会组织在事故伤害发生之日或者被诊断、鉴定为职业病之日起1年内，可以直接向用人单位所在地统筹地区社会保险行政部门提出工伤认定申请。"①

（四）工伤保险待遇给付

目前，中国工伤保险待遇计发依据是新修订的《工伤保险条例》，待遇项目主要包括治（医）疗费、住院伙食补助费、外地就医交通费、食宿费、康复治疗费、辅助器具费、停工留薪期工资、生活护理费、一次性伤残补助金、伤残津贴、一次性伤残就业补助金、一次性工伤医疗补助金、丧葬补助金、供养亲属抚恤金和一次性工亡补助金等。享受的待遇项目及相应标准与工伤鉴定后的劳动能力等级相对应。

① 中华人民共和国工伤保险条例［EB/OL］.［2010-12-24］. http：//www.gov.cn/flfg/2010-12/24/content_1772226.htm.

二、中国工伤保险制度改革趋势

经过长期的探索、改革和完善，我国工伤保险事业取得了长足的发展，最显著的成就是建立了适应社会主义市场经济发展需要、世界上最大的、具有中国特色的、新型的工伤保险制度体系。党的二十大以来，推进工伤保险制度实现高质量可持续发展成为重点发展方向。

（一）推进对职业人群的制度广覆盖

扩大覆盖面是增进民生福祉的重要前提，是工伤保险实现高质量可持续发展的重要体现。当前，以互联网为依托的平台经济、数字经济等新业态蓬勃发展，去雇主化、平台化的就业模式逐步壮大，给以稳定劳动关系为基础的工伤保险制度带来了挑战。未来一段时间，工伤保险持续推进将各类用人单位和职工纳入制度保障，重点关注新就业形态从业人员、灵活就业人员等劳动群体的职业伤害保障问题，逐步将新就业形态就业人员纳入多层次的工伤保险制度体系中，创新保障政策，优化保障模式，推进新就业形态就业人员职业伤害保障试点，努力在制度上实现对职业人群的广覆盖，为广大群众提供更可靠更充分的权益保障。

（二）更好发挥工伤保险积极功能

工伤预防、工伤康复体现了工伤保险制度优越性，是工伤保险实现高质量可持续发展的重要方向。未来将进一步侧重加强预防和康复建设，着力构建更加完善的预防、补偿、康复"三位一体"工伤保险制度体系。工伤预防方面，推进落实《工伤预防五年行动计划（2021—2025年）》，树立预防优先的工作理念，研究符合行业特点和实际的预防组织模式，建立齐抓共管的大预防工作格局，从源头上减少工伤事故的发生。工伤康复方面，以推动完善职业康复为突破口，建立先康复后评残和工伤康复早期介入工作机制，积极扩大工伤康复受益面，促进工伤职工尽早回归工作岗位，回归社会。工伤保险制度改革与构建就业友好型发展方式齐头并进，紧紧围绕"覆盖全民、统筹城乡、公平统一、安全规范、可持续多层次社会保障体系"建设要求，积极促进工伤保险"拓面、延伸、优化"，更好发挥工伤保险积极功能。

（三）切实提升工伤保险管理水平

实现工伤保险省级统筹是提升工伤保险管理水平的重要抓手，是工伤保险实现高质量可持续发展的必然要求。未来要不断巩固完善工伤保险省级统筹，并以推进实现基金统收统支模式为目标，进一步强化系统观念，深化细化配套政策，统一规范待遇标准。进一步压实各方责任，建立责任分担机制、评价考核体系和监督管理机制，实现"基金上统，责任下沉"。进一步全面推进工伤保险信息化建设，不断推进工伤保险数字赋能，落实"去手工、一体化、省集中、智能化、优服务"任务要求,形成业务流程一体化、服务内容多样化、监管决策智能化的工伤保险信息管理格局。①

第四节 工伤保险管理实务

一、应当认定为工伤的情形

《工伤保险条例》第十四条规定,职工有下列情形之一的,应认定为工伤:

(1) 在工作时间和工作场所内,因工作原因受到事故伤害的。

(2) 工作时间前后在工作场所内,从事与工作有关的预备性或者收尾性工作受到事故伤害的。

(3) 在工作时间和工作场所内,因履行工作职责受到暴力等意外伤害。

(4) 患职业病的。

(5) 因工外出期间,由于工作原因受到伤害或者发生事故下落不明的。

(6) 在上下班途中,受到非本人主要责任的交通事故或者城市轨道交通、客运轮渡、火车事故伤害的。

(7) 法律、行政法规规定应当认定为工伤的其他情形。②

"工作时间",是指法律规定的或者单位要求职工工作的时间。《中华人民共和国劳动法》和《中华人民共和国劳动合同法》规定,劳动者每日的工作时间不超过 8 小时,平均每周工作时间不超过 44 小时。据此,用人单位规定上下班的具体时间;实行不定时工作制的单位,单位确定的工作时间则为职工的工作时间。"工作场所",是指职工日常工作所在的场所,以及领导临时指派其所从事工作的场所。根据《最高人民法院行政审判庭关于职工外出学习休息期间受到他人伤害应否认定为工伤问题的答复》规定,职工受单位指派外出学习期间,在学习单位安排的休息场所休息时受到他人伤害的,应当认定为工伤。"事故伤害",是指职工在工作过程中发生的人身伤害或急性中毒等事故。

职工为完成工作,在工作时间前后,有时需要做一些与工作有关的预备性或者收尾性工作。这段时间虽然不是职工的工作时间,但是,在这段时间内从事的预备性或者收尾性工作,是与工作有直接关系的,因此,条例规定这种情形也应认定为工伤。所谓"预备性工作",是指在工作前的一段合理时间内,从事与工

---

① 科学谋划推动工伤保险制度体系建设[EB/OL]. [2022-05-16]. https://www.clssn.com/2022/05/16/996601.html.

② 工伤保险条例[EB/OL]. [2010-12-24]. http://www.gov.cn/flfg/2010-12/24/content_1772226.htm.

作有关的准备工作，诸如运输、备料、准备工具等。所谓"收尾性工作"，是指在工作后的一段合理时间内，从事与工作有关的收尾性工作，诸如清理、安全贮存、收拾工具和衣物等。例如，工作结束后，某职工将工作时使用的工具收进仓库，在收拾工具的过程中不慎被工具砸伤，该职工收拾工具的行为属于收尾性工作，该职工在收拾工具过程中受到伤害的，应认定为工伤。

"因履行工作职责受到暴力等意外伤害的"，具体指以下两种情况：①指职工因履行工作职责，使某些人的不合理的或违法的目的没有达到，这些人出于报复而对该职工进行的暴力人身伤害；②指工作时间和工作场所内，职工因履行工作职责受到的意外伤害，诸如地震、厂区失火、车间房屋倒塌以及由于单位其他设施不安全而造成的伤害。

对于"因工外出期间"的理解，根据《最高人民法院关于审理工伤保险行政案件若干问题的规定》，人民法院支持社会保险行政部门认定"因工外出期间"的情形有：①职工受用人单位指派或者因工作需要在工作场所以外从事与工作职责有关的活动期间；②职工受用人单位指派外出学习或开会期间；③职工因工作需要的其他外出活动时间。注意，职工受用人单位指派外出学习、开会期间或者因工外出期间从事与工作无关的个人活动受到伤害的，则不认定为工伤。

对于"上下班途中"的理解，根据《最高人民法院关于审理工伤保险行政案件若干问题的规定》，人民法院支持社会保险行政部门认定"上下班途中"的情形有：①在合理时间内往返于工作地与住所地、经常居住地、单位宿舍的合理路线的上下班途中；②在合理时间内往返于工作地与配偶、父母、子女居住地的合理路线的上下班途中；③从事属于日常工作生活所需要的活动，且在合理时间和合理路线的上下班途中；④在合理时间内其他合理路线的上下班途中。

对于"患职业病"的理解，应严格按照国家主管部门最新颁布的《职业病分类和目录》[①] 来界定。职业病是指劳动者在职业活动中，因接触粉尘、放射性物质和其他有毒、有害因素而引起的疾病。注意，这里的"职业病"必须是《工伤保险条例》覆盖范围内的用人单位的职工在职业活动中导致的疾病。

二、视同工伤和不认定为工伤的情形

《工伤保险条例》第十五条规定，职工有下列情形之一的，视同工伤：

（1）在工作时间和工作岗位，突发疾病死亡或者在 48 小时之内抢救无效死亡的。

（2）在抢险救灾等维护国家利益、公共利益活动中受到伤害的。

---

① 《中华人民共和国职业病防治法》，自 2002 年 5 月 1 日起施行。2013 年 12 月 23 日，国家卫生计生委、人力资源社会保障部、安全监管总局、全国总工会四部门联合印发《职业病分类和目录》，并自印发之日起施行，同时，2002 年 4 月 18 日原卫生部和原劳动保障部联合印发的《职业病目录》予以废止。

（3）职工原在军队服役，因战、因公负伤致残，已取得革命伤残军人证，到用人单位后旧伤复发的。

《工伤保险条例》第十六条规定，职工符合本条例第十四条、第十五条的规定，但是有下列情形之一的，不得认定为工伤或者视同工伤：

（1）故意犯罪的。

（2）醉酒或者吸毒的。

（3）自残或者自杀的。①

对于"突发疾病"的理解，是指上班期间突然发生任何种类的疾病，一般多为心脏病、脑出血、心肌梗死等突发性疾病。职工在工作时间和工作岗位突发疾病当场死亡的，应视为工伤；如果突发疾病后没有当场死亡，但在 48 小时之内经抢救无效死亡的，应视为工伤；如果突发疾病后没有当场死亡，且在 48 小时之内经抢救有效并未死亡的，不视为工伤。

对于"在抢险救灾等维护国家利益、公共利益活动中受到伤害"的理解，需要强调的是，在该种情形下，没有对工作时间、工作地点和工作原因等要素的要求。

三、申请工伤认定的主体和时限

根据《工伤保险条例》第十七条规定，工伤认定的申请主体主要总结为两类：一是工伤职工所在单位；二是工伤职工或者其近亲属，以及工伤职工所在单位的工会组织及符合我国工会法规定的各级工会组织。注意，有权申请工伤认定的亲属限于近亲属，如配偶、父母、成年子女、兄弟姐妹、祖父母、外祖父母等。

因工伤认定的申请主体不同，工伤认定的申请时限也不同。①对于由用人单位提出工伤认定申请而言，申请时限一般为事故伤害发生之日或者确诊为职业病之日起 30 日内；特殊情况的，经社会保险行政部门批准，可以适当延长。用人单位逾期未提出工伤认定申请的，在此期间发生的工伤待遇等有关费用由该用人单位负担。②对于个人提出工伤认定申请而言，工伤认定的申请时限为事故伤害发生之日起或被确诊为职业病之日起的 1 年内。

注意，工伤认定申请时效应当从事故伤害发生之日起算，也应当包括工伤事故导致的伤害结果实际发生之日。工伤事故发生时伤害结果尚未实际发生（有可能在一段时间后实际发生的，如职业病），工伤职工在伤害结果实际发生后一年内提出工伤认定申请的，不属于超过工伤认定申请时效的情形。

---

① 工伤保险条例 [EB/OL]．[2010 - 12 - 24]．http：//www.gov.cn/flfg/2010 - 12/24/content_1772226.htm.

四、停止支付工伤保险待遇的情形

根据《工伤保险条例》第四十二条的规定，工伤职工有下列情形之一的，停止享受工伤保险待遇：①丧失享受待遇条件的；②拒不接受劳动能力鉴定的；③拒绝治疗的。①

如果工伤职工在享受工伤保险待遇期间情况发生变化，不再具备享受工伤保险待遇的条件，如劳动能力得以完全恢复而无须工伤保险制度提供保障时，就应当停发工伤保险待遇。此外，工亡职工的亲属，在某些情形下，也将丧失享受有关工伤保险待遇的条件，例如，享受抚恤金的工亡职工的子女达到一定的年龄或就业后，丧失享受遗属抚恤待遇的条件。

劳动能力鉴定结论是确定不同程度的补偿、合理调换工作岗位和恢复工作的科学依据。如果工伤职工没有正当理由，拒不接受劳动能力鉴定，一方面是工伤保险待遇无法确定，另一方面也表明这些工伤职工并不愿意接受工伤保险制度提供的帮助，鉴于此，就不应再享受工伤保险待遇。

提供医疗救治，帮助工伤职工恢复劳动能力、重返社会，是工伤保险制度的重要目的之一，因而职工遭受工伤事故或患职业病后，有享受工伤保险待遇的权利，也有积极配合医疗救治的义务。如果无正当理由拒绝治疗，就有悖于《工伤保险条例》关于促进职业康复的宗旨。

【思考题】

1. 工伤风险的后果及影响。
2. 工伤保险的无过失补偿原则。
3. 工伤保险认定范围或条件。
4. 工伤保险在公众生活中的作用和意义。
5. 思考如何完善预防、补偿和康复"三位一体"的工伤保险体系。
6. 谈谈你对中国工伤保险制度发展方向和重点任务的理解。

---

① 工伤保险条例 [EB/OL]. [2010 - 12 - 24]. http://www.gov.cn/flfg/2010 - 12/24/content _ 1772226. htm.

第七章　失业保险制度与管理实务

通过本章学习，了解失业的类型、失业保险的概念和特点以及处置失业风险的基本手段。理解失业保险的基本内容、失业保险基金的筹集与管理。重点掌握失业保险的领取条件、申请程序和待遇标准。准确认识失业保险和就业促进在公众日常生活中的重要作用和意义，熟悉中国失业保险法规政策和管理实务。

第一节　失业风险与失业保险

失业是市场经济条件下的必然现象。对于达到法定劳动年龄、进入劳动领域的劳动者，由于市场经济波动、行业竞争、产业转型、就业竞争等多方面原因，失业风险是不可避免的。劳动者一旦失业将给其本人和家庭带来失去经济生活来源的严重后果，也常常会引发家庭关系紧张乃至社会成员生存困难等社会性问题。因此，各国政府非常重视治理失业现象，把促进就业岗位增长、控制失业率列为政府基本的宏观调控指标之一，并普遍建立失业保险，保证失业人员可以从政府获得一定数额的失业保险金，从而解除劳动者及其家庭的后顾之忧，化解失业风险带来的不利影响。

一、市场经济条件下的失业风险

失业，从经济学的角度来说，就是作为生产要素的劳动力与生产资料处于分离状态而不能得到有效结合。市场必然意味着竞争，劳动者必然会面临被淘汰的风险，劳动者失业并非某一社会经济形态的特有现象，而是社会化大生产和市场经济的必然规律，它的出现是不可回避的事实。

（一）失业的概念

失业有广义和狭义之分。广义的失业，是指生产资料和劳动者分离的一种状态。在这种状态下，劳动者的生产潜能和主观能动性无法发挥，不仅浪费社会资源，还对社会经济发展造成负面影响。狭义的失业，是指有劳动能力、处于法定劳动年龄阶段、有就业愿望的劳动者失去或没有得到有报酬的工作岗位的社会现象。本书采用狭义上的失业概念，即理论意义上的失业者需要同时具备以下三个条件：

1. 在法定劳动年龄之内

不同国家对劳动者的劳动就业年龄规定有很大差别，这主要与各国的劳动法和退休年龄设置有关。一般情况下，劳动就业年龄的上限是各国人口的退休年龄，年龄下限是各国劳动法中规定的最低就业年龄。

2. 具有劳动能力

劳动能力包括劳动行为能力和劳动权利能力，现实中意指劳动者能够胜任某些工作。即使是在法定劳动年龄之内的人口，如果没有劳动能力如重度残疾者、失去人身自由、精神病患者等，都不能称为失业者。换言之，没有劳动能力的人不存在失业问题，也不应统计在失业人口范围之内。

3. 有就业意愿

如果劳动者本人不愿意就业或是自愿失业，也不能称为劳动法意义上的失业者，如果另有社会角色诸如学生、服兵役人员或服刑人员，也不属于失业者的范畴。

从个人角度来看，失业是一种现实状态，意味着劳动者失去了参与社会经济生活、获得社会归属感的主要机会，从而使自己的物质需求和精神需求得不到满足，甚至影响到个人和家庭的生活水平；从社会角度来看，失业是一种社会现象，失业不仅会导致社会资源的浪费，还会对经济社会发展造成负面影响，失业水平的提高使整个社会的失业风险增加，威胁着一个社会的安全稳定和经济的健康发展。因此，最大限度地缓解失业状况、降低失业率，便成为各国宏观调控的重要目标之一。

（二）失业的类型

根据失业产生的原因，可以把失业分为以下五类：

1. 摩擦性失业

摩擦性失业是指劳动者想要工作与得到工作之间的时间消耗造成的失业。由于市场关于劳动力供求信息不全或不及时，用人单位找不到本可能找到的人，劳动者找不到本应该找到的用人单位所造成的失业，主要是一种因市场信息不完全或工作变换而引起短期或局部性的失业现象。

2. 结构性失业

结构性失业主要是指由于经济结构（包括产业结构、产品结构、地区结构等）发生了变化，现有劳动力的知识、技能、观念、区域分布等不适应这种变化，与市场需求不匹配而引发的失业。结构性失业的产生必须同时具备两个条件：①因经济变动，使社会对劳动力的需求结构发生了变化（这是必要条件）；

②由于种种条件的限制，使劳动力的供给结构满足不了需求结构的变化（这是充分条件）。满足不了需求结构变化的那部分劳动者便成了失业人员，得不到满足的工作岗位则成了空位，这就构成了结构性失业的重要特征：失业和空位并存。结构性失业的根源在于劳动力的供给结构不能适应劳动力需求结构的变动。

3. 周期性失业

周期性失业是指市场经济国家由于经济的周期性危机而导致的失业，又称为总需求不足的失业，是因整体经济支出和产出水平下降即总需求不足而引起的短期失业，一般出现在经济周期的萧条阶段。这种失业与经济周期性波动是一致的，在经济发展高涨时，就业率升高，但在经济低迷或爆发危机时，企业又纷纷压缩生产，大量裁减雇员，导致短时间内产生巨大的失业人群。周期性失业的根源在于整体经济水平的衰退。

4. 季节性失业

季节性失业是指由于某些部门的间歇性生产特征而造成的失业。例如，有些行业或部门对劳动力的需求随季节的变动而波动，如受气候条件、季节轮换、社会风俗、产品式样、劳务与商品的消费需求等季节性因素的影响，使得某些行业出现劳动力的闲置，从而产生失业，主要出现在农业部门或建筑部门。季节性失业是一种正常性的自然失业，具有地理区域性较强、行业性差别较大、有规律性、失业持续期有限等特点。随着技术进步，季节性失业有减轻的趋势。

5. 技术性失业

技术性失业是指在生产过程中引进先进技术代替人力，以及改善生产方法和管理而造成的失业。在经济增长过程中，技术进步必然使生产中越来越广泛地采用资本、新机器和新材料，或是由于采用新的管理方式，出现机器排挤工人和劳动力过剩的失业现象。失业工人的文化技术水平不能适应现代化技术要求，越来越先进的机器设备替代了工人工作的劳动，这样对劳动力需求的相对减小就会使失业人数增加。技术性失业和结构性失业的共同之处在于，持续性的技术进步会导致产业结构和职业结构发生变化。

（三）失业风险的度量指标

常用衡量失业风险程度的指标有两个：失业率和失业持续期。

1. 失业率

失业率是指一定时期满足全部就业条件的就业人口中仍未有工作的劳动力数字比例。一般用失业人口数占经济活动人数（就业人数和失业人数）的百分比来表示，公式是：失业率＝失业人数÷（就业人数+失业人数）×100%

失业率旨在衡量闲置中的劳动产能，是反映一个国家或地区失业状况的主要指标，失业数据的月份变动可适当反映经济发展，失业率与经济增长率具有反向的对应变动关系。

2. 失业持续期

失业持续期是指失业者处于失业状态的持续时间，一般以周（星期）为时间单位。其计算公式为：平均失业持续期＝∑（失业者×失业周数）÷失业人数

（四）失业风险的应对方式

1. 失业救助

失业救助是指公民因失业导致生活困难时，由国家和社会提供的维持其最低生活水平的物质救助项目，通常与失业保险配套实施。当劳动者失业且在失业保险期满后，仍未找到工作时，失业救助便开始发挥作用。

从实行失业救助的国家来看，失业救助对象既包括没有参加失业保险的失业者，又包括超过领取失业保险金规定的期限但仍未重新就业的失业者。失业救助的特征有以下四点：①救助资格取决于是否贫困，或取决于是否需要；②失业救助的给付水平一般固定在一定范围内，有合理的上限；③救助的时间一般较长，甚至没有时间限制；④对有劳动能力者一般设定领取条件。一般而言，失业救助主要有物资救助、精神关怀救助和技能救助等形式。

2. 以工代赈

以工代赈也称为"以务工代替赈济"，是指国家以实物折款或现金形式投入受赈济地区建设基础设施，让受赈济地区的困难群众参加劳动并获得报酬，从而取代直接救济的一种扶持方式。

实行以工代赈政策可以达到三个目标：①组织赈济对象参加工程建设，使赈济对象得到必要的收入和最基本的生活保障，达到赈济的目的；②在政策实施地区形成一批公共工程和基础设施，促进当地经济社会的发展；③可在一定程度上疏解政策实施地区劳动力过剩问题，有利于社会稳定。

3. 促进就业立法

促进就业尤其是实现充分就业，是一个世界性的难题，而以立法促进长效就业是破解该难题的有效途径。

世界各国在促进就业立法方面，目标和做法基本趋同，主要包括以下 10 种：①开发劳动力资源，使从业人员有平等选择就业的机会；②创造条件，保障公民体面地生活和个人的自由发展；③避免失业和低劣性就业，防止劳动力出现短缺；④保障和改善从业人员的职业合理流动，防止、减轻或消除因技术发展或经济结构变化给从业人员带来的不良影响；⑤促进身体、精神或心理残疾人员的职业安置；⑥为就业特别困难的长期失业者提供倾斜性保护，预防大规模失业；⑦反对各种形式的就业歧视，确保就业机会均等；⑧鼓励雇主维持现有的工作岗

位并创造新的工作岗位；⑨改善地区和行业的就业结构；⑩严厉打击非法职业介绍中介，杜绝非法就业，维护劳动力市场的正常秩序。

4. 失业保险

失业保险是国家通过立法强制实施，由社会集中建立失业保险基金，对非因本人意愿中断就业（即非自愿失业）、失去工资收入的劳动者提供一定时期的物质帮助和再就业服务的一项社会保险制度。

失业保险是社会保障体系的重要组成部分，是社会保险的重要项目之一，又是形成市场就业机制的必要条件。失业保险作为政府主导建立的处置失业风险的社会化机制，是专门针对遭受失业风险，暂时丧失工资收入的失业者设计的，其目的是通过建立失业保险基金的办法，使劳动者在失业期间获得必要的经济帮助，以保证其基本生活，并通过就业培训、职业介绍等手段，为他们重新实现就业创造条件。

二、就业促进与失业保险

对劳动者而言，市场经济条件下的失业风险是不可避免的，但各国政府可以通过就业促进方面的立法或措施，来减少或消除造成失业的风险因素，积极开发和创造就业机会，实现充分就业目标。

（一）就业促进的原则

1. 国家促进就业原则

国家通过促进经济和社会发展，创造就业条件，扩大就业机会，提供良好的就业环境；倡导劳动者树立正确的择业观念；建立全国促进就业工作协调机制；建立和完善劳动就业服务体系。

2. 平等就业和自主择业原则

各级政府创造公平就业的环境，消除就业歧视；用人单位应向劳动者提供平等的就业机会和公平的就业条件，不得实施就业歧视的用人标准；保障残疾人的劳动权利，安置一定比例的残疾人就业；用人单位依法享有自主用人的权利，但也应依法保障劳动者的合法权益，劳动者可以根据自身需求和能力，自主自愿选择用人单位。

3. 照顾特殊和困难群体就业原则

劳动者就业，不因民族、种族、性别、宗教信仰不同而受到歧视；妇女享有与男子平等的就业权利；残疾人、少数民族人员和退役军人在就业过程中应给予特殊照顾。

4. 禁止16周岁以下未成年人就业原则

禁止用人单位招用未满16周岁的未成年人。文艺、体育和特种工艺单位招用未满16周岁的未成年人，必须依照国家有关规定，履行审批手续，并得到其法定监护人的同意，保障未成年人接受义务教育的权利。

（二）就业促进的政策支持

1. 通过产业政策促进就业

统筹协调产业政策与就业政策，国家鼓励发展劳动密集型产业和服务业，扶持中小企业，多渠道、多方式增加就业岗位。国家鼓励、支持、引导非公有制经济发展，扩大就业，增加就业岗位。鼓励各类企业通过兴办产业或者拓展经营，增加就业岗位。

2. 通过财政政策促进就业

国家实行有利于促进就业的财政政策，加大资金投入，改善就业环境，扩大就业。

3. 通过失业保险制度促进就业

国家建立健全失业保险制度，依法确保失业人员的基本生活，并促进其实现就业。

4. 通过优惠政策促进就业

鼓励企业增加就业岗位，扶持失业人员和残疾人就业，对下列企业和人员依法给予税收优惠：吸纳符合国家规定条件的失业人员达到规定要求的企业，失业人员创办的中小企业，安置残疾人员达到规定比例或者集中使用残疾人的企业，从事个体经营的符合国家规定条件的失业人员，从事个体经营的残疾人，国务院规定给予税收优惠的其他企业和人员。

5. 通过金融政策促进就业

增加中小企业的融资渠道，鼓励金融机构改进金融服务，加大对中小企业的信贷支持，并对自主创业人员在一定期限内给予小额信贷等扶持。

（三）特殊就业保障

1. 特殊就业保障

特殊就业保障是根据法律法规和政策特别规定，国家对妇女、残疾人、少数民族人员和退役军人等特殊群体的就业采取的特殊保障措施。

（1）妇女就业保障。由于妇女生理条件、特定的社会角色以及经济和社会等因素的影响，导致妇女在就业过程中存在许多障碍和限制，因此，需要对妇女就业予以一定的支持和保障。妇女就业的核心问题是保障与男子平等的就业权，消除性别歧视。在《中华人民共和国劳动法》《中华人民共和国劳动合同法》《女职工劳动保护条例》等法律上都有专门保障女性就业的规定。如《中华人民共和国劳动法》第十三条规定："妇女享有与男子平等的就业权利。在录用职工时，除国家规定的不适合妇女的工种或者岗位外，不得以性别为由拒绝录用妇女或者提高对妇女的录用标准。"① 这是对妇女就业的原则性和保障性规定。

（2）残疾人就业保障。由于生理或心理上的缺陷，残疾人在就业时往往处于劣势，而国家有义务保障残疾人劳动权利，这就需要为残疾人就业提供保障。为残疾人就业提供保障的主要措施包括政府统筹安排、设立残疾人劳动服务机构、集中或分散安排残疾人就业等。我国相关法律规定，在贯彻实施《中华人民共和国残疾人保障法》的过程中，一些地方性法规规定机关、团体、企业事业单位和城乡集体经济组织安排残疾人就业达不到一定比例的，要缴纳残疾人保障金，专项用于残疾人就业。

（3）退役军人就业保障。退役军人的身份具有特殊性，为了维护社会稳定，需要对其就业提供保障。国家对符合条件的退役军人进行政策性就业安置，使其各得其所。关于中国退役军人的就业保障特别规定，主要是根据《退伍义务兵安置条例》来实施的，按照退役军人的不同情况分类实行多样化的就业安置方式。

（4）少数民族人员就业保障。为了培养少数民族职工队伍，帮助少数民族地区加速发展经济和文化，实现民族平等、团结和进步，国家对少数民族人员的就业作了专门的规定，主要的法律依据是《中华人民共和国民族区域自治法》和《中华人民共和国就业促进法》等，确保了各民族劳动者享有平等的劳动权利。

（四）失业保险

失业保险是保障失业人员基本生活和促进就业的重要基础，是就业服务体系的一个有机组成部分。在倡导实行积极就业政策的背景下，失业保险在为失业人员提供基本生活保障的同时，也在稳定就业岗位和促进就业方面发挥着积极的作用。因此，不能把失业保险简单地理解为对因失业而暂时中断生活来源的劳动者提供物质帮助进而保障失业人员失业期间基本生活的一项保险制度。在现代社会，失业保险还肩负着预防失业和促进就业的新使命和新功能。

当今世界多数国家的失业保险制度逐步健全，失业保险理念也从消极地保障基本生活向积极地促进就业转变，失业保险基金支出也从保障基本生活向提高职业技能扩展、受益人群从失业人员向参保职工扩展。例如，各国失业保险的覆盖范围在不断扩大，将失业保险待遇和预防失业、促进就业措施有机结合起来，特别是在失业保险基金中设立职业技能培训和职业介绍等专项补贴支出，并纳入预算管理，实施积极的劳动力市场政策，加大工作人员技能提升、转岗培训补贴和失业人员再就业培训力度，帮助企业从业人员适应产业变化，稳定就业岗位，激发失业者寻找工作的积极性，充分发挥失业保险在稳定就业岗位、预防失业和促

---

① 《中华人民共和国劳动法》，1994 年 7 月 5 日第八届全国人民代表大会常务委员会第八次会议通过，1994 年 7 月 5 日中华人民共和国主席令第二十八号公布，自 1995 年 1 月 1 日起施行。

进就业等方面的重要作用。

从国际上失业保险发展的趋势来看，许多国家都高度重视发挥失业保险在促进就业方面的重要作用，将失业保险基金用于对参保人员职业技能培训的补助是一种流行的做法，并且成为失业保险的一项重要的功能。正因如此，有的国家将失业保险改称为就业保险，以此更加体现这项保险在积极预防失业和促进就业方面的基本属性和功能定位。例如，加拿大早在 1996 年就已经将失业保险改称为就业保险，并修订了相关的法律，标志着将这项保险制度的重心从被动地为失业者提供基本生活保障向积极地抑制失业和促进就业转变。这种政策导向已经成为国际上失业保险发展的主流（金维刚，2017）。[①]

三、失业保险的概念和特点

（一）失业保险的概念

失业保险是指国家通过立法强制实施的，由社会集中建立基金，对因失业而暂时中断生活来源的劳动者提供物质帮助进而保障失业人员在失业期间的基本生活、促进其再就业的一种社会保险项目。其内涵可以从以下六个方面理解：

（1）失业保险制度是国家通过立法形式强制实施的。

（2）失业保险的受益主体是法定范围的社会劳动者。

（3）失业保险待遇享受条件必须符合法定条件，即劳动者处在劳动就业年龄、具有劳动能力，非自愿性失业，有再就业意愿，在就业期间缴纳一定时间的失业保险费。

（4）失业保险基金储备主要来源于个人及其雇用单位的缴费和政府的财政预算拨款。

（5）失业保险制度的待遇形式一般是提供现金援助和提供就业服务。

（6）失业保险的目的是为失业者提供基本生活保障，帮助失业者重新就业。

（二）失业保险的特点

1. 普遍性

失业保险是为了保障劳动者失业后的基本生活而建立，其保障对象主要是失去工作岗位或解除劳动关系的劳动者。因此，在确定适用范围时，参保单位应不分部门和行业，不分所有制性质，其职工应不分用工形式，不分城市和农村户口，只要被用人单位解除或终止劳动关系（蔡汉波，2010），[②] 职工本人符合失业保险法定条件，都有享受失业保险待遇的权利。由于失业保险是以劳动者丧失劳动机会为实施前提，而不是失去劳动能力，所以失业保险的保障对象只能是具

① 金维刚．充分发挥失业保险促进就业的重要作用［EB/OL］．［2017 - 05 - 22］．http：//www. mohrss. gov. cn/SYrlzyhshbzb/zcfg/SYzhengcejiedu/201705/t20170522_271140. html.

② 蔡汉波．社会保障学［M］．北京：经济科学出版社，2010：174.

有劳动能力的劳动者，丧失劳动能力的人只能享受其他社会保险待遇，而不能成为失业保险的保障对象。

2. 强制性

失业保险是通过国家法律法规强制实施的。在失业保险制度覆盖范围内的用人单位及与其有雇佣关系的劳动者必须参加失业保险并履行缴费义务，不履行缴费义务的单位和个人都应当承担相应的法律责任。

3. 互助性

失业保险基金主要来源于社会筹集，由国家、用人单位和个人三方共同负担，缴费比例和缴费方式相对固定，筹集的失业保险费，不分来源渠道，不分缴费单位的性质，全部并入失业保险基金，在统筹地区内统一调度使用以发挥互济功能。

4. 保障内容的多样性

失业保险不是单纯的现金援助，更重要的是通过职业培训和职业介绍，提高失业人员的劳动技能和市场就业竞争能力，为他们再就业创造条件。也就是说，失业保险既有生活保障功能，又有维持劳动力再生产、促进劳动力素质提高的功能，这也是失业保险区别于其他社会保险项目的一个重要特征。

5. 保障行为的短期性

对于大部分劳动者而言，遭遇的失业风险主要是短期的，所以失业保险一般只提供短期给付，给付金额应以失业者原有的工资水平为基础，能够维持失业者及其家人的基本生活。因此，失业保险属于短期保险待遇，各国政府都规定了保障期限，一旦失业者超过了保障期限却还没有找到工作，就停止享受失业保险待遇。

第二节　失业保险制度结构和内容

为防范可能发生的社会失业风险，失业保险一般由政府负责建立和管理，由特定主体（多数国家是用人单位和个人）缴纳失业保险金。一旦失业事件发生，符合法定条件的失业者就可以从政府有关部门获得失业保险金。法国最早于1905年建立了由个人自愿选择是否参加的非强制型的失业保险制度，随后挪威、丹麦等北欧国家也建立了类似制度。1911年，英国颁布《国民保险法》，开创了世界上强制型失业保险的先例，并最终发展成为世界失业保险的主流。

一、失业保险覆盖对象

失业保险是为遭遇失业风险、暂时丧失工作岗位和工资收入的失业人员而设立，因此其覆盖范围十分明确和严格。失业保险组织者如政府或工会，首先要确定本保险覆盖哪些人群，然后才能对其进行精准管理并对其承担相应责任。从世界失业保险制度发展历史来看，失业保险覆盖范围是一个不断扩大的过程，从最初一般限于正式参加经济活动、有稳定的职业、暂时失去工作岗位的工薪劳动者，逐步扩大到职业不稳定、不正规就业的临时工、季节工人、家庭佣人、农业工人，再扩大到部分行业雇员乃至所有企业雇员，然后扩大到教师和公务员等人群。

不同国家失业保险的覆盖范围根据其失业保险模式类型有所差异，而且随着经济和社会的发展，失业保险范围有扩大趋势。根据国际劳工组织1988年举行的第75届劳工大会通过的第168号《促进就业和失业保护公约》规定，失业保险的范围不仅包括所有挣工资的劳动者，而且还应该覆盖季节工、临时工、家庭佣人、学徒和公务员。除了这些人员外，还有八种寻找职业的人，也要被覆盖在失业社会保险范围之内，具体包括结束了学业并且成长为劳动力的青年；完成了国家规定的服兵役义务的青年；完成了职业培训的青年；无权享受遗属社会保险待遇的丧偶者；刑满释放的犯人；结束职业康复的残疾者；回归祖国的劳动者；结束抚育子女义务的父亲和母亲。另外，《促进就业和失业保护公约》要求有条件的国家应使参加失业保险的人数达到工薪劳动者的85%，其他国家不应低于50%（潘锦棠，2010）。[1]

二、失业保险基金筹集

建立失业保险基金是失业保险制度的重要内容，而不同国家筹集失业保险基金的方式有所不同。一般而言，主要采取四种方式筹集失业保险所需资金：①由政府、雇主和雇员三方负担；②由雇主和雇员双方负担；③由雇主和政府双方负担；④全部由政府负担。全部由政府负担失业保险所需资金的国家，主要采取征收保险税的办法，只有个别国家采用。其他各国主要采取的是征收保险费和建立专项基金等方式。

（一）政府、雇主和雇员三方共同负担

实行此种筹资方式的国家主要有中国、德国、丹麦、英国、加拿大、日本等国，体现了多方筹资、风险共担、责任共负原则。

（二）雇主与雇员双方负担

实施该模式的有法国、芬兰、希腊、加纳、荷兰、以色列等国家。法国失业保险金由雇主和雇员共同缴纳，雇主负担的部分多于雇员，雇主缴纳3.7%，雇员缴纳2.1%；西班牙的失业保险缴费为雇员缴纳工资的1.6%，雇主缴纳工资总额的6.2%（黎建飞，2007）。[2]

① 潘锦棠. 社会保障学［M］. 大连：东北财经大学出版社，2010：93-94.
② 黎建飞. 劳动法和社会保障法［M］. 北京：中国人民大学出版社，2007：347.

（三）雇主和政府双方负担

实施该模式的国家有美国（阿拉巴马、阿拉斯加、新泽西3个州除外）、意大利等国。美国失业保险费分为联邦和州两个层面：目前总基准缴费率为6.2%，其中联邦部分的基准费率为0.8%，由联邦统筹使用；州部分为5.4%，各州统筹使用；但实际上各州基于此基准费率对雇主实行浮动费率，而且缴费基数也由各州根据联邦基准基数和自身情况确定，因而各州缴费基数差异也较大。意大利失业保险费主要由雇主负担工资总额的1.61%（工业企业雇主）或1.91%（商业雇主），产业雇主为特殊失业保险和工资补充基金缴纳工资总额的0.3%（建筑业为0.8%）和工资总额的2.2%（企业雇员不足50人者为1.9%）；政府补贴行政费用，以及对农业工人、青年人失业和工资补充基金进行补贴（穆怀中，2002）。[①]

（四）政府全部负担

以澳大利亚、新西兰等国为代表。如澳大利亚的失业保险是没有基金的，其所需资金是每年由联邦财政部通过经济模型预测，再由社会保障部门综合平衡确定，提请国会讨论通过，形成预算立法后予以执行。

三、失业保险待遇领取条件

失业保险待遇领取的对象是符合一定条件或资格的失业者。归纳而言，各国失业保险待遇领取的条件主要包括以下八项：

（一）非自愿性失业

如果劳动者本人不想工作或主动辞职，就不能享受失业保险待遇。

（二）非本人过错被解雇

如果劳动者并非本人主动辞职，而是被用人单位合理合法解雇，则可以领取失业保险金，但解雇是由于个人品行不端、参与非法罢工或反政府游行等本人过错性原因，就不能领取失业保险金。

（三）参加失业保险并满足最低缴费时限

劳动者没有参加保险或者参加了保险但没有达到最低缴费年限或没有缴够最低保费，也不能领取失业保险金。多数国家对缴费期限都做出明确规定，如德国、日本规定为6个月，瑞典为5个月，阿根廷规定在离职前3年中要有1年的缴费期。

（四）失业后及时去失业保险机构办理失业登记手续

有的国家要求失业者及时办理失业登记手续，并表明有再就业的意愿，还有的国家要求失业者每隔一段时间要重新声明自己仍处于失业状态，才可以继续领

---

① 穆怀中.社会保障国际比较［M］.北京：中国劳动保障出版社，2002：239-240.

取失业保险金。

（五）有劳动能力并在法定劳动年龄内

如果没有劳动能力就不是失业保险所覆盖的范围，而应是社会救助保障的对象。虽然有劳动能力但没有达到法定劳动年龄或超过退休年龄，也不能领取失业保险金。

（六）有就业意愿

一般认为，如果失业者能积极寻找工作或参加失业保险机构组织的职业培训并接受职业介绍合适工作的情形，就被认定为有就业意愿。

（七）有工作经历

法国规定 60 岁以下的劳动者在职业介绍所登记失业、失业前一年连续工作达到 150 天，并愿意接受介绍工作的失业者才有资格领取失业保险金；荷兰规定在失业之前的 39 周内至少工作 26 周，才能领取失业津贴；美国规定 1 年中劳动者只要有 20 周以上就业，就有资格领取失业救济金；德国要求较严格，每周必须有 18 小时以上劳动记录方可享受失业保险待遇（潘锦棠，2010）。①

（八）停止失业保险金支付的情况

各国都不同程度地规定了停止失业保险金支付的情形，如重新就业、参军入伍、被判收监、移居境外、办理退休、失踪死亡、骗取保险等。

四、失业保险待遇给付期限

（一）等待期

失业保险待遇给付的等待期是指劳动者失业之日至领取失业保险金之间的期限。等待期具有两个功能：①基于失业保险基金财务平衡的考虑，避免短期失业导致的小额给付，从而减少给付的次数和人数，减少基金的财务支出，并减少相应的行政运营成本支出；②基于失业保险给付程序的考虑，因为失业保险经办机构在收到失业者申领失业保险金的申请后，需要进行失业认定等资格审查。因此，等待期的设置可为失业保险经办机构提供一定时间对申请人进行审查，从而减少骗保可能。国际劳工组织在《关于促进就业和失业保护的公约》（第 168 号公约）中规定：如果成员国立法规定，在失业的情况下，只有在等待期满后才能开始支付津贴时，这一等待期不得超过 7 天。

等待期制度建立的前提是认为所有的劳动者都能承受短暂的收入中断影响，并且认为新、旧工作间的短暂间隔是正常的，不应视为非补偿不可。等待期的长短取决于各国所实行的就业政策以及失业保险基金积累的规模和财政状况。在失业保险制度较为成熟的国家和地区，等待期有逐步缩短的趋势，有些国家和地区

---

① 潘锦棠．社会保障学［M］．大连：东北财经大学出版社，2010：94~95.

甚至取消了等待期的限制。在 20 世纪 70~90 年代，大多数工业化国家都将失业保险金领取的等待期有不同程度的缩短。例如，芬兰的等待期为 5 天，英国的等待期为 3 天，瑞士的等待期为 2 天，中国失业人员的失业时间和失业保险金领取从登记失业之日①算起。

（二）给付期

失业保险金的给付期限是指失业劳动者可以申领失业保险金的时间。多数国家都设置了失业保险待遇支付的期限，这是为了避免长期支付而导致失业者不愿积极再就业。当然，支付期限也不能太短，否则可能出现失业者没找到合适工作就中断失业保险金支付，进而陷入生活困难境地，有损失业者的正当权益，不利于保护劳动力资源。

失业保险金给付期限长短的确定，需要考虑以下两个因素：①失业保险基金的财务状况和行政成本因素；②生存保障和就业促进的平衡。此外，给付期的长短与就业状况有密切的联系，当社会就业状况恶化、失业率上升时，可以相应延长失业保险金的给付期限。国际劳工组织 1934 年通过的《失业补贴公约》（第 44 号）规定：失业保险待遇的支付期应为每年至少 156 个工作日，在任何情况下也不能少于 78 个工作日（潘锦棠，2010）。②

目前，对于失业保险金的给付期限各国长短不一，主要有两种设计：

1. 均一期限制

不考虑失业者的工资、工龄以及投保期限的长短，对于所有的符合条件的失业人员提供相同期限的失业保险金给付，如英国。

2. 差别期限制

在规定的最高期限内，根据缴纳保费期限、工龄的长短以及工资所得等条件的不同而提供不同的失业保险金给付期限。如日本根据投保期限的长短，给予 17~52 周不同的失业保险金给付。

第三节　中国失业保险政策

失业保险是社会保险项目中的重要组成部分，是指劳动者由于非本人主观原

---

① 中国 1999 年实施的《失业保险条例》中规定："城镇企业事业单位应当及时为失业人员出具终止或者解除劳动关系的证明，告知其按照规定享受失业保险待遇的权利，并将失业人员的名单自终止或者解除劳动关系之日起 7 日内报社会保险经办机构备案。城镇企业事业单位职工失业后，应当持本单位为其出具的终止或者解除劳动关系的证明，及时到指定的社会保险经办机构办理失业登记。失业保险金自办理失业登记之日起计算。"

② 潘锦棠. 社会保障学 [M]. 大连：东北财经大学出版社，2010：96.

因失去工作、中断收入时，由国家和社会依法为其提供经济援助和就业帮助的一种社会保险制度。其核心内容是通过建立失业保险基金，分散失业风险，为失业者提供一定期限的基本物质保障，并通过就业培训、职业介绍等方式积极促进再就业。目前，中国失业保险制度的施行依据《社会保险法》和《失业保险条例》，并不断适应经济社会发展的需要，努力扩大覆盖范围，降低保险费率，提高待遇水平，积极建立"保生活、防失业、促就业"的三位一体失业保险制度。

一、中国失业保险政策内容

（一）覆盖范围

失业保险制度是改革开放的产物，并随着中国经济社会的发展逐步扩大覆盖范围。1986 年国务院制定了《国营企业职工待业保险暂行规定》，明确在失业保险制度建立初期，为适应国营企业机制转换和劳动用工制度改革，主要覆盖对象为国营企业的待业职工。随着国有企业改革不断深化，1993 年国务院对失业保险制度进行了局部调整，出台了《国营企业职工待业保险规定》，适度拓展了覆盖范围，主要对象仍以国有企业辞退的职工为主。1999 年颁布了《失业保险条例》，将覆盖范围扩大到城镇企事业单位及其职工，这是失业保险制度发展的重大进步。自党的十八大以后，为了体现中央和国务院关于民生建设的"兜底线、织密网、建机制"要求，全面建成覆盖全民、城乡统筹、权责清晰、保障适度、可持续的多层次社会保障体系的要求，今后失业保险制度覆盖范围将拓展到所有与用人单位建立劳动关系的职业人群，由城镇企业、事业单位及其职工扩大到所有类型企业、事业单位、社会团体、民办非企业单位、基金会、律师事务所、会计师事务所等组织及其职工。

（二）筹资模式和方式

1. 筹资模式

失业保险制度的筹资模式属于现收现付制，由法定覆盖范围内的用人单位和职工共同缴纳失业保险费。具体缴费比例是：城镇企业事业单位按照本单位工资总额的 2% 缴纳失业保险费；城镇企业事业单位职工按照本人工资的 1% 缴纳失业保险费；城镇企业事业单位招用的农民合同制工人，本人不缴纳失业保险费；职工个人缴纳的失业保险费，由单位从本人工资中代扣代缴。

2. 筹资方式

失业保险费率是指参加失业保险的企业事业单位及其职工缴纳的失业保险费在其支出或收入中所占的比例。定率征收失业保险费是中国失业保险制度建立以来一直采用的做法，也是国际通行做法。1999 年《失业保险条例》中规定的工伤保险总费率是 3%（用人单位 2%，个人 1%），从 2017 年 1 月 1 日起，全国的失业保险费率都已经下调为 1%。①

关于工伤保险缴费基数的规定是：城镇企业事业单位的缴费基数为本单位工资总额，个人缴费基数为本人工资额。单位工资总额按照国家有关工资政策予以认定其构成和计算方式，它是指单位在一定时期内直接支付给本单位全部职工的劳动报酬总额，包括计时工资、计件工资、奖金、津贴和补贴、加班加点工资以及特殊情况下支付的工资。在确定缴费基数时，各地可以根据情况统一规定各单位以哪一个时期的工资总额和工资额为缴费基数。例如，以上一年度单位工资总额为基数，平摊到本年度各个月份，每月按相同数额征收；也可以上月单位工资总额为基数，按实际发生数确定征收数额；对工资总额不易认定的，可由负责征缴的机构参照当地工资水平和该单位生产经营状况核定缴费基数，一般情况下，难以确认工资总额的单位，按照单位所在市上年度职工平均工资乘以职工人数计算工资总额。缴费单位职工月平均工资低于当地上年全部职工月平均工资 60% 的，按当地上年全部职工月平均工资的 60% 和单位职工人数确定缴费基数。

（三）失业保险待遇内容

根据《失业保险条例》和《社会保险法》相关规定，失业保险待遇主要是由失业保险金、医疗补助金、丧葬补助金和抚恤金、职业培训和职业介绍补贴等构成。失业保险待遇中最主要的是失业保险金，失业人员只有在领取失业保险金期间才能享受到其他各项待遇。具体待遇内容有以下四项：

（1）按月领取的失业保险金，即失业保险经办机构按照规定支付给符合条件的失业人员的基本生活费用。

（2）领取失业保险金期间的医疗补助金，即支付给失业人员领取失业保险金期间发生的医疗费用的补助。这是失业人员患病就医时在失业保险经办机构领取的补助，标准是由各省、自治区、直辖市人民政府确定的，一般包括每月随失业保险金一同发放的门诊费和按规定比例报销的医疗费两部分。

（3）失业人员在领取失业保险金期间死亡的丧葬补助金和供养其配偶直系亲属的抚恤金。

（4）为失业人员在领取失业保险金期间开展职业培训、职业介绍的机构或接受职业培训、职业介绍的本人给予补偿，帮助其再就业。具体而言，职业培训和职业介绍补贴是为了鼓励和帮助失业人员尽快实现再就业而从失业保险基金中

---

① 2017 年初，人社部和财政部联合下发了《关于阶段性降低失业保险费率有关问题的通知》，从 2017 年 1 月 1 日起，失业保险总费率为 1.5% 的省（区、市），可以将总费率降至 1%，降低费率的期限执行原计划是至 2018 年 4 月 30 日，后又决定 4 月底到期后继续延续实施。2019 年 4 月 1 日颁布的《国务院办公厅关于印发降低社会保险费率综合方案的通知》中规定：自 2019 年 5 月 1 日起，实施失业保险总费率 1% 的省，延长阶段性降低失业保险费率的期限至 2020 年 4 月 30 日。

支付的费用，一般来说，职业介绍的补贴支付给职业介绍机构，由它们为失业人员免费介绍职业，而职业培训补贴的支付办法则不同，有些是直接发给失业人员，有些则是失业人员培训后报销，还有的是对培训失业人员的培训机构进行补贴。

（四）失业保险待遇给付条件

中国失业人员必须具备严格的条件，才可以享受失业保险待遇。根据《失业保险条例》和《社会保险法》相关规定，失业人员享受失业保险待遇，必须同时具备以下三个条件：①按规定参加失业保险，所在单位和个人已按规定履行缴费义务满1年；②非因本人意愿中断就业的；③已办理失业登记，并有求职意愿和要求的。

另外，还特别说明了属于非本人意愿中断就业的情况。包括以下六个方面：①终止劳动合同的；②被用人单位解除劳动合同的；③被用人单位开除、除名和辞退的；④因用人单位以暴力、威胁或者非法限制人身自由的手段强迫劳动、与用人单位解除劳动合同的；⑤因用人单位未按照劳动合同约定支付劳动报酬或者提供劳动条件，与用人单位解除劳动合同的；⑥法律法规另有规定的。

失业人员在领取失业保险金期间有下列七种情形之一的，停止发放失业保险金，并同时停止享受其他失业保险待遇：①重新就业的。失业人员在领取失业保险金期间①，重新就业并已办理了就业手续的。②应征服兵役的。③移居境外的。④享受基本养老保险待遇的；失业人员在领取失业保险金期间达到法定退休年龄时，由其档案代管机构，为其申请办理退休手续，未委托档案代理的，由失业保险经办机构为其申报，按规定享受基本养老保险待遇。⑤被判刑收监执行或者劳动教养的。⑥无正当理由两次不接受当地人民政府指定的部门或者机构介绍的工作的。⑦有法律、行政法规规定的其他情形。

（五）失业保险待遇给付期限

根据《失业保险条例》和《社会保险法》中关于失业保险待遇支付期限的规定：失业人员失业前用人单位和本人累计缴费满1年不足5年的，领取失业保险金的期限最长为12个月；累计缴费满5年不足10年的，领取失业保险金的期限最长为18个月；累计缴费10年以上的，领取失业保险金的期限最长为24个月。重新就业后，再次就业的，缴费时间重新计算，领取失业保险金的期限与前次失业应当领取而尚未领取的失业保险金的期限合并计算，最长不超过24个月。

需要注意的是，虽然中国失业者领取失业保险金没有等待期，但是有最长给

---

① 领取失业保险金期间是指从办理申领手续当天起至对应月份的前一天。未申领的失业保险金，期限可予以保留，以后要求领取，可再次申领。重新就业且缴纳失业保险费满一年后又再次失业，将其剩余期限合并计算。

付期。《失业保险条例》中关于缴费时间满 1 年不足 5 年的，领取失业保险金的最长期限为 12 个月的规定，不能理解为缴费时间达到上述要求的失业人员都能领取 12 个月的失业保险金。在实务中，各地可能根据失业者缴费时间的长短，都在同一档次内适当拉开失业保险金的领取期限。如 2024 年 8 月 1 日起施行《内蒙古自治区失业保险实施办法》规定："失业人员领取失业保险金的期限，根据失业人员失业前所在单位和本人累计缴费时间确定：累计缴费满 1 年的，领取 2 个月的失业保险金；满 2 年的，领取 4 个月的失业保险金；满 3 年的，领取 8 个月的失业保险金；满 4 年的，领取 12 个月的失业保险金；累计缴费满 5 年不足 10 年的，第五年领取 14 个月的失业保险金，以后每递增一年增加 1 个月的失业保险金；累计缴费 10 年以上的，领取 24 个月的失业保险金。"①

另外，中国也没有申领失业保险金的次数限制。《社会保险法》和《失业保险条例》只规定了有关享受失业保险的条件，而没有规定限制享受失业保险待遇的次数。失业人员失业保险待遇的申请与失业人员就业期间履行缴费义务相对等，履行缴费满 1 年便可享受失业保险待遇。只要符合《社会保险法》等相关法律法规中规定的失业保险金领取条件，就可以领取失业保险金，而不管劳动者申请领取次数的多少。

（六）失业保险待遇给付标准

失业保险金的标准，按照低于当地最低工资标准、高于城市居民最低生活保障标准的水平，由省、自治区、直辖市人民政府确定。失业人员在领取失业保险金期间患病就医的，可以按照规定向失业保险经办机构申请领取医疗补助金。失业人员在领取失业保险金期间死亡的，参照当地对在职职工的规定，对其家属一次性发给丧葬补助金和抚恤金。

失业保险待遇给付的具体标准由各统筹区域自行确定。如《内蒙古自治区失业保险实施办法》规定："第 1～12 个月按照内蒙古自治区最低工资一类地区全日制用工月最低工资标准的 95% 执行；从第 13 个月开始按照内蒙古自治区最低工资一类地区全日制用工月最低工资标准的 85% 执行；失业人员累计缴费满 10 年且男性年满 50 周岁、女性年满 45 周岁或者夫妻双方同时领取失业保险金的，第 1～12 个月按照内蒙古自治区最低工资一类地区全日制用工月最低工资标准的 98% 执行；从第 13 个月开始按照内蒙古自治区最低工资一类地区全日制用工月最低工资标准的 88% 执行。"②

---

① 内蒙古自治区失业保险实施办法［EB/OL］．［2024-06-28］．https://www.nmg.gov.cn/zwgk/zf-gb/2024n/202314/202408/t20240805_2551239.html，．

② 《内蒙古自治区失业保险实施办法》，2000 年 1 月 6 日内蒙古自治区人民政府令第 102 号发布施行，2024 年 6 月 28 日内蒙古自治区人民政府令第 268 号修订，自 2024 年 8 月 1 日起施行。

二、中国失业保险制度改革趋势

（一）失业保险稳岗惠民政策持续实施

2025 年 4 月 14 日，人社部、财政部、税务总局三部门联合印发《关于延续实施失业保险稳岗惠民政策措施的通知》，明确延续实施"支持企业稳定岗位和助力提升职业技能"两项稳岗惠民政策举措，进一步兜牢失业保障底线。主要体现在以下三个方面：①明确助力企业稳定岗位。对不裁员少裁员的参保企业继续实施稳岗返还政策至 2025 年底，中小微企业按不超过企业及其职工上年度实际缴纳失业保险费的 60% 返还、大型企业返还比例不超过 30%；社会团体、基金会、社会服务机构、律师事务所、会计师事务所、以单位形式参保的个体工商户参照实施。稳岗返还资金可用于职工生活补助、缴纳社会保险费、转岗培训、技能提升培训等稳定就业岗位以及降低生产经营成本支出。②助力劳动者提升技能。继续放宽技能提升补贴政策参保年限并拓宽受益范围至 2025 年底，对参保缴费满 1 年、取得相应职业资格证书或职业技能等级证书的参保职工或领取失业保险金人员发放技能提升补贴。③持续做好失业保险金、代缴基本医疗保险（含生育保险）费、价格临时补贴等保生活待遇发放和大龄失业人员生活保障工作。[1]

（二）进一步提升失业保险经办服务质效

2014 年 12 月 30 日印发《关于进一步提升失业保险经办服务质效的通知》提出，失业保险经办机构应持续推进失业保险金申请"提速办"，提高审核效率；各地要积极推进失业保险金申请与失业登记集成办理，优化工作流程；加强大龄失业人员保障，做好过渡人员政策衔接，强化失业人员基本生活保障；各地要持续做好基金风险防控工作，严肃查处骗取套取、虚报冒领、重复领取失业保险待遇等违法违规行为，深入做好失业保险基金风险防范工作；各地要大力开展失业保险待遇"畅通领、安全办"行动，进一步畅通失业保险待遇申领渠道，妥善处理争议，推动待遇申领"零跑腿"、稳岗返还和扩岗补助等资金"直达快享"，切实提高参保职工和失业人员获得感和满意度。[2]

（三）强化失业保险"保生活、防失业、促就业"的核心功能

扩大失业保险参保范围。所有类型用人单位均要按规定参加失业保险，全面

---

① 人力资源社会保障部　财政部　税务总局关于延续实施失业保险稳岗惠民政策措施的通知 [EB/OL]．[2025－04－14]．https：//www.mohrss.gov.cn/xxgk2020/fdzdgknr/zcfg/gfxwj/shbx/202504/t20250422_540864.html.

② 人力资源社会保障部办公厅　财政部办公厅　国家税务总局办公厅　国家医保局办公室关于进一步提升失业保险经办服务质效的通知[EB/OL]．[2024－12－30]．https：//www.mohrss.gov.cn/xxgk2020/fdzdgknr/zcfg/gfxwj/shbx/202501/t20250106_534021.html.

消除用人单位和职工个人参加失业保险城乡差别，不再区分城镇或城乡企业，农民合同制工人与城镇职工"同参保、同待遇"，对建立无雇工的个体经济组织、灵活就业人员、新就业形态劳动者参加失业保险制度提出前瞻性要求和适应性措施。加快推进失业保险经办管理服务数字化转型，提升失业保险经办管理服务水平，稳步提高失业保险待遇水平，规范用人单位的用工行为，保障失业人员基本生活，切实发挥失业保险保生活、促就业作用。

第四节　失业保险管理实务

一、失业人员领取失业保险金的条件

失业保险制度是我国社会保险的一项基本制度，是国家通过立法强制执行，建立失业保险基金，对非因本人愿望中断就业失去工作的劳动者在一定时期提供基本生活保障及再就业服务，具有保障基本生活、促进就业和预防失业等功能。

根据《中华人民共和国社会保险法》和《失业保险条例》的规定，职工应当参加失业保险，由用人单位和职工按照国家规定共同缴纳失业保险费。失业保险的参保对象为：本行政区域内的国有企业（中央属企业）、城镇集体企业、外商投资企业、城镇私营企业和其他城镇企业及其职工、事业单位及其职工、社会团体及其专职人员、民办非企业单位及其职工、国家机关的劳动合同制职工、有雇工的城镇个体工商户及其雇工，均应依法参加失业保险。

根据《失业保险条例》[①]第十四条的规定，具备下列条件的失业人员，可以按规定领取失业保险金：

（1）按照规定参加失业保险，所在单位和本人已按照规定履行缴费义务满1年的。

（2）非本人意愿中断就业的。

（3）已办理失业登记，并有求职要求的。

注意：上述三个条件必须同时具备的失业人员，才可以领取失业保险金。

二、失业保险金的申领程序

符合条件的失业人员向社会保险经办机构申请领取失业保险金，需要依法履行严格的程序，主要有：

---

① 《失业保险条例》，1998年12月26日国务院第11次常务会议通过，1999年1月22日国务院令第258号发布，自发布之日起施行。2017年11月10日，人力资源社会保障部就《失业保险条例（修订草案征求意见稿）》，向社会公开征求意见。

（1）用人单位及时为失业人员出具终止或解除劳动关系证明，告知享受失业保险待遇的权利，并将相关资料自终止或者解除劳动关系之日起 15 日内，报所在地失业保险经办机构备案。

用人单位应为失业人员出具终止或者解除劳动关系的证明，证明应当注明失业人员的姓名、年龄等基本情况及解除或者终止劳动关系的时间、原因等内容，并告知失业人员失业后按照有关规定可以享受失业保险待遇以及应向哪个机构提出申请等。用人单位应自终止或者解除劳动关系后 15 日内，将解除劳动关系的人员名单告知所在地社会保险事业经办机构。

（2）失业人员在单位出具终止或者解除劳动合同关系证明之日起 60 日内，到失业保险关系所在地经办机构办理失业登记和失业保险金申领手续。

职工在解除合同或终止合同后，愿意申领失业保险待遇的，应当持本人身份证明、单位出具的终止或者解除劳动关系的证明等材料，60 日之内到当地人力资源和社会保障部门失业保险机构办理失业登记，申请领取失业保险待遇。

（3）失业保险经办机构在接到失业人员申请之日起 15 日内，审核其待遇条件。对符合领取条件的，自确认后的次月起发放失业保险金。

失业保险机构对领取失业保险待遇的申请进行审核。内容包括申请人提供的证明材料是否真实可靠、申请人参加失业保险和缴纳失业保险费的情况、是否进行过失业登记等。经审核符合申领条件的，应当为失业人员办理相关手续；对不符合领取条件的申请人，应当书面告知其理由，并告知其有异议时可在规定时间内向相应部门提出行政复议申请。

（4）失业人员领取失业保险金，应由本人按月到银行领取，同时要向经办机构如实说明求职和接受职业指导和职业培训情况。

经社会保险经办机构办理领取失业保险金手续后，失业人员可以按月到指定银行领取失业保险金。对有正当理由（如未被告知失业保险有关权利、因疾病或自然灾害等原因）无法在规定期限内办理登记手续的，失业人员可以向指定的失业保险经办机构说明情况，并提供有关证明，经指定的失业保险机构认可后，应当为失业人员办理登记手续。

三、失业人员停止领取失业保险金的情形

根据《社会保险法》和《失业保险条例》的规定，失业人员在领取失业保险金期间有下列情形之一的，停止领取失业保险金，并同时停止享受其他失业保险待遇：

（1）重新就业的。

（2）应征服兵役的。

（3）移居境外的。

（4）享受基本养老保险待遇的。

（5）被判刑收监执行或者被劳动教养的。

（6）无正当理由，拒不接受当地人民政府指定部门或者机构介绍的适当工作或者提供的培训的。

（7）有法律、行政法规规定的其他情形的。

四、失业保险实务中需要注意的政策问题

（一）对不符合领取失业保险金条件人员，原有缴费时间如何处理

城镇企事业单位职工失业，因参保缴费时间不足 1 年，自愿辞职，没有求职要求或不进行失业登记以及自谋职业领取一次性安置费等原因不符合领取失业保险金条件的，该企业人员原有缴费时间应当予以保留。待其重新就业并再次参保后，将其前后缴费时间合并计算。

（二）已办理了申领失业保险金手续或未领完失业保险金，又重新就业怎么办

已办理了申领失业保险金手续或未领完失业保险金，又重新就业人员，可以将未领取完的失业保险待遇期限结转。失业人员就业后再次失业的，缴费时间按重新就业后的缴费时间计算。领取失业保险金的期限与前次失业应领取而尚未领取的失业保险金的期限合并计算，但最长不超过 24 个月。

（三）失业人员再次就业后享受失业保险金期限如何计算

失业人员在领取失业保险金期间重新就业后，再次失业的，缴费时间重新计算，领取失业保险金的期限与前次失业应领取而尚未领取的失业保险金的期限合并计算，最长不超过 24 个月。对其中"最长不得超过 24 个月"的理解应注意，失业人员再次失业后领取失业保险金的年限应该根据两次失业时间的缴费年限单独计算，但却不能独立享受。失业人员重新就业又失业的应将前次失业领取失业保险金期限的剩余期限与再失业后应该享受的期限合并计算。

（四）失业人员在领取失业保险金期间死亡的失业保险待遇应如何处理

失业人员在领取失业保险金期间死亡的，按照当地对在职职工死亡的规定，向其遗属发给一次性丧葬补助金和抚恤金。所需资金从失业保险基金中支付。正在领取失业保险金的失业人员死亡同时符合领取基本养老保险丧葬补助金、工伤保险丧葬补助金和失业保险丧葬补助金条件的，其遗属只能选择领取其中的一项。

（五）失业保险金领取期限的开始时间

失业保险金自办理失业登记之日起计算。

【思考题】

1. 失业保险在公众生活中的功能和意义。
2. 处置失业风险的方法。
3. 我国失业保险金的领取条件。
4. 我国失业保险待遇的给付内容。
5. 我国失业保险待遇的给付期限。
6. 谈谈失业保险的功能及未来发展方向。

第八章　生育保险制度与管理实务

📚 **学习目标**

通过本章学习，了解女性生育风险及其补偿方式，掌握生育保险的概念、特征和原则。理解生育保险的基本内容、中国生育保险的改革和发展趋势。重点掌握生育保险的待遇构成和领取条件，能将生育保险相关理论与政策运用到现实的生育风险应对中，以保障女性及其家庭的生育保险权益。

第一节　生育风险与生育保险

女性生育是人类繁衍的需要，也是社会发展的需要。女性作为人类自身生产的主要承担者，为人类的延续、存在和发展付出了巨大的劳动和贡献，同时也面临着孕育、生产、哺乳、流产时的各种风险，诸如身体健康风险、死亡风险和失去收入风险等，理应得到经济补偿、社会关爱和权益保护。生育保险制度的建立和实施，是世界各国在保障女性权益方面的普遍做法，也是对女性生育价值的认可，更是国家人口政策和社会保障体系的重要组成部分。

一、女性生育风险及其应对

（一）女性生育的风险

1. 威胁身体健康

女性生育的家庭和社会意义重大，但女性也承担着巨大而难测的生育风险。其中，最严重的风险就是威胁身体健康乃至生命，特别是在生产力水平和医疗技术水平低下的时期。即使在目前的经济社会发展条件下，女性的生育风险依然存在。例如，目前女性妊娠并发症的概率越来越高，孕产期风险随着年龄的增加而增大，妊娠期并发症的发生风险日趋加重，这既给孕妇心理上造成了压力，又给孕妇生理上带来健康问题；大龄女性生育风险的发生率偏高，多伴有常见的并发症，在短时间内高龄孕妇将受到病痛折磨，严重时需要人工流产以保全其生命健康（邱佳琳等，2017）。①

2. 减少劳动收入

女性结婚后生育孩子，需要耗费较多的精力和体力，这对女性的工作事业影响是巨大的，劳动收入减少是最直接的影响。因生养孩子，女性必须休息，无论是什么工作单位，即使能够按照法律标准支付生育津贴，女性劳动收入也会大大降低，甚至可能会失去工作，丧失经济来源。随着劳动力市场竞争的日益激烈，原本就处于劣势的女性在收入和就业上更加缺乏竞争力，一旦面临生育，除了收入减少外，其社会地位也会下降。

3. 增加就业压力

在劳动力市场中，职业女性因怀孕、生育、哺乳给用人单位带来人员紧缺、工作开展不畅、因寻找替代劳动力而增加经营成本等实际问题，无可避免地催生了企业追求利益最大化与女性生育成本非社会化的矛盾。换言之，女性要求保障自己的劳动就业权，实现自身的个人价值和社会价值，同时她们也肩负着繁衍后代的重要使命，但当女性的生育权与劳动就业权发生冲突时，用人单位却无法心甘情愿地为女性生育成本买单，进而增加了对女性的就业歧视程度，提高了女性就业的门槛。尽管有一些专门维护女性平等就业权的法律法规，也给女性就业和工作提供了专项的法律保护，但这些法律保护措施的存在使用人单位录用女性劳动力的成本提升，反过来也提高了女性劳动就业的门槛，使女性合法的劳动就业权益受到影响（徐良，2018）。②

（二）女性生育风险的社会化应对方式

女性生育中面临的种种风险，是客观存在、普遍付出的"代价"。特别是对女性身体健康和就业收入的负面影响，理应得到用人单位和社会的补偿。一般情况下，社会化的应对或补偿方式主要是生育保险，包括产假、生育津贴和生育医疗待遇等。

1. 产假

产假是指国家法律法规规定，给予女职工在生育过程中（分娩前和分娩后的一定时间内）休息的期限。产假的主要作用是使女职工在生育时期得到适当的休息，使其逐步恢复体力，并使婴儿得到母亲的精心照顾和哺育。多数国家的劳动法规中都规定了职业女性在休产假期间，用人单位不得降低其工资、辞退或者以其他形式解除劳动合同，职业女性没有参加生育保险的，由用人单位承担其相关的医疗费用等。

---

① 邱佳琳，魏洁玲，梁淑玲. 广州市海珠区待孕夫妇生育风险因素的分析 [J]. 中国妇幼保健，2017（15）：3608-3612.

② 徐良. 生育制度变革下女性就业平等权的落实 [J]. 山东工会论坛，2018（4）：26-30.

2. 生育津贴

生育津贴是指国家法律法规规定，对职业女性因生育而离开工作岗位期间给予的生活保障费用，有些国家也称之为"生育现金补助"，主要用于保障女职工产假期间的基本生活需要，帮助家庭减轻压力，保障新生命的顺利成长。

3. 生育医疗待遇

生育医疗待遇主要包括生育医疗服务和生育医疗费用，专用于保障女性怀孕、分娩期间以及实施节育手术时的基本医疗保健需要，主要是向女性提供的妊娠、分娩和产后的医疗照顾及必需的住院治疗，是生育保险待遇的主要内容之一。例如，中国的生育医疗待遇大体包括：女职工门诊产前检查、分娩、生育并发症、计划生育手术等发生的医疗费用和一次性营养补助费和生育津贴；参保男职工配偶为无业人员的，生育保险待遇包括门诊产前检查、分娩、流（引）产手术发生的医疗费用；参保女职工失业后，在领取失业救济金期间的门诊产前检查、分娩、计划生育手术医疗费用及一次性营养补助费；参保女职工退休后的生育保险待遇包括取出宫内节育器、流（引）产手术发生的医疗费用。

二、生育保险的特殊功能

生育保险作为应对女性生育风险的一种社会化补偿方式，目的就是要促使社会分担家庭的部分生育成本，保障新生儿和产妇的健康和安全，保障女性在基本生活、平等就业等方面的权利。与其他社会保险的险种相比，生育保险具有鲜明的特殊性。

（一）生育保险的特殊性

1. 保障对象特殊

享受生育保险的对象主要是已婚育龄女性劳动者。换言之，只有在育龄期间、符合国家相关生育政策规定且有生育行为的已婚女性，才有权享受生育保险待遇，保障对象群体相对较窄。一般而言，生育保险为参加生育保险的职工及其家属因生育行为产生的直接经济损失提供补偿，但随着社会进步和经济发展，有些国家或地区允许在女职工生育后，给予其配偶（男性）一定假期以照顾妻子，并发放假期工资。

2. 待遇享受条件特殊

世界各国生育保险待遇的享受条件不一致。有些国家对享受者有参保记录、工作年限和本国公民身份等方面的要求；中国现行的生育保险，要求享受者必须是合法婚姻者，即必须符合法定结婚年龄、按《中华人民共和国民法典》规定办理了合法手续，并符合国家生育政策和生育保险政策等。

3. 待遇偿付标准特殊

已婚育龄女性劳动者的生育行为及其损失是由其生理活动引发的，这与失业、工伤和年老等风险带来的经济收入损失不同。失业和工伤等风险多是由社会因素造成，一般与个人的生理活动无关；年老风险是正常的生理衰老过程带来的经济收入损失，而且是从退休到死亡期间的持续经济收入损失，相较而言，生育风险带来的损失则是短暂性的经济收入中断（施裕壬，2002）。[①] 另外，关于生育保险的待遇偿付，不管已婚育龄女性劳动者妊娠结果如何、胎儿存活与否，只要是怀孕、生育现象产生期内，被保险人经济收入中断或身体健康失常需要医疗的，均可享受产假、医疗津贴和医疗待遇；还包括流产、引产以及胎儿和产妇发生意外等情况，均可以按照生育保险规定得到补偿。

4. 保障水平特殊

生育保险不仅是弥补女职工的经济收入损失，也是对国家所需劳动力扩大再生产的保障。生育保险可直接促使女职工本人的身体恢复和健康程度增强，还能保障劳动力的扩大再生产，充实后备劳动力储备，这种直接保障作用远远超过失业保险和疾病保险对劳动力扩大再生产的间接保障意义。另外，相较养老、医疗、失业等保险，生育保险不需要个人缴费，而且对女性生育期间的经济补偿力度要高于其他保险，如生育保险提供的生育津贴，一般为生育女职工的原工资水平。因此，生育保险待遇有一定的福利色彩。

（二）生育保险的社会功能

1. 生育保险促进女性公平就业

相对于男性劳动者从就业一直工作到退休的情况，女性劳动者通常由于生育行为和其他社会、文化等因素的影响，其就业过程呈现出阶段性的特点。特别是已婚育龄女性会因怀孕、分娩、哺乳而中断一定时间的工作，即使在生育行为结束后，大多数女性也会自觉或不自觉地在喂养孩子和养育子女的人力资本方面比男性投入更多的时间和精力。这种男女天然的生育成本和投资差异，在一定程度上加大了男女两性求职和职业发展中的差距，通常表现为劳动力市场上用人单位对女性劳动者存在的就业偏见和歧视，以及职场上给女职工带来的巨大工作压力。例如，用人单位不仅要支付女职工在生育行为期间的工资，而且还需招聘临时补充的人力来替代女职工生育期间的岗位空缺，这势必导致用人单位的用工成本陡增，从而使女性普遍面临无业可就的风险和婚育期失业的危机之中。为了保证就业的顺利，越来越多的女性劳动者选择晚婚、晚育或不生育，严重影响劳动力的扩大再生产和社会稳定。

生育保险制度的实施，一方面，能保障女职工在生育时的正常医疗保健和生活需要，可促使其身体状态迅速恢复，尽快重返工作岗位，解除其工作和生活的后顾之忧；另一方面，女职工的生育医疗费用和生育津贴全部由以前的企业自付

---

① 施裕壬. 生育保险为何要单独设立险种 [J]. 卫生软科学，2002（1）：17-19.

改为从生育保险基金中支付，极大程度地缓解了企业之间生育费用负担畸轻畸重的矛盾，从而使企业不再因生育费用问题而拒绝招收女性劳动者，也避免了女性劳动者因生育而导致的失业问题，从根本上拓宽了女性的就业渠道。因此，生育保险为男女两性在劳动力市场上的公平竞争奠定了坚实基础，对消除就业中的性别歧视，保障女性平等就业权起到了重要作用。

2. 生育保险均衡社会生育费用负担

生育保险是保障人类繁衍顺利和人口素质提升的一项社会保险制度，打破了女性生育是家庭私事的传统观念，是对女性生育价值和社会贡献的最大认可。[1] 生育保险不仅能实现育龄女性在生育期内的生育医疗费用和生育津贴补偿的直接福利目的，而且还能促进生育成本负担的社会化和补偿机制的社会化（周贤日，2018），[2] 可促使企业在平等条件下参与市场竞争，消除就业中的性别歧视。

生育保险制度的设计初衷，是让男女两性劳动力的使用者（或雇主）负责缴费，分散生育风险，实现生育负担的社会化。完善的生育保险费用社会统筹机制，使职业女性的生育医疗费用由所有用人单位共同承担，一方面，使用人单位不必担心所雇用的女职工因生育而增加本单位的用工成本，也可减轻女职工相对集中的用人单位经济负担，使不同用人单位支付的生育费用相对均衡；另一方面，也使寻求就业和已经就业的女性劳动者不必担心今后因生育而遭到雇主的拒绝，从而使用人单位能更准确地评估男女雇员的劳动能力，使各用人单位能够利用生育保险制度合理安排其他劳动者临时顶替女性生育期内的岗位工作，减少女性生育对用人单位正常运行的影响，有利于保障生产效率。因此，生育保险是激励用人单位雇用女性劳动力和减轻用人单位个体负担的有效措施。

三、生育保险的概念和特点

（一）生育保险的概念

生育保险是国家通过立法，对怀孕和分娩的女性劳动者因暂时中断劳动时，由国家或社会给予其必要的经济补偿和医疗保健的社会保险制度。其宗旨在于通过向生育女职工提供生育津贴、产假和医疗服务等方面的待遇，保障其因生育暂时丧失劳动能力时的基本经济收入和医疗保健，帮助其恢复劳动能力，重返工作岗位，从而体现国家和社会对女性给予的支持和爱护。

女性的生育行为不单是个体或家庭行为，更是一种社会行为，是保证人类自身生产实现的重要途径，是女性对人类做出的巨大贡献。女性劳动者在生育期间，由于暂时丧失了劳动能力，中断了生产工作，一方面需要医疗保健和休息，

---

① 女性就业与生育保险制度研究课题组. 完善生育保险制度、促进女性公平就业［J］. 浙江省情，2003（7）：49-55.

② 周贤日. 论生育保险促进男女就业平等的功能与路径［J］. 中国政法大学学报，2018（5）：136-143.

另一方面需要基本生活保障，以便尽快恢复劳动能力并重返工作岗位。一般而言，生育保险由政府发起，实施对象主要是女性劳动者，部分国家也面向男性劳动者且有专门的法律保障，也有从属于相关法律的法律设置。例如，德国和法国的生育保险被列入医疗保险法律，英国建立了专门的生育给付制度法律，有些国家在女工劳动保护法律法规中突出对女职工生育保险权益的保护。

（二）生育保险的特点

1. 保障对象的特定性

生育保险的保障对象是已婚女性劳动者或在职劳动者，覆盖范围有限。随着社会进步和经济发展，有些国家允许女职工生育后，给予其配偶一定时间的假期用来照顾妻子，并发给假期工资；还有些国家为参加生育保险男职工的配偶提供经济补助。虽然有的国家已经将生育保险的保障范围扩大到非在职女性，但与其他社会保险项目保障所有劳动者的状况相比，生育保险的范围仍较为有限。

2. 事先保障与事后保障相结合

孕期女性、胎儿和新生儿的特殊需求，决定了生育保险需要实行事先和事后相结合的保障待遇，并带有福利色彩。一般而言，诸如养老保险、医疗保险、失业保险等社会保险项目都是在风险损失实际发生后，才能享受待遇给付，均属于事后补偿保障；但生育保险待遇给付中的产假便是从生育之前的一定孕期就开始了，这是对怀孕母亲和胎儿提供的必要保障，生育之后又给予一定的假期、医疗服务和经济补偿。生育保险提供的经济补偿水平，一般为女职工生育前的原工资水平，明显高于其他保险项目。

3. 保障的是特定风险

无论女职工妊娠结果如何，均可以按照生育保险规定得到补偿。换言之，无论胎儿存活与否，产妇均可享受有关待遇，包括流产、引产以及胎儿和产妇发生意外等情况，都能享受生育保险待遇。

生育保险是一个规模相对较小的险种，但其制度结构与其他险种基本相同。因生育过程本身涉及检查、手术、住院等医疗保健服务，生育保险给付也涉及医疗服务和津贴等，所以与医疗保险、疾病保险密切相关。目前，世界上除部分国家把生育保险单列为一类社会保险项目外，也有部分国家把生育保险归在医疗保险或疾病保险之下，其内容构成有一定的特殊性。

第二节　生育保险制度结构和内容

一、生育保险覆盖对象

生育保险的覆盖对象在不同国家的相关规定中有不同的指向，一般都普遍覆

社会保障制度与管理

盖了在职女职工、男职工及其未就业配偶，也有个别国家扩大到非正规就业者，甚至全体国民。在保障对象覆盖到全民的国家中，所有社会公众都可以享受生育补助和医疗待遇，但前提条件是要求达到一定的居住年限。例如，芬兰规定入境移民经过满180天的等待期，就有获得生育现金补助的资格。

在多数国家中，生育保险的保障对象主要针对正规就业者，即在正规部门就业或用人单位为其缴纳生育保险费的男性和女性劳动者，非正规部门或非正规方式就业的女职工也往往被排除在外，如从事个体户、家庭保姆、钟点工、临时工等女性劳动者就没有被法定的生育保险制度所覆盖。从女性利益的角度看，由于非正规部门就业的女性劳动者比例要高于其在正规部门就业的比例，因此非正规部门缺少生育保险，对女性劳动者更加不利。将生育保险的覆盖范围扩大到非正规就业者乃至全体国民，是各国政府努力的方向。

男性职工也是生育保险的覆盖对象。目前，全世界约有40个国家规定了父育假，体现出男性作为生育保险对象所享受男性产假的权利。国际劳工组织在《生育保护公约》中指出，生育保险费无论由雇主缴纳还是由雇主和雇员共同缴纳，都不应分男女，应包括全部职工。

二、生育保险基金筹集

世界上多数国家没有单独设置生育保险险种，在管理上往往都将生育保险与医疗保险合为一体、合并收费，只有少数国家单独设置了生育保险，如中国。因此，这里所说的生育保险基金来源，是指包括生育保险等多险种的合并缴费来源，主要有以下四种：

（1）由受保人、雇主和政府三方共同负担。欧亚大多数国家都采用这种方式，如欧洲的奥地利、比利时、芬兰、法国、德国、希腊、爱尔兰、卢森堡、荷兰和西班牙等国家，亚洲的印度、日本、韩国和泰国等国家。

（2）由受保人和雇主共同负担。如巴基斯坦。

（3）由雇主全部负担。如瑞典、印度尼西亚、新加坡等国家。

（4）由雇主和政府负担。如丹麦、意大利、英国、菲律宾等国家（潘锦棠，2010）。[①]

三、生育保险待遇给付条件

关于生育保险的待遇给付条件（或享受资格），在不同国家有所差别，有些需要同时满足多个条件。归纳而言，领取条件一般包括参保缴费、缴费时间、就业及就业时间、收入水平、居住年限等（邓大松，2009）。[②]

---

① 潘锦棠. 社会保障学［M］. 大连：东北财经大学出版社，2010：137.
② 邓大松. 社会保险［M］. 北京：中国劳动社会保障出版社，2009：115.

（1）要求生育保险待遇享受者，必须事先定期、如数缴纳生育保险费，必须缴足法定时间。例如，部分国家规定女职工至少应在分娩前的6个月缴纳生育保险费，或者在生育前2年中有10个月生育保险缴费的记录。生育保险具有短期特点，因此生育保险的缴费也是短期缴费。

（2）要求工作达到规定时限，即被保险人必须在产前达到投保所规定的最短时间，或者从事工作若干期限，方有获得生育保险待遇的资格。例如，法国规定产后可以得到10个月保障，且在这之前一年的前3个月内受雇满200小时，或者缴纳6个月保险费，才有资格享受生育保险待遇。

（3）对居住年限有一定的要求。例如，卢森堡规定受益人必须在该国居住12个月，夫妻两人必须在该国居住3年，才能享受生育保险待遇。

（4）只要拥有本国国民身份，就可以享受生育保险待遇。例如，澳大利亚、新西兰等国规定只要拥有国家公民身份，均可以享受生育保险待遇。

（5）不要求个人投保，只对本单位女职工提供生育保险。在实行社会保险统筹的国家中，一些国家不要求女职工生育前投保，但仅对本用人单位的女职工提供生育保险。

四、生育保险待遇构成

国际劳工组织制定的《生育保护公约》和《社会保障最低标准公约》规定了生育保险的待遇，涉及内容相对广泛，但在实际操作中，各国的生育保险待遇受政治、经济和人口政策等诸多因素影响，其内容构成和保障标准差别较大。归纳起来，主要有以下六项：

（一）生育津贴

生育津贴是对职业女性因生育而暂时离开工作岗位、中断工资收入时，根据国家规定以现金形式发放的一种保险待遇。生育津贴随着工业化进程的加快和女性就业人数的增加而被广泛实施。1919年，第一届国际劳工大会通过第3号《生育保护公约》，首次对生育津贴作了通用性规范；1952年，国际劳工大会通过了第102号《社会保障（最低标准）公约》，对生育补助金条款作了专门规定，随后又通过了第103号《保护生育建议书》（修订）和第95号《保护生育建议书》，提议生育津贴应等于女性生育之前的全部收入。

中国生育保险的相关法律法规规定，在实行生育保险社会统筹的地区，女职工产假期间生育津贴的支付标准按照本企业上年度职工月平均工资计发，期限不少于产假期限（98天）；在尚未开展生育保险社会统筹的地区，生育津贴由本企业或单位支付，标准为女职工生育之前的基本工资和物价补贴，期限一般为98天；部分地区对晚婚、晚育的职业女性实行适当延长生育津贴支付期限的鼓励政策；还有的地区对参加生育保险的企业中男职工的配偶，给予一次性津贴补助。

各统筹地区生育津贴的支付标准和方式有所不同，具体咨询当地社保局。

（二）生育医疗服务

生育医疗服务是对女性提供的医疗帮助，由医疗机构对怀孕、分娩和产后女性提供的咨询、体检、接生和必需的医疗救治等。各国生育保险提供的医疗服务项目和内容不同，一般是根据本国的经济实力和生育保险基金的承受能力制定。大多数国家提供从怀孕到产后的医疗保健和治疗服务，部分发达国家还为新生儿提供特殊护理服务、生活用品和食品。

中国的生育医疗服务项目主要包括检查费用、接生费用、手术费用、住院费以及与生育直接相关的医疗费用。女职工生育的检查费、接生费、手术费、住院费和药费由生育保险基金支付，超出规定或限额的医疗服务费和药费（含自费药品和营养药品的药费）由职工个人负担。女职工生产出院后，因生育引起疾病的医疗费由生育保险基金支付，其他疾病的医疗费按医疗保险待遇报销等相关规定处理。女职工产假期满后，因病需要休息治疗的，享受有关病假待遇和医疗保险待遇。

（三）产假

产假是为女性怀孕、生育和产后照顾婴儿而设立的休假。按照1952年国际劳工组织通过的《生育保护公约》规定，女职工提供预产期的医生证明，有权得到一定期限的产假。产假应至少有12周，其中有一段是产后一定时间的强制休假。强制休假时间的长短应当以国家法律或规章予以规定，但不应少于6周。凡女职工经过医生证明是因怀孕或分娩而患病，其产前或产后的假期应当延长，延长的限度由主管机关确定。1952年通过的《保护生育建议书》提出，在有必要也有可能的地方，应把产假时间延长到14周。2000年国际劳工大会第88届年会上将最低产假标准从1952年的12周增加到了14周。

一般而言，世界各国对女性生育的产假有固定要求，但期限长短各不相同。产假根据生育期安排，分产前假和产后假，休假天数分开计算，产前假期不能提前或推迟使用，产假也必须在生育期间享受，不能积攒到其他时间享受。在实行鼓励生育政策的部分国家，产假时间随所生子女数的增多而增加（见表8-1）。

表8-1 世界部分国家的产假时间

国家	产假天数
印度	12周（产前不超过6周），小产6周。如因医疗原因，必要时可延长4周
印度尼西亚	3个月（12周）
日本	产前42天（多胞胎98天）和产后56天（14周）
韩国	90天（约13周）

续表

国家	产假天数
马来西亚	至少 60 天（8 周以上）
巴基斯坦	12 周（产前至少 6 周）
菲律宾	非剖宫产 60 天，剖宫产 78 天（8~11 周）
新加坡	8 周
泰国	至多 90 天（少于 13 周）
奥地利	16 周（产前 8 周和产后 8 周，在特殊情况下产后可达到 12~16 周）
比利时	最多 15 周（多胞胎生育 17 周）：产前最少 1 周最多 7 周（多胞胎 9 周），产后最少 8 周
丹麦	母亲雇员最长可休假 52 周（领养子女者可休 46 周带薪假）。父亲可以有 2 周假期
芬兰	263 天（预产期前 50 天至 30 天开始，延续 105 个工作日，此后支付给父母任何一方 158 个工作日。多胞胎给付 218 天）
法国	16~48 周（第 1、2 个子女，产前 6 周，产后 10 周；第 3 个子女后，产前 8 周，产后 18 周；双胞胎产前 12 周，产后 22 周；三胞胎或以上，产前 24 周，产后 22 周）
德国	14 周（产前 6 周，产后 8 周）
希腊	15 周（产前至多 56 天，产后 63 天）
爱尔兰	18 周（产前至少 4 周，最多 10 周）
意大利	20 周（产前 8 周，产后 12 周）
卢森堡	16 周（产前产后各 8 周）。收养子女，给予 8 周父母亲假
荷兰	16 周
葡萄牙	约 17 周（120 天，产后必须 90 天）
西班牙	16 周（多胞胎 18 周）
瑞典	480 天（约 69 周）
英国	26 周（从预产期前第 15 周的任何时间开始到产后的相应时间）

资料来源：根据 Social Security Administration，Social Security Programs Throughout The World：Europe 2004 整理。

（四）生育补助

生育补助，也称为生育补助金，通常是一次性领取。主要有两种领取情况：①用人单位男职工的配偶未参加生育保险且合法生育，可以从生育保险基金中支付一次性生育补助金；②用人单位女职工失业后，在领取失业保险金期间生育的，从生育保险基金中支付一次性生育补助金。另外，部分国家还为生育女性提供一次性分娩营养补助费；为奖励农村计生家庭，发放计划生育补助金等。

（五）生育期间的特殊劳动保护

女职工生育期间的特殊劳动保护，是指女职工孕期内由于生理变化而导致在工作中可能遇到特殊困难，为保证女职工的基本收入和母子生命安全而制定的一项特殊政策，包括收入保护和健康保护两部分。其中，收入保护的主要措施是国家立法保障女职工怀孕期间不降低其基本工资；健康保护的主要措施有以下四项：①不得安排怀孕女职工从事高强度劳动和孕期禁忌的劳动，也不得安排在正常工作日以外延长劳动时间；②对不能胜任原工作岗位的孕期女职工，应当减轻其劳动量或安排其他工作；③对怀孕 7 个月以上的女职工，不应延长劳动时间和安排夜班劳动，并应在工作时间内安排一定的休息时间；④允许怀孕女职工在劳动时间进行产前检查，检查时间计为出勤时间。

（六）生育女职工的职业保障

在生育女职工的职业保障方面，美国规定只享受产假而没有产假津贴，保留工作岗位。中国生育保险等相关法律法规规定，任何单位不得在女职工孕期、产期、哺乳期与其解除劳动关系，对于劳动合同期满而哺乳期未满的女职工，其劳动关系顺延至哺乳期满。

第三节　中国生育保险政策

为了提高国民素质，保护女性及婴幼儿健康，中国不断调整和完善女性生育保险制度，有效保护了女性的合法权益，《中华人民共和国宪法》《中华人民共和国女性权益保障法》《中华人民共和国社会保险法》等均对生育保险做出了明文规定。2019 年 3 月 25 日，国务院办公厅印发《关于全面推进生育保险和职工基本医疗保险合并实施的意见》，提出了遵循保留险种、保障待遇、统一管理、降低成本的总体思路，推进两项保险合并实施，实现参保同步登记、基金合并运行、征缴管理一致、监督管理统一、经办服务一体化。目前，中国各省市都出台了相应的生育保险实施办法，但在产假、生育津贴等待遇标准方面有一定差异。

一、中国生育保险政策内容

（一）生育保险覆盖对象

中华人民共和国境内的国家机关、企业、事业单位、有雇工的个体经济组织以及其他社会组织（以下简称"用人单位"）及其雇工，应当参加生育保险。一般而言，中国生育保险制度的覆盖对象主要还是基于劳动关系下的男性和女性职工。

（二）生育保险的筹资模式

生育保险费是由用人单位缴纳，职工个人不缴纳。生育保险基金由用人单位缴纳的生育保险费、生育保险基金的利息收入和依法纳入生育保险基金的其他资金构成，按照以支定收、收支平衡的原则筹集和使用。用人单位按照本单位职工工资总额的一定比例缴纳生育保险费，缴费比例一般不超过 0.5%，具体缴费比例由各统筹地区根据当地实际情况测算后提出，报省、自治区、直辖市批准后实施。超过工资总额 0.5% 的，应当报人力资源社会保障部备案。生育保险缴费按照社会保险缴费的规定执行。

（三）生育保险待遇的享受资格

中国生育保险待遇内容丰富，但需要用人单位和职工符合相应的条件或资格才能享受待遇，主要包括以下三种：

（1）在实行生育保险社会统筹的地区，规定生育保险待遇享受人员必须符合《中华人民共和国民法典》规定，其职工所在单位参加了生育保险，同时职工生育符合国家计划生育政策。但在中国放开"二胎"政策后，部分地区调整了该条件。

（2）职工所在单位按照规定参加生育保险并为该职工连续足额缴费一定时间。其中，连续足额缴费一定时间的规定是指女职工分娩前用人单位为其连续足额缴纳生育保险费至少在一定时间以上（有的地区规定至少 1 年，有的地区规定 6 个月，尚不统一）。

（3）按照权利与义务相对应的原则，参保单位女职工享受生育保险待遇，所在单位必须按时足额缴纳生育保险基金。在欠费期间发生的生育保险费用不予从生育保险基金中支付，待用人单位足额补缴后方可办理结算。

（四）生育保险待遇的给付标准

职工所在用人单位依法为其缴纳生育保险费的，职工可以按照国家规定享受生育保险待遇，主要包括生育医疗费用和生育津贴。

1. 生育医疗费用

生育医疗费用包括生育的医疗费用、计划生育的医疗费用和法律、法规规定的应当由生育保险基金支付的其他项目费用等。其中，生育的医疗费用指女职工在孕产期内因怀孕、分娩发生的医疗费用，包括诊治妊娠合并症、并发症的医疗费用；计划生育的医疗费用指职工放置或者取出宫内节育器、施行输卵管或者输精管结扎及复通手术、实施人工流产术或者引产术等发生的医疗费用。

参加生育保险的人员在协议医疗服务机构发生的生育医疗费用，符合生育保险药品目录、诊疗项目及医疗服务设施标准的，由生育保险基金支付。需急诊、抢救的，可在非协议医疗服务机构就医。

2. 生育津贴

生育津贴是女职工按照国家规定享受产假或者计划生育手术休假期间获得的工资性补偿，按照职工所在用人单位上年度职工月平均工资的标准计发。生育津贴支付期限按照《女职工劳动保护特别规定》中关于产假的规定执行，即女职工生育享受 98 天产假；难产的，增加产假 15 天；生育多胞胎的，每多生育 1 个婴儿，增加产假 15 天。女职工怀孕未满 4 个月流产的，享受 15 天产假；怀孕满 4 个月流产的，享受 42 天产假。按照国家规定，由公共卫生服务项目①或者基本医疗保险基金等支付的生育医疗费用，生育保险基金不再支付。

二、中国生育保险制度改革趋势

（一）持续巩固生育保险和职工基本医疗保险合并实施管理工作

统一参保登记，参加职工基本医疗保险的在职职工同步参加生育保险。完善参保范围，促进实现应保尽保。统一基金征缴和管理生育保险基金并入职工基本医疗保险基金，统一征缴，统筹层次一致。按照用人单位参加生育保险和职工基本医疗保险的缴费比例之和确定新的单位费率。统一医疗服务管理，两项保险合并实施后实行统一定点医疗服务管理，执行基本医疗保险、工伤保险、生育保险药品目录以及基本医疗保险诊疗项目和医疗服务设施范围。生育医疗费用原则上实行医疗保险经办机构与定点医疗机构直接结算。促进生育医疗服务行为规范，强化监控和审核。统一经办和信息服务，经办管理统一由基本医疗保险经办机构负责，实行信息系统一体化运行。确保职工生育期间生育保险待遇不变，参保人员生育医疗费用、生育津贴等各项生育保险待遇按现行法律法规执行，所需资金从职工基本医疗保险基金中支付。确保制度可持续，各地要增强基金统筹共济能力，增强风险防范意识和制度保障能力，合理引导预期，完善生育保险监测指标，根据生育保险支出需求建立费率动态调整机制。②

（二）不断完善生育保险和生育政策配套支持措施

生育保险是保障女性生育权益、引导生育医疗资源配置的重要政策工具，生育保险政策是生育配套支持措施的重要内容。为切实落实"三孩生育政策及配套支持措施"的决策，各地积极探索生育支持方案，全力支持构建生育友好型社会，不断完善生育保险政策措施。扩大生育保险覆盖面，将参加职工基本医疗保险的灵活就业人员、农民工、新就业形态人员纳入生育保险；提高生育相关医疗费用待遇保障水平，提高产检费用报销比例，加大生育相关医疗服务支持力度；强化生育保险对参保女职工生育医疗费用、生育津贴待遇等保障作用，规范生育

---

① 公共卫生是指政府组织全社会共同努力，改善社会卫生条件，预防控制传染病和其他疾病流行，培养良好卫生习惯和文明生活方式，达到预防疾病、促进人民群众身体健康所提供的医疗服务。公共卫生主要由政府提供，主要包括计划免疫、妇幼保健、应急救治、采供血以及传染病、慢性病、地方病的预防控制等。凡是现阶段基本公共卫生服务能向公众免费提供的项目，不作为基本医疗保险基金支付的范围，也不能作为生育保险基金支付的范围。

② 国务院办公厅关于全面推进生育保险和职工基本医疗保险合并实施的意见[EB/OL].［2019-03-25］. http://www.gov.cn/zhengce/content/2019-03/25/content_5376559.htm.

津贴支付，进一步优化生育津贴发放流程，通过即申即享、社会化发放来不断提高生育保险参保人的获得感。

（三）提高生育医疗待遇

严格落实《关于加快完善生育支持政策体系推动建设生育友好型社会的若干措施》提出的政策举措，加速推进职工生育医疗费用"一站式"结算，并探索跨省直接结算，及时清理申请生育保险限制性条件，优化经办流程，将经办业务前移，落实延长产假津贴天数的生育政策，提升服务便利性。减低生育保险缴费费率，提高强化新生儿权益保障，切实减轻参保职工生育医疗费用负担。

第四节　生育保险管理实务

一、职工生育保险待遇的享受条件

职工享受生育保险待遇，用人单位及职工应当同时具备以下三个条件：

（1）用人单位为职工缴费。"两险"合并实施后，用人单位按照参加生育保险和职工医疗保险的单位缴费之和确定新的单位缴费比例，个人不缴纳生育保险费。以呼和浩特市为例，2020年1月1日"两险"合并实施后，城镇职工基本医疗保险和生育保险参保登记同时办理，统一执行城镇职工基本医疗保险缴费基数，缴费比例合并计算。基本医疗保险费由税务部门统一征缴，生育保险基金并入城镇职工基本医疗保险基金。①

（2）缴费达到一定时间以上。关于缴费多长时间才能享受生育保险待遇的政策规定，不同地区有差异。以呼和浩特市为例，2025年3月14日出台的《呼和浩特市医保局关于调整呼和浩特市职工生育保险医疗待遇的通知》规定，参加我市职工基本医疗保险且连续缴费满6个月以上，才能享受生育保险医疗待遇。

（3）生育或实施计划生育手术需符合国家和本地计划生育政策。

二、职工生育保险待遇构成

各地区关于生育保险待遇内容的政策有所不同，具体咨询当地社保部门。本书以内蒙古呼和浩特市为例进行介绍。

根据《呼和浩特市医疗保障局　财政局　卫生健康委员会　国家税务总局呼和浩特市税务局关于印发〈呼和浩特市生育保险和城镇职工基本医疗保险合并实

---

① 关于呼和浩特市生育保险和城镇职工基本医疗保险合并实施有关事宜的通知[EB/OL]．[2019-12-26]．http://www.huhhot.gov.cn/bmxxgk/szfzcbm/sylbzj_22432/fdzdgknr_25424/qt/ggfwyms/201912/t20191226_945424.html.

施有关事宜的通知〉》和《关于调整女职工生育保险津贴天数的通知》的规定，自 2025 年 4 月 1 日起，呼和浩特市生育保险待遇具体内容包括：

（一）女职工生育津贴

缴纳生育保险费的参保人员中非财政供养人员产假期间发给生育津贴。生育津贴的计发天数按照《女职工劳动保护特别规定》执行。

生育津贴的计发基数为职工所在单位上年度职工月平均工资。生育津贴＝（职工所在单位上年度职工月平均工资÷30 天）×领取生育津贴天数。

（1）妊娠满 7 个月生产或早产的，按 98 天计发生育津贴。

（2）难产的，在 98 天基础上增加 15 天生育津贴；多胞胎生育的，每多生一个婴儿，增加 15 天生育津贴。

（3）妊娠满 4 个月以上流产的，按 42 天计发生育津贴。

（4）符合计划生育政策的参保男职工，其配偶生育期间，由医疗保险基金支付 10 天护理假津贴。护理假津贴以职工所在单位上年度职工月平均工资计发，护理假津贴＝（职工所在单位上年度职工月平均工资÷30 天）×10 天。

（二）女职工生育期间发生的医疗费用

（1）生育住院。参保职工因分娩、流产发生的符合医保政策范围内的住院医疗费用，不设起付线，由基本医疗保险统筹基金按照三级定点医疗机构 95%、二级及以下定点医疗机构 98% 的比例支付，支付费用计入基本医疗保险住院统筹基金年度最高支付限额。

（2）生育门诊。女职工在妊娠期、分娩期、产褥期内发生的符合医保政策范围内的门诊产检费用，不设起付线，由基本医疗保险统筹基金按照三级定点医疗机构 80%、二级及以下定点医疗机构 85% 的比例支付，单独设置年度最高支付限额 5000 元。[①]

三、生育保险基金不予支付的情形

当出现以下情形时，生育保险基金不予支付相关费用：

（1）违反《中华人民共和国民法典》、人口与计划生育政策规定而发生的各项生育费用。

（2）不符合生育保险药品目录、诊疗项目、医疗服务设施范围和支付标准的费用。

（3）应当由基本医疗保险基金支付的费用。

（4）应当由公共卫生或者其他公共服务项目以及按照规定由免费的计划生

---

① 呼和浩特市医疗保障局关于调整呼和浩特市职工生育保险医疗待遇的通知［EB/OL］．［2025−03−14］．http：//www.huhhot.gov.cn/bmxxgk/szfzcbm/sylbzj_22432/fdzdgknr_25424/bmgk/202503/t20250321_1865958.html.

育技术服务项目负担的费用。

（5）属于医疗事故等，应当由第三人负担的费用。

（6）在国外以及港澳台地区发生的生育医疗费用。

（7）新生儿疾病筛查、护理、医疗和保健的费用。

（8）未经批准在非定点医疗机构就医的生育医疗费用（急诊、抢救的除外）。

（9）因犯罪、酗酒、吸毒、自伤、责任事故等造成终止妊娠的一切费用。

（10）国家和省规定的不属于生育保险基金支付的其他费用。

四、生育保险实务中需要注意的政策问题

（一）用人单位参加生育保险后发生中断缴费怎么办？

用人单位未按规定参加生育保险的，未参加生育保险期间职工的生育保险待遇，由用人单位按照规定的生育保险待遇项目和标准支付。

用人单位参加生育保险后又中断缴费的，暂缓拨付有关生育保险待遇，待用人单位补缴应当缴纳的生育保险费、滞纳金后，由生育保险基金依照有关规定支付新发生的费用。

各地具体政策规定有所不同，详情请咨询当地社保经办部门。

（二）领取生育津贴需要提供什么材料？

按照《全国医疗保障经办政务服务事项清单（2023年版）》，绝大多数地区申领办理生育津贴只需要提供两项材料：①身份证（或社会保障卡或医保电子凭证）；②诊断证明（门诊）/出院记录（住院），部分地区需提供所在单位的银行账户信息和个人账户信息，无须提供结婚证、生育服务证等其他非必要材料。如有特殊情况，按照参保地经办机构相关要求提供补充材料。

（三）如果我参加的是居民医保，我的生育医疗费用能报销吗？

生育保险覆盖的是用人单位和职工，未就业人员参加居民医保，不参加生育保险，但生育时相关医疗费用可由居民医保基金（而不是生育保险基金）按规定予以保障。

【思考题】

1. 生育保险与女性就业的关系。

2. 生育保险中的男性权益。

3. 生育保险的基金来源。

4. 生育保险的待遇构成。

5. 生育保险在公众生活中的作用和意义。

6. 谈谈生育保险的功能及未来发展方向。

第九章　社会救助制度与管理实务

通过本章学习，了解社会救助的概念、特征和原则，掌握社会救助的基本模式和具体内容，重点掌握中国"8+1"社会救助制度体系的构成，深入理解社会救助制度改革完善思路，以及各项救助的覆盖对象、领取条件和待遇标准。

第一节　社会救助制度概述

完善的社会救助制度是现代化国家的标配。现代社会救助是国家通过立法确保的公民最基本的权利之一，它是国家和其他社会主体为了维持社会弱势群体的基本生活需求所采取的各种形式的援助（林闽钢，2017）。[①]

一、社会救助的产生与发展

（一）社会救助的产生

社会救助制度的产生、发展和演变过程，与人们面临的贫困风险变化有极大的关系。随着人们对贫困风险认识和理解的深化，以及贫困风险来源的变化和贫困致因的不同，导致社会救助制度形式和救助内容也随之发生了适应性改变。虽然社会救助的起源及发展与贫困问题密切相关，但是直到18世纪工业革命以后，随着对贫困问题研究的深入，现代意义上的社会救助制度才逐步形成并发挥作用。

在前工业社会时期，个人或家庭陷入贫困后，救助的责任主要由个人、家庭或家族来承担，国家只有在重大灾害事故发生后才承担起有限救助（当时称为"救济"）的责任，呈现出不正规、临时性和施舍性的特征。尤其在西方，政府救助长期处于缺位状态，这也给慈善救助事业、宗教救助事业的发展创造了机会和条件，民间慈善组织和宗教团体成为贫困救助的实施主体，采取的形式以实物救助为主，如给贫困者施舍食物、水和衣物等生活必需品。

工业社会的到来虽然使个人面临的自然灾害风险降低，但却增加了巨大的社

---

① 林闽钢. 社会救助通论 [M]. 北京：科学出版社，2017：9-16.

会风险，特别是涌现出大量失去土地的农村贫民和失去工作的城市贫民及其面临的生存问题，流浪乞讨人员的增多，给社会稳定带来严重威胁，这使政府主导建立的社会救助制度应运而生。1601 年，英国伊丽莎白时期颁布了世界上第一部关于社会救助的立法《伊丽莎白济贫法》（即"旧济贫法"），目的是缓解贫困和鼓励贫民自立，当然也备受诟病，因为其在实施中对接受救助的贫困者建立了一套苛刻的惩罚体制。"旧济贫法"颁布的意义是第一次规定了政府对贫困者实施救助的责任，克服了前工业社会时期社会救助施舍的性质，确立了工业时代社会救助的框架。

19 世纪后期，德国率先建立了现代意义上的社会保险制度，同时也逐渐意识到预防贫困风险的发生要比缓解贫困更重要，社会救助也开始成为保障特定人群最低生活水平的一项措施。随着社会保险制度的不断完善，工业国家开始向福利国家转变，贫困问题也不再是社会中的凸显问题。因此，社会救助也逐渐成为仅次于社会保险的一项社会保护制度（潘锦棠，2010）。[①]

第二次世界大战后，贫困问题重新成为新的、更为复杂的社会问题，使人们再次认识到贫困问题的反复性和复杂性，同时也认识到社会救助的重要性。特别是很多国家的社会保险制度多与工作或就业直接关联，但现实是很难达到充分就业，导致部分未能就业的人群，既无经济收入来源，又缺少与就业缴费相关联的社会保险制度保障，最后只能依赖于社会救助，否则陷入生活贫困是可以预料的事。因此，社会救助理所当然地成为了社会最后的安全网，重要性不言而喻。

（二）社会救助的发展

随着经济社会的进步，建立规范的社会救助制度已成为世界各国的一项重要社会政策，并被国际社会所积极推广，发展呈现以下三个趋势：

1. 社会救助理念由国家济贫发展为国民权利

一般认为，国家济贫是现代社会救助制度的直接前驱。正是国家（或政府）的介入，并主动担负起济贫的责任，使济贫行为逐渐成为一种惯例、制度或社会政策。政府主导的社会救助实现了由传统的道义性和施恩性救助转变为义务性和权利性救助，尤其是在救济对象的认定和救助实施过程中，处处体现出以人文关怀为价值归宿，渗透对人的生命、尊严的真切关心、尊重和爱护。一些国家甚至修改受益人收入调查程序，最大限度地避免收入调查工作对受益人带来的心理伤害，充分保障受益人的完整人格尊严。

2. 社会救助方式由实物给付向现金、实物和服务综合给付发展

传统的社会救助方式主要是款物救济，即发放实物或救济金以维持社会弱势

---

①　潘锦棠. 社会保障学［M］. 大连：东北财经大学出版社，2010：150-172.

群体的最低生存需求，缺少帮助其能力提升的相关服务。随着社会的不断进步，世界各国都加强社会救助服务体系建设，从救济向救助转变，项目内容不断丰富多样，拓展到对高龄、失能和半失能老人的护理服务、对失依儿童的关爱和照顾等。例如，日本在社会救助方面主要通过扩大家庭服务、培养家庭护理员、建立保健医疗和社区服务体系，来解决老龄化社会的医疗、康养和护理问题，同时在强调个人自我服务的同时，促进家庭看护服务质量的全面提高。

3. 社会救助对象更明确、项目更完善

客观而言，社会救助就是以贫困者为对象，采取资产调查方式，进行有选择性的帮扶服务。过去社会救助的对象往往被锁定在贫困老年人、孤寡者、残疾者、流浪汉、罪犯等，后来则努力区别哪些是值得帮助的贫困者和哪些是不值得帮助的贫困者。另外，对于受益人的责任规定更明确，包括要求受益人积极寻找工作或参加培训课程等。社会救助的项目由单一贫困生活救助向生活补助、医疗补助、灾害救济等多方面的综合救助发展。

二、社会救助的作用与意义

社会救助作为社会保障体系的最后一道"安全网"，对实现社会公平、维护社会稳定和促进经济社会发展有重要作用，对增强困难群众的获得感、幸福感、安全感有显著意义。

（一）缓解贫困

社会救助通过对困难群体或低收入人口实施及时救助，帮助其解决基本的生活问题，直接保障其基本生活和生存条件。这种缓解贫困的功能，最直接体现在对遭遇灾害、生活困难而难以维持生活的群体实施救助，以帮助他们应对突发的急难事件，也体现在改善困难群体的生存状况上，即社会救助可以让困难群体都能维持在最低生活水准之上，而且随着国家经济实力的增强和人们生活水平的提高，可不断提高社会救助水平，促进困难群体的发展能力，享受与其他群体同等的经济、政治和社会权利，从而从根本上摆脱贫困的威胁。

（二）缩小贫富差距，化解社会矛盾

随着经济社会改革的深入，市场机制配置资源作用的增强和收入分配调节范围的扩大，可能引发各种社会矛盾。社会救助属于二次分配范畴，为社会弱势群体提供直接的现金救助和物质帮助，使其收入得到最直接、明显的改观，将对缩小不同社会成员间的收入差距起到明显作用，有效地化解社会矛盾，维护社会稳定。

（三）有效缓解经济波动对社会造成的冲击

通常情况下，经济的波动会造成社会弱势群体规模的扩大，当该群体的基本生活无法得到保障的时候，该群体就可能成为了社会不稳定因素，威胁社会安全。社会救助致力于为社会弱势群体提供最低水平的生活保障，满足其基本生活需要，从而维护社会的稳定。20 世纪 90 年代，随着中国经济体制改革的不断深化，国有企业和集体企业改制、重组或转型，随之阶段性地出现了大量的下岗、离岗、失业等生活困难群体，当时之所以未对社会稳定造成大的冲击，也未影响经济社会的快速发展，最重要原因就是中国政府适时建立起最低生活保障制度，实施"两个确保、三条保障线"，为城市困难群体提供了及时、必要的生活救助。

（四）增强社会认同，促进社会和谐

在市场经济条件下，任何社会成员都可能因为个人、自然、社会等方面的原因沦为弱势群体，并需要得到国家和社会的帮助。当一部分社会成员基本生存权都得不到保障时，社会和谐也就无从谈起。国家和社会通过社会救助，为弱势群体提供物质帮扶服务，帮助其摆脱生存危机，有利于提高国家和社会通过社会救助，为弱势群体提供帮扶服务，帮助其摆脱生存危机，有利于提高弱势群体对社会的认同感，弱势群体对社会的认同感，在构建和谐社会方面发挥了重要作用（乐章，2008）。[1]

（五）保障基本人权，让社会成员共享社会改革发展成果

通过社会救助，保障困难群体的基本生活，是保障基本人权的重要内容。城乡特殊困难群体由于各方面原因，提高初次分配收入的难度较大。社会救助通过国民收入再分配，可弥补市场分配中不能兼顾公平的缺陷，使城乡困难群众生活得到保障，并且维持在一定水平或标准之上，本质就是让困难群体和全体社会成员共同享受经济社会改革发展成果（米勇生，2009）。[2]

三、社会救助的概念和特点

（一）社会救助的概念

1965 年美国出版的《社会工作百科全书》中写道："社会救助是社会保险制度的补充，当个人或家庭生计断绝急需救助时给予生活上的扶助，是在整个社会保障制度体系中，最富有弹性而不受拘束的一种计划（贾楠，2009）。"[3]

本书认为，现代意义上的社会救助是国家（或政府）通过国民收入的再分配，对因自然灾害或其他经济、社会原因而无法维持最低生活水平的社会弱势群体给予物质和服务保障，从而帮助其摆脱生存危机的一种生活帮扶制度。社会救助通常被视为政府的当然责任或应尽义务，目的是解决社会中的贫困问题，帮助社会弱势群体摆脱生存危机，进而维护社会秩序的稳定，它是社会保障制度中的"最后一道防线"。其概念可以从以下三个方面理解：

---

① 乐章. 社会救助学 [M]. 北京：北京大学出版社，2008：50.
② 米勇生. 社会救助 [M]. 北京：中国社会科学出版社，2009：3.
③ 贾楠. 中国社会救助报告 [M]. 北京：中国时代经济出版社，2009：1.

（1）社会救助是一种政府或社会的行为。政府行为的表现是，政府在相应的立法规范下，通过实施社会救助政策为社会弱势群体提供最低生活保障，政府不仅对这一政策的实施负有直接的财政责任，也负有直接的管理责任。作为一种社会行为的表现是，民间力量或社会团体通过慈善捐赠活动，对需要救助的对象施以扶助（郑功成，2007）。①

（2）社会救助的对象，是容易遭受自然灾害或遭遇生活困境的社会弱势群体。具体是指依靠自身能力难以摆脱生活困境的社会成员，不仅包括处于绝对贫困的家庭和个人，也包括生活水平未达到法定最低标准的家庭和贫困人口，暂时遭受自然灾害和其他不幸事故的家庭和贫困人口，就业市场竞争中的失败者或因残疾、年老等原因丧失劳动能力者等，以及政策歧视或制度不公等原因而在生活及就业中处于显著不利地位的社会成员。

（3）社会救助的目标是避免社会成员陷入生存危机，确保满足社会弱势群体的最低生活需求，维护法律赋予公民的基本生存权利。社会救助不是为了提高社会成员的生活质量，而是对已经陷入生活困境的社会成员给予支持和帮助，以满足其最低或者基本的生活需求，并迅速地帮助其摆脱生活困境。

（二）社会救助的特点

1. 权利与义务的单向性

社会救助体现出权利与义务的单向性，即社会成员只要符合救助条件就有资格或权利申请救助并享受相关待遇。对受益者而言，不需要缴纳任何费用，享受救助待遇是单纯的权利，无须像社会保险那样先尽缴费义务后享受待遇权利，但前提要遵纪守法。

2. 救助对象的限定性

社会救助的对象是由法律严格规定的，只有符合条件且真正陷入生活困境的社会成员才有资格享受救助待遇。社会救助制度是实现和保障人权的一项基本制度，只要个人提出申请，由经办部门进行家庭经济调查程序确认后，给予相应水平的救助保障。

3. 救助目标的低层次性

社会救助的目标是应对灾害和克服贫困，而并非改善或提高公民福利及其生活质量，处于现代社会保障体系的最低或最基本层次。因此，社会救助被视为社会保障的最低纲领。

4. 救助手段的多样性

社会救助的方式既可采用现金救助，又可采用实物救助，既有临时应急救

---

① 郑功成. 社会保障 ［M］. 北京：高等教育出版社，2007：165.

助，又有长期固定救助，既有官方救助，还有民间救助等，救助手段灵活多样，根据受救助者的具体情况而定。

第二节　社会救助制度结构和内容

一、社会救助覆盖对象

在现代社会，凡生活水平低于法定最低生活水平线的个人和家庭，都是接受社会救助的对象。由于各国国情迥异，在救助对象的认定标准和群体偏向上各有不同。总体来说，各国的社会救助都需要确定重点救助对象，进而实施标准有别的分类保障。

（一）按照收入及生活状况划分

1. 无依无靠、没有生活来源的公民

主要包括无劳动能力、无生活来源、无法定赡养人或抚养人、无社会保险津贴的孤寡老人、残疾人和未成年人；因病、因残、因灾导致家庭丧失主要劳动力，长期难以维持日常基本生活的家庭及个人。

2. 突发性灾害造成生活困难的公民

一般来说，这类公民有劳动能力，也有生活收入，正常情况下也能保证一定的生活水平，只是由于遇到意外的灾害，使其遭受沉重的财产损失或人身伤害，导致生活发生临时困难。

3. 生活水平低于法定贫困线的公民

主要包括有一定的收入和生活来源，但收入水平达不到该国法定的贫困线标准，或是生活水平低于或相当于国家法定最低生活标准的公民。

（二）按照弱势群体类型划分

1. 儿童救助对象

包括流浪儿童、失学儿童、困境儿童、重症儿童、孤残儿童等。

2. 老年人救助对象

包括经济困难失能老年人、"三无"老年人、流浪乞讨和遭受遗弃等生活无着的老年人等。

3. 残疾人救助对象

包括因病、因伤、遗传等因素造成生理或心理功能异常，部分或全部丧失正常生活能力和劳动能力，造成生活困难的残疾人。

4. 失业者救助对象

包括年龄较大的失业者和新生劳动力中未实现就业且生活存在困难的人员。

5. 城乡医疗救助对象

城乡医疗救助对象包括城市最低生活保障对象中未参加城市职工医疗保险的人员，或者是已参加医疗保险但负担仍然较重的人员和其他特别困难的对象；在农村主要包括农村低保户、农村低保边缘家庭成员和经县（区）级以上人民政府批准的有特殊困难的农村人员。

6. 流浪乞讨救助对象

包括自身无力解决食宿、无亲友投靠、不享受城市低保或农村五保供养、正在城市流浪乞讨度日的人员。

7. 其他救助对象

包括遭遇各种困难的人员和其他不幸者。

（三）按城乡区域划分

1. 农村救助对象

农村救助对象主要包括三类人：①五保户。主要包括村民中无法定赡养、抚养、扶养义务人；虽有法定赡养、抚养、扶养义务人，但是无赡养、抚养、扶养能力的；无劳动能力、无生活来源的老年人、残疾人和未成年人。②一般困难户。主要包括因个人能力在生产、经营、竞争中失败或遭受意外事故，或因子女过多，无法维持基本生活的村民。③特殊困难户。包括致贫原因和一般困难户基本相同，但依靠自身力量维持最基本生活有很大困难的人。

2. 城市救助对象

城市救助对象主要包括四类人：①无劳动能力、无依无靠、无生活来源的老弱孤寡及病残人员；②一般社会困难户，包括因个人能力在生产、经营、竞争中落伍或遭受意外事故等，难以自力维持基本生活的居民；③按照国家政策规定，符合社会救助条件的，在国民经济调整时期精简退职的老职工；④其他按国家政策规定的特殊救助对象（贾楠，2009）。①

（四）按受益时间长短划分

1. 长期受益对象

长期受益对象主要由"鳏、寡、孤、独、废疾者"② 组成，是无法通过自身脱贫、长期需要政府救助的人群。随着社会的进步和社会保障体系的完善，绝对意义上社会弱势群体的人口数量虽然在大幅减少，但仍是社会救助的主要对象，

---

① 贾楠. 中国社会救助报告 [M]. 北京：中国时代经济出版社，2009：12.

② "大道之行也，天下为公，选贤与能，讲信修睦。故人不独亲其亲，不独子其子，使老有所终，壮有所用，幼有所长，鳏、寡、孤、独、废疾者皆有所养……"，出自儒家经典《礼记·礼运》。其中，"鳏"者是指老而无妻的人；"寡"者是指老而无夫的人；"孤"者是指幼而无父的人；"独"者是指老而无子的人；"废疾"者是指残疾人。

只是各个国家的长期受益对象略有区别。例如，在中国的社会救助体系中，"三无人员"、"五保户"、弃婴、流浪者、残疾人等都是救助的主要对象；在意大利、比利时、冰岛、澳大利亚等国，残疾人及其家庭成员是主要救助对象；在美国、加拿大、英国、芬兰等国，单亲家庭是一个数量巨大且长期需要救助的群体。

2. 临时受益对象

（1）突发性灾害造成的生活暂时拮据的公民。这类群体有劳动能力，也有收入，只是出于意外的灾害降临，遭受沉重的财产损失甚至人身损失，生活临时发生困难，包括遭受自然灾害、巨额医疗支出等情况。

（2）失业人员。失业导致收入急剧减少，家庭生活发生临时困难，如果没有政府提供的救助，可能危及生存，因此失业救助是现代社会救助的主要项目之一（潘锦棠，2010）。[①]

二、社会救助基金筹集

国家（或政府）是社会救助制度的主要责任主体，是通过建立规范的法律法规和专门的政府管理机构来实施，对社会弱势群体的最低生活保障负有不可推卸的责任。

在中国，国家（或政府）对社会救助事务的主管部门是民政部，各级民政部门均设立相应的职能机构，来具体分管各类社会救助项目。村（居）民委员会是基层社会救助管理的第一层次，其在基层的日常监督管理工作是社会救助的重要环节，可确保救助金的公平、及时发放。

社会救助的基金来源虽在各个国家有不同程度的差异，但多是与其责任主体相对应。一般而言，都比较强调政府的出资责任，也有少数几个国家的资金主要来源于社会，还有政府和社会共同出资的国家。归纳而言，社会救助基金的主要来源有以下两种：

1. 政府财政出资

有些国家着重强调社会救助中的国家责任，社会救助资金主要由政府财政支出。如丹麦用于最低收入保障的救助支出中，50%由国家预算承担，另50%由地方政府支付；荷兰的社会救助资金中政府承担90%；在英国、爱尔兰、日本等则是全部由政府负担。

2. 政府和社会共同出资

在部分国家，社会救助既是政府行为，又是社会行为。例如，德国政府和慈善机构负责救助资金的1/3，剩余部分的出资则由具有法人地位的各种社会保险

---

① 潘锦棠. 社会保障学［M］. 大连：东北财经大学出版社，2010：154.

管理机构承担，属于一种社会自治形式；美国的社会救助资金则是由联邦政府与州政府共同提供，但美国州政府有较大的自主权决定救助金额的多少；在新加坡，由政府通过公共援助计划对公民实施社会救助，同时社会团体也通过各种基金对贫困家庭给予一定的经济补助（钟仁耀，2009）。[①]

三、社会救助基本类型

（一）按救助方式分类

社会救助按照救助方式进行分类，可以分为院内救助（或称机构内救助）和院外救助（或称机构外救助）。

1. 院内救助

院内救助包括对养老、育幼和孤儿群体的收容，以及对心智残障、妇女教养、游民习艺、盲聋哑习艺和伤残康复等群体的收容。例如，中国各地都建有儿童福利院，对孤儿群体、弃婴等进行院内救助。

2. 院外救助

院外救助包括对老年人、儿童和妇女等被救助群体发放津贴，以及对低收入家庭提供房租补贴、生育补贴等各项生活补贴（廖益光，2009）。[②]

（二）按救助内容分类

1. 最低生活保障

国家对共同生活的家庭成员人均收入低于当地最低生活保障标准，且符合当地最低生活保障家庭财产状况规定的家庭，给予最低生活保障。

2. 特困人员供养

国家对无劳动能力、无生活来源且无法定赡养、抚养、扶养义务人，或者其法定赡养、抚养、扶养义务人无赡养、抚养、扶养能力的老年人、残疾人以及未满16周岁的未成年人，给予特困人员供养。

3. 受灾人员救助

国家建立健全自然灾害救助制度，对基本生活受到自然灾害严重影响的人员，提供生活救助。

4. 医疗救助

可以申请相关医疗救助人员包括最低生活保障家庭成员、特困供养人员、县级以上人民政府规定的其他特殊困难人员。

5. 教育救助

国家对在义务教育阶段就学的最低生活保障家庭成员、特困供养人员，给予

---

① 钟仁耀. 社会保障概论［M］. 大连：东北财经大学出版社，2009：183.
② 廖益光. 社会救助概论［M］. 北京：北京大学出版社，2009：4.

教育救助。对在高中教育（含中等职业教育）、普通高等教育阶段就学的最低生活保障家庭成员、特困供养人员，以及不能入学接受义务教育的残疾儿童，根据实际情况给予适当教育救助。

6. 住房救助

国家对符合规定标准的住房困难的最低生活保障家庭、分散供养的特困人员，给予住房救助。

7. 就业救助

国家对最低生活保障家庭中有劳动能力但处于失业状态的成员，通过贷款贴息、社会保险补贴、岗位补贴、培训补贴、费用减免、公益性岗位安置等办法，给予就业救助。

8. 临时救助

国家对因火灾、交通事故等意外事件，家庭成员突发重大疾病，或是其他特殊原因使家庭生活必需支出突然增加，导致基本生活暂时出现困难的个人或家庭，给予临时救助。

（三）按救助的时间分类

社会救助按照时间是否具有连续性可以分为定期救助、临时救助以及急难救助。

1. 定期救助

定期救助是指在时间上具有连续性的社会救助，一般表现为在相对较长的一段时间里，社会救助管理机构按规定连续、定时地为救助对象提供援助。

2. 临时救助

临时救助是指在时间上没有连续性，或者救助时间比较短的社会救助，是为解决社会成员临时的生活困难而进行的社会救助。

3. 急难救助

急难救助是指社会成员在遭受灾害、意外等情况下，对其生活困难进行的社会救助（张奇林，2012）。[1] 急难救助主要包括自然灾害救助、社会灾害救助和医疗救助三大类（陈良瑾，2009）。[2]

四、社会救助待遇形式

（一）实物救助

实物救助是指根据实际情况和需要，由国家财政拨专款资金，购置受助者必需生活物品或将社会捐赠物资无偿援助受助者的一种救助方式。

实物救助的特征是不直接给受助者发放现金，而是根据其实际情况和生活需

---

① 张奇林. 社会救助与社会福利 [M]. 北京：人民出版社，2012：49.

② 陈良瑾. 社会救助与社会福利 [M]. 北京：中国劳动社会保障出版社，2009：67.

要，用社会救助资金，购买一般生存资料和部分生产资料，无偿发放给受助者。一般而言，实务救助主要是为救助对象提供基本生活所必需的衣、食、住、医等方面物资，诸如粮食、房屋、衣被、食品、餐具、建房材料、医药以及中小农具、化肥、种子等。

实物救助的原则是专物专用、专人专用。对象主要包括紧急抢救或转移安置的灾民、灾区老弱病残者和无法安排生活的重灾户、非灾区的严重或特殊贫困户。实物救助的优点是针对性较强，可以防止受助者的不当利用，而且能较好地抵御通货膨胀；缺点是限制了穷人的生活形态，减少了穷人对生活必需品的选择，而且政府管理成本相对较高。

（二）现金救助

现金救助是国家的社会救助机构以发放现金的形式，帮助贫困者或受灾者解除生活困难危机。该种救助手段来源于古代的赈灾救荒，在实际救灾工作中，现金救助手段主要应用于定期救助，有些临时救助也常采用现金救助。现金救助的特征是直接给受助者发放现金，由受助者根据自己的实际困难情况安排使用。现金救助又分为一般性救助和专项救助。

1. 一般性救助

一般性救助是指向救助对象提供统一的现金补助。例如，英国的收入补助计划和中国的最低生活保障制度等。

2. 专项救助

专项救助是指根据救助对象各自不同的特点提供不同种类的现金补助。例如，澳大利亚和新西兰的大部分社会救助项目，德国和荷兰的失业补助，意大利的最低养老金等。

现金救助的原则是专款专用，严格按政策规定的标准发放，救助机构不得克扣、挪用、贪污。现金救助方式操作方便，可增加受助者的自由选择度，但也极易产生欺诈行为，受助者有可能将现金花在一些非必需商品的支出上，从而降低受助效果。

（三）服务救助

在现代社会救助体系中，世界各国的救助对象主要集中在遭受自然灾害者、残疾人等行动不便者、贫困流浪者和重大疾病患者等，并提供有针对性的救助服务。例如，中国针对城市"三无"人员、流浪乞讨人员和困境儿童等建立了福利机构（如养老院、敬老院、儿童福利院等）和救助机构（社会救助站），解决其基本生存问题；针对生活严重困难的重大疾病患者特别是妇女和儿童，提供免费救治、大病救助等医疗救助服务；为困境儿童提供学业资助；为遭受天灾人祸而无处居住的困难群众，提供临时住所等灾害救助。

第三节　中国社会救助政策

社会救助是中国社会保障发展史上最为久远的一项制度安排。社会救助制度既反映政府的职责使命，也折射社会的道德良心，事关群众衣食冷暖、制度底线公正、社会和谐稳定乃至国家长治久安，被视为社会"安全网"。

一、中国社会救助政策内容

2014 年 5 月 1 日起施行的《社会救助暂行办法》，是目前中国社会救助政策实施的主要依据，是第一部统筹各类社会救助制度的行政法规，构建了一个民政统筹、分工负责、相互衔接，政府救助和社会力量参与相结合，具有中国特色的社会救助体系。①

《社会救助暂行办法》将最低生活保障、特困人员供养、受灾人员救助、医疗救助、教育救助、住房救助、就业救助和临时救助八项制度以及社会力量参与作为基本内容②，确立了完整清晰的社会救助制度体系；规定社会救助坚持托底线、救急难、可持续，与其他社会保障制度相衔接，社会救助水平与经济社会发展水平相适应，奠定了一种新的社会救助格局；首次将救急难、疾病应急救助、临时救助等方针政策纳入法制安排，并将社会救助上升为根本性、稳定性的法律制度，为保障群众基本生活、解决急难问题构建起完整严密的安全网，为社会救助事业发展提供了法律遵循。

（一）"弱有所助"与最低生活保障

1. 保障对象

家庭人均收入低于当地政府公告的最低生活标准的生活困难人口。

2. 保障标准

最低生活保障标准，由省、自治区、直辖市或者设区的市级人民政府按照当地居民生活必需的费用确定、公布，并根据当地经济社会发展水平和物价变动情况适时调整。最低生活保障家庭收入状况、财产状况的认定办法，由省、自治区、直辖市或者设区的市级人民政府按照国家有关规定制定。

3. 申请与审批

由共同生活的家庭成员向户籍所在地的乡镇人民政府、街道办事处提出书面申请；家庭成员申请有困难的，可以委托村民委员会、居民委员会代为提出

---

① 中国社会科学院课题组．改革开放 40 年中国民生发展［N］．人民日报，2018-12-20（7）.

② 社会救助暂行办法［EB/OL］．［2014-02-27］．http：//www.gov.cn/flfg/2014-02/27/content_2624221.htm.

申请。

乡镇人民政府、街道办事处应当通过入户调查、邻里访问、信函索证、群众评议、信息核查等方式，对申请人的家庭收入状况、财产状况进行调查核实，提出初审意见，在申请人所在村、社区公示后报县级人民政府民政部门审批。县级人民政府民政部门经审查，对符合条件的申请予以批准，并在申请人所在村、社区公布；对不符合条件的申请不予批准，并书面向申请人说明理由。

4. 待遇发放

对批准获得最低生活保障的家庭，县级人民政府民政部门按照共同生活的家庭成员人均收入低于当地最低生活保障标准的差额，按月发给最低生活保障金。对获得最低生活保障后生活仍有困难的老年人、未成年人、重度残疾人和重病患者，县级以上地方人民政府应当采取必要措施给予生活保障。

5. 异动处理

县级人民政府民政部门以及乡镇人民政府、街道办事处应当对获得最低生活保障家庭的人口状况、收入状况、财产状况定期核查。最低生活保障家庭的人口状况、收入状况、财产状况发生变化的，应当及时告知乡镇人民政府、街道办事处；县级人民政府民政部门应当及时决定增发、减发或者停发最低生活保障金；决定停发最低生活保障金的，应当书面说明理由。

（二）"困有所养"与特困人员供养

1. 供养对象

无劳动能力、无生活来源且无法定赡养、抚养、扶养义务人，或者其法定赡养、抚养、扶养义务人无赡养、抚养、扶养能力的老年人、残疾人以及未满16周岁的未成年人。

2. 供养办法

提供基本生活条件；对生活不能自理的给予照料；提供疾病治疗；办理丧葬事宜。另外，特困供养人员可以自行选择供养形式，如在当地的供养服务机构集中供养，也可以在家分散供养。

3. 供养标准

由省、自治区、直辖市或者设区的市级人民政府确定和公布具体供养标准。

4. 申请与审批

申请特困人员供养，由本人向户籍所在地的乡镇人民政府、街道办事处提出书面申请；本人申请有困难的，可以委托村民委员会、居民委员会代为提出申请。

乡镇人民政府、街道办事处应当及时了解掌握居民的生活情况，发现符合特困供养条件的人员，应主动为其依法办理特困供养手续；特困供养人员不再符合供养条件的，村民委员会、居民委员会或者供养服务机构应当告知乡镇人民政府、街道办事处，由乡镇人民政府、街道办事处审核并报县级人民政府民政部门核准后，终止供养并予以公示。

（三）"灾有所救"与受灾人员救助

1. 救助对象

基本生活受到自然灾害严重影响的人员。

2. 主要内容

自然灾害救助实行属地管理，分级负责。设区的市级以上人民政府和自然灾害多发、易发地区的县级人民政府应当根据自然灾害的特点、居民人口数量和分布等情况，设立自然灾害救助物资储备库，保障自然灾害发生后救助物资的紧急供应。

自然灾害发生后，县级以上人民政府或者人民政府的自然灾害救助应急综合协调机构应当根据情况紧急疏散、转移、妥善安置受灾人员，及时为受灾人员提供必要的食品、饮用水、衣被、取暖、临时住所、医疗防疫等应急救助。

灾情稳定后，受灾地区县级以上人民政府应当评估、核定并发布自然灾害损失情况。受灾地区人民政府应当在确保安全的前提下，对住房损毁严重的受灾人员进行过渡性安置。

自然灾害危险消除后，受灾地区人民政府、民政等部门应当及时核实本行政区域内居民住房恢复重建补助对象，并给予资金、物资等救助。

（四）"病有所医"与医疗救助

1. 救助对象

最低生活保障家庭成员；特困供养人员；县级以上人民政府规定的其他特殊困难人员。

2. 救助办法

对救助对象参加城乡居民基本医疗保险的个人缴费部分，给予补贴；对救助对象在经过基本医疗保险、大病保险和其他补充医疗保险支付后，个人及其家庭难以承担的符合规定的基本医疗自负费用，给予补助。

3. 救助标准

由县级以上人民政府按照经济社会发展水平和医疗救助资金情况确定、公布。

4. 申请与审批

申请医疗救助的，应当向乡镇人民政府、街道办事处提出，经审核、公示后，由县级人民政府民政部门审批。最低生活保障家庭成员和特困供养人员的医疗救助，由县级人民政府民政部门直接办理。①

（五）"学有所教"与教育救助

1. 救助对象

国家对在义务教育阶段就学的最低生活保障家庭成员、特困供养人员，给予教育救助。对在高中教育（含中等职业教育）、普通高等教育阶段就学的最低生活保障家庭成员、特困供养人员，以及不能入学接受义务教育的残疾儿童，根据实际情况给予适当教育救助。

2. 救助标准

教育救助标准，由省、自治区、直辖市人民政府根据经济社会发展水平和教育救助对象的基本学习、生活需求来确定、公布。

3. 救助办法

教育救助根据不同教育阶段需求，采取减免相关费用、发放助学金、给予生活补助、安排勤工助学等方式实施，保障教育救助对象基本学习、生活需求。

4. 救助的申请和审批

申请教育救助，应当按照国家有关规定向就读学校提出，按规定程序审核、确认后，由学校按照国家有关规定实施。

（六）"住有所居"与住房救助

1. 救助对象

国家对符合规定标准的住房困难的最低生活保障家庭、分散供养的特困人员，给予住房救助。

2. 救助标准

住房困难标准和救助标准，由县级以上地方人民政府根据本行政区域经济社会发展水平、住房价格水平等因素确定、公布。

3. 救助办法

住房救助通过配租公共租赁住房、发放住房租赁补贴、农村危房改造等方式实施。各级人民政府按照国家规定通过财政投入、用地供应等措施为实施住房救助提供保障。

4. 申请和审批

城镇家庭申请住房救助的，应当经由乡镇人民政府、街道办事处或者直接向县级人民政府住房保障部门提出，经县级人民政府民政部门审核家庭收入、财产状况和县级人民政府住房保障部门审核家庭住房状况并公示后，对符合申请条件的申请人，由县级人民政府住房保障部门优先给予保障。农村家庭申请住房救助

---

① 社会救助暂行办法[EB/OL].［2014-02-27］. http：//www. gov. cn/flfg/2014-02/27/content_2624221. htm.

的，按照县级以上人民政府有关规定执行。

（七）"业有所就"与就业救助

1. 救助对象

最低生活保障家庭中有劳动能力并处于失业状态的成员。

2. 救助办法

最低生活保障家庭有劳动能力的成员均处于失业状态的，县级以上地方人民政府应当采取有针对性的措施，确保该家庭至少有一人就业。主要通过贷款贴息、社会保险补贴、岗位补贴、培训补贴、费用减免、公益性岗位安置等办法，给予被救助者就业救助。吸纳就业救助对象的用人单位，按照国家有关规定享受社会保险补贴、税收优惠、小额担保贷款等就业扶持政策。

3. 申请与审批

申请就业救助的，应当向住所地街道、社区公共就业服务机构提出，公共就业服务机构核实后予以登记，并免费提供就业岗位信息、职业介绍、职业指导等就业服务。

最低生活保障家庭中有劳动能力但未就业的成员，应当接受人力资源社会保障等有关部门介绍的工作；无正当理由，连续三次拒绝接受介绍的与其健康状况、劳动能力等相适应的工作的，县级人民政府民政部门应当决定减发或者停发其本人的最低生活保障金。

（八）"急难有扶"与临时救助

1. 救助对象

因火灾、交通事故等意外事件，家庭成员突发重大疾病等原因，导致基本生活暂时出现严重困难的家庭，或者因生活必需支出突然增加超出家庭承受能力，导致基本生活暂时出现严重困难的最低生活保障家庭，以及遭遇其他特殊困难的家庭。

2. 救助标准

临时救助的具体事项、标准，由县级以上地方人民政府确定、公布。

3. 救助办法

对生活无着的流浪、乞讨人员提供临时食宿、急病救治、协助返回等救助。公安机关和其他有关行政机关的工作人员在执行公务时发现流浪、乞讨人员的，应当告知其向救助管理机构求助。对其中的残疾人、未成年人、老年人和行动不便的其他人员，应当引导、护送到救助管理机构；对突发急病人员，应当立即通知急救机构进行救治。

4. 申请与审批

申请临时救助的，应当向乡镇人民政府、街道办事处提出，经审核、公示后，由县级人民政府民政部门审批；救助金额较小的，县级人民政府民政部门可以委托乡镇人民政府、街道办事处审批。情况紧急的，可以按照规定简化审批手续。

（九）"万众发力"与社会力量参与

国家鼓励单位和个人等社会力量通过捐赠、设立帮扶项目、创办服务机构、提供志愿服务等方式，参与社会救助。社会力量参与社会救助，按照国家有关规定享受财政补贴、税收优惠、费用减免等政策。县级以上地方人民政府可以将社会救助中的具体服务事项通过委托、承包、采购等方式，向社会力量购买服务，并发挥社会工作服务机构和社会工作者的作用，为社会救助对象提供社会融入、能力提升、心理疏导等专业服务。社会救助管理部门及相关机构应当建立社会力量参与社会救助的机制和渠道，提供社会救助项目、需求信息，为社会力量参与社会救助创造条件、提供便利。①

二、中国社会救助制度改革趋势

（一）中国社会救助制度改革的目标方向

2020 年 8 月，中共中央办公厅、国务院办公厅印发《关于改革完善社会救助制度的意见》（以下简称《意见》），这是引领新时代社会救助事业高质量发展的重要指导性文件，确定的目标原则和改革任务充分考虑了未来一个时期我国社会救助制度的发展趋势及时代要求。《意见》以习近平新时代中国特色社会主义思想为指导，全面贯彻党的十九大和党的十九届二中、三中、四中全会精神，坚持问题导向、目标导向、效果导向相结合，按照保基本、兜底线、救急难、可持续的总体思路，提出了兜底保障基本民生的综合改革举措，确立了近期和远期两个改革目标。近期目标是，用 2 年左右健全分层分类、城乡统筹的中国特色社会救助体系，在制度更加成熟更加定型上取得明显成效。社会救助法制健全完备，体制机制高效顺畅，服务管理便民惠民，兜底保障功能有效发挥，城乡困难群众都能得到及时救助。远期目标是，到 2035 年，实现社会救助事业高质量发展，改革发展成果更多更公平惠及困难群众，民生兜底保障安全网密实牢靠，总体适应基本实现社会主义现代化的宏伟目标。②

党的二十届三中全会通过的《中共中央关于进一步全面深化改革、推进中国式现代化的决定》，对健全保障和改善民生制度体系作出重大部署。习近平总书记在第十五次全国民政会议召开之际对民政工作作出重要指示强调，要坚持以人

---

① 社会救助暂行办法 [EB/OL]. [2014 - 02 - 27]. http：//www. gov. cn/flfg/2014 - 02/27/content_2624221. htm.

② 中共中央办公厅 国务院办公厅印发《关于改革完善社会救助制度的意见》[EB/OL]. [2020-08-25]. https：//www. gov. cn/gongbao/content/2020/content_5541475. htm.

民为中心，加强普惠性、基础性、兜底性民生建设，解决好人民最关心最直接最现实的利益问题。显然，未来包括社会救助在内的民生改革重点，将以普惠性民生建设为发展方向、以基础性民生建设为主要内容、以兜底性民生建设为基本职责，体现整体和重点、当前和长远、目标和方法的有机统一。

（二）改革完善社会救助制度的重点任务

1. 建立健全分层分类的社会救助体系

（1）构建综合救助格局。以增强社会救助及时性、有效性为目标，加快构建政府主导、社会参与、制度健全、政策衔接、兜底有力的综合救助格局。以基本生活救助、专项社会救助、急难社会救助为主体，社会力量参与为补充，建立健全分层分类的救助制度体系。完善体制机制，运用现代信息技术推进救助信息聚合、救助资源统筹、救助效率提升，实现精准救助、高效救助、温暖救助、智慧救助。

（2）打造多层次救助体系。完善低保、特困和低收入家庭认定办法。对共同生活的家庭成员人均收入低于当地最低生活保障标准且符合财产状况规定的家庭，给予最低生活保障。对无劳动能力、无生活来源、无法定赡养抚养扶养义务人或者其法定义务人无履行义务能力的城乡老年人、残疾人、未成年人，给予特困人员救助供养。同时，根据实际需要给予相应的医疗、住房、教育、就业等专项社会救助。对不符合低保或特困供养条件的低收入家庭和刚性支出较大导致基本生活出现严重困难的家庭，根据实际需要给予相应的医疗、住房、教育、就业等专项社会救助或实施其他必要救助措施。对遭遇突发事件、意外伤害、重大疾病，受传染病疫情等突发公共卫生事件影响或由于其他特殊原因导致基本生活暂时陷入困境的家庭或个人以及临时遇困、生活无着人员，给予急难社会救助。对遭遇自然灾害的，给予受灾人员救助。

（3）创新社会救助方式。积极发展服务类社会救助，形成"物质+服务"的救助方式。探索通过政府购买服务对社会救助家庭中生活不能自理的老年人、未成年人、残疾人等提供必要的访视、照料服务。加强专业社会工作服务，帮助救助对象构建家庭和社会支持网络。完善对重度残疾人、重病患者以及老年人、未成年人等特殊困难群体的救助政策，依据困难类型、困难程度实施类别化、差异化救助。

（4）促进城乡统筹发展。推进社会救助制度城乡统筹，加快实现城乡救助服务均等化。顺应农业转移人口市民化进程，及时对符合条件的农业转移人口提供相应救助帮扶。有条件的地区有序推进持有居住证人员在居住地申办社会救助。加大农村社会救助投入，逐步缩小城乡差距。加强与乡村振兴战略衔接。推进城镇困难群众解困脱困。

2. 夯实基本生活救助

（1）完善基本生活救助制度。规范完善最低生活保障制度，分档或根据家庭成员人均收入与低保标准的实际差额发放低保金。对不符合低保条件的低收入家庭中的重度残疾人、重病患者等完全丧失劳动能力和部分丧失劳动能力且无法依靠产业就业帮扶脱贫的人员，采取必要措施保障其基本生活。将特困救助供养覆盖的未成年人年龄从 16 周岁延长至 18 周岁。

（2）规范基本生活救助标准调整机制。综合考虑居民人均消费支出或人均可支配收入等因素，结合财力状况合理制定低保标准和特困人员供养标准并建立动态调整机制。制定基本生活救助家庭财产标准或条件。各省（自治区、直辖市）制定本行政区域内相对统一的区域救助标准或最低指导标准。进一步完善社会救助和保障标准与物价上涨挂钩的联动机制。

（3）加强分类动态管理。健全社会救助对象定期核查机制。对特困人员、短期内经济状况变化不大的低保家庭，每年核查一次；对收入来源不固定、家庭成员有劳动能力的低保家庭，每半年核查一次。复核期内救助对象家庭经济状况没有明显变化的，不再调整救助水平。规范救助对象家庭人口、经济状况重大变化报告机制。

3. 健全专项社会救助

（1）健全医疗救助制度。健全医疗救助对象动态认定核查机制，将符合条件的救助对象纳入救助范围，做好分类资助参保和直接救助工作。完善疾病应急救助。在突发疫情等紧急情况时，确保医疗机构先救治、后收费。健全重大疫情医疗救治医保支付政策，确保贫困患者不因费用问题影响就医。加强医疗救助与其他医疗保障制度、社会救助制度衔接，发挥制度合力，减轻困难群众就医就诊后顾之忧。

（2）健全教育救助制度。对在学前教育、义务教育、高中阶段教育（含中等职业教育）和普通高等教育（含高职、大专）阶段就学的低保、特困等家庭学生以及因身心障碍等原因不方便入学接受义务教育的适龄残疾未成年人，根据不同教育阶段需求和实际情况，采取减免相关费用、发放助学金、安排勤工助学岗位、送教上门等方式，给予相应的教育救助。

（3）健全住房救助制度。对符合规定标准的住房困难的低保家庭、分散供养的特困人员等实施住房救助。对农村住房救助对象优先实施危房改造，对城镇住房救助对象优先实施公租房保障。探索建立农村低收入群体住房安全保障长效机制，稳定、持久保障农村低收入家庭住房安全。

（4）健全就业救助制度。为社会救助对象优先提供公共就业服务，按规定落实税费减免、贷款贴息、社会保险补贴、公益性岗位补贴等政策，确保零就业家庭实现动态"清零"。对已就业的低保对象，在核算其家庭收入时扣减必要的就业成本，并在其家庭成员人均收入超过当地低保标准后给予一定时间的渐退期。

（5）健全受灾人员救助制度。健全自然灾害应急救助体系，调整优化国家应急响应启动标准和条件，完善重大自然灾害应对程序和措施，逐步建立与经济社会发展水平相适应的自然灾害救助标准调整机制，统筹做好应急救助、过渡期生活救助、旱灾临时生活困难救助、冬春临时生活困难救助和因灾倒损民房恢复重建等工作。

（6）发展其他救助帮扶。鼓励各地根据城乡居民遇到的困难类型，适时给予相应救助帮扶。加强法律援助，依法为符合条件的社会救助对象提供法律援助服务。积极开展司法救助，帮助受到侵害但无法获得有效赔偿的生活困难当事人摆脱生活困境，为涉刑事案件家庭提供救助帮扶、心理疏导、关系调适等服务。开展取暖救助，使寒冷地区的困难群众冬天不受冻。做好身故困难群众基本殡葬服务，为其减免相关费用。推进残疾儿童康复救助、重度残疾人护理补贴、孤儿基本生活保障等工作，加强事实无人抚养儿童等困境儿童保障，做好与社会救助政策衔接工作。鼓励有条件的地方将困难残疾人生活补贴延伸至低收入家庭。

4. 完善急难社会救助

（1）强化急难社会救助功能。对遭遇突发性、紧迫性、灾难性困难，生活陷入困境，靠自身和家庭无力解决，其他社会救助制度暂时无法覆盖或救助之后生活仍有困难的家庭或个人，通过临时救助或生活无着流浪乞讨人员救助给予应急性、过渡性生活保障。依据困难情况制定临时救助标准，分类分档予以救助。逐步取消户籍地、居住地申请限制，探索由急难发生地实施临时救助。畅通急难社会救助申请和急难情况及时报告、主动发现渠道，建立健全快速响应、个案会商"救急难"工作机制。

（2）完善临时救助政策措施。将临时救助分为急难型临时救助和支出型临时救助。实施急难型临时救助，可实行"小金额先行救助"，事后补充说明情况；实施支出型临时救助，按照审核审批程序办理。采取"跟进救助""一次审批、分阶段救助"等方式，增强救助时效性。必要时启动县级困难群众基本生活保障工作协调机制进行"一事一议"审批。推动在乡镇（街道）建立临时救助备用金制度。加强临时救助与其他救助制度、慈善帮扶的衔接，形成救助合力。

（3）加强和改进生活无着流浪乞讨人员救助管理。强化地方党委和政府属地管理责任，压实各级民政部门、救助管理机构和托养机构责任，切实保障流浪乞讨人员人身安全和基本生活。完善源头治理和回归稳固机制，做好长期滞留人员落户安置工作，为符合条件人员落实社会保障政策。积极为走失、务工不着、家庭暴力受害人等离家在外的临时遇困人员提供救助。

（4）做好重大疫情等突发公共事件困难群众急难救助工作。将困难群众急难救助纳入突发公共事件相关应急预案，明确应急期社会救助政策措施和紧急救助程序。重大疫情等突发公共卫生事件和其他突发公共事件发生时，要及时分析研判对困难群众造成的影响以及其他各类人员陷入生活困境的风险，积极做好应对工作，适时启动紧急救助程序，适当提高受影响地区城乡低保、特困人员救助等保障标准，把因突发公共事件陷入困境的人员纳入救助范围，对受影响严重地区人员发放临时生活补贴，及时启动相关价格补贴联动机制，强化对困难群体的基本生活保障。

5. 促进社会力量参与

（1）发展慈善事业。鼓励支持自然人、法人及其他组织以捐赠财产、设立项目、提供服务等方式，自愿开展慈善帮扶活动。动员引导慈善组织加大社会救助方面支出。按照有关规定，对参与社会救助的慈善组织给予税收优惠、费用减免等，有突出表现的给予表彰。建立政府救助与慈善救助衔接机制。加强对慈善组织和互联网公开募捐信息平台的监管，对互联网慈善进行有效引导和规范，推进信息公开，防止诈捐、骗捐。

（2）引导社会工作专业力量参与社会救助。通过购买服务、开发岗位、政策引导、提供工作场所、设立基层社工站等方式，鼓励社会工作服务机构和社会工作者协助社会救助部门开展家庭经济状况调查评估、建档访视、需求分析等事务，并为救助对象提供心理疏导、资源链接、能力提升、社会融入等服务。鼓励引导以社会救助为主的服务机构按一定比例设置社会工作专业岗位。

（3）促进社会救助领域志愿服务发展。支持引导志愿服务组织、社会爱心人士开展扶贫济困志愿服务。加强社会救助志愿服务制度建设，积极发挥志愿服务在汇聚社会资源、帮扶困难群众、保护弱势群体、传递社会关爱等方面作用。

（4）推进政府购买社会救助服务。进一步完善政府购买社会救助服务政策措施，鼓励社会力量和市场主体参与社会救助，扩大社会救助服务供给。制定政府购买社会救助服务清单，规范购买流程，加强监督评估。政府购买社会救助服务所需经费从已有社会救助工作经费或困难群众救助补助资金等社会救助专项经费中列支。

6. 深化"放管服"改革

（1）建立完善主动发现机制。将走访、发现需要救助的困难群众列为村（社区）组织重要工作内容。承担社会救助工作的国家公职人员以及承担政府委托从事困难群众服务工作的企事业单位、基层群众性自治组织、社会组织等，在工作中发现困难群众基本生活难以为继的，应当及时报告有关部门。县级民政部门开通"12349"社会救助服务热线，逐步实现全国联通。

（2）全面推行"一门受理、协同办理"。乡镇（街道）经办机构统一受理社会救助申请，根据申请人困难情况、致贫原因，统筹考虑家庭人口结构、健康状况、劳动能力和劳动条件、刚性支出等因素，综合评估救助需求，提出综合实施社会救助措施的意见，并按照职责分工及时办理或转请县级相关职能部门办理。鼓励有条件的地方异地受理基本生活救助申请。

（3）优化审核确认程序。有条件的地方可按程序将低保、特困等社会救助审核确认权限下放至乡镇（街道），县级民政部门加强监督指导。对没有争议的救助申请家庭，可不再进行民主评议。取消可以通过国家或地方政务服务平台查询的相关证明材料。健全社会救助家庭经济状况核对机制，发挥各级核对机构作用。

（4）加快服务管理转型升级。加强社会救助信息化，推进互联网、大数据、人工智能、区块链、5G等现代信息技术在社会救助领域的运用。依托国家数据共享交换平台体系，完善社会救助资源库，将政府部门、群团组织等开展救助帮扶的各类信息统一汇集、互通共享，为相关部门、单位和社会力量开展救助帮扶提供支持。推动社会救助服务向移动端延伸，实现救助事项"掌上办""指尖办"，为困难群众提供方便快捷的救助事项申请、办理、查询等服务。①

第四节　社会救助管理实务

一、城乡最低生活保障的申请条件

户籍状况、家庭收入、家庭财产和家庭支出是认定低保对象的四个基本条件。其中，户籍是前提条件；家庭收入和家庭支出是纳入低保与否的衡量标准；家庭财产是家庭收入的具体表现，是纳入低保与否的排除性条件。

（1）持有当地常住户口的居民，凡共同生活的家庭成员人均收入低于当地最低生活保障标准，且家庭财产状况符合当地人民政府规定条件的，可以申请低保。持有非农业户口的居民，可以申请城市低保；持有农业户口的居民，可以申请农村低保。

（2）由共同生活的家庭成员向户籍所在地的乡镇（街道）提出书面申请，按规定提交相关材料。申请有困难的，可以委托村居代为提出申请。符合下列情

---

① 中共中央办公厅　国务院办公厅印发《关于改革完善社会救助制度的意见》［EB/OL］. ［2020-08-25］. https：//www. gov. cn/gongbao/content/2020/content_5541475. htm.

形之一的人员，可以单独提出申请：①低保边缘家庭中持有中华人民共和国残疾人证的一级、二级重度残疾人和三级智力残疾人、三级精神残疾人；②低保边缘家庭中患有当地有关部门认定的重特大疾病的人员；③脱离家庭、在宗教场所居住三年以上（含三年）的生活困难的宗教教职人员；④市、县（区）人民政府民政部门规定的其他特殊困难人员。

（3）家庭收入是指规定期限内的全部可支配收入或纯收入，包括工资收入、经营净收入、财产收入、转移性收入（含赡抚养费）。家庭财产是指家庭成员拥有全部动产、不动产。

二、申请最低生活保障的程序

（一）申请及受理

申请最低生活保障，原则上以家庭为单位，由任一共同生活的家庭成员作为申请人，以家庭名义向其户籍所在地乡镇人民政府、街道办事处提出申请。

申请人户籍所在地与实际居住地不一致且在当地居住满一年的（以下简称"人户分离"），可以向实际居住地乡镇人民政府、街道办事处提出申请；但是居住在省外的除外。

家庭成员行动不便、读写困难的，可以委托村民委员会、居民委员会或者其他代理人代为提出申请。

共同生活的家庭成员包括以下四类：①配偶；②父母和未成年子女；③已成年但不能独立生活的子女，包括在校接受本科及以下学历教育的成年子女；④其他具有法定赡养、抚养、扶养义务关系并长期共同生活的人员。

（二）申请方式和申请材料

最低生活保障申请分为窗口申请和网络自助申请两种方式。（具体方式根据当地民政部门要求而定）

1. 窗口申请程序及材料

①《X市社会救助申请及核对授权书》；②共同生活的家庭成员、非共同生活的法定赡养、抚养、扶养义务人及其配偶的居民身份证原件，未办理居民身份证的，可以提供户口簿、护照等公安部门发放、认可的有效身份证件原件；③前款所述对象因在外地无法在《X市社会救助申请及核对授权书》上签字、按捺指纹的，应当提供《个人委托授权及法律责任声明书》。

2. 网络自助申请程序及材料

①申请人或者其代理人使用实名制账号登录社会救助线上服务平台，如实填写申请信息；②参照窗口申请，提交共同生活的家庭成员、非共同生活的法定赡养、抚养、扶养义务人及其配偶的身份证件；③申请人及其家庭成员原则上应当在线进行电子授权，因特殊原因无法进行电子授权的，申请人及其家庭成员应当

承诺主动配合乡镇人民政府、街道办事处入户收取《X市社会救助申请及核对授权书》《个人委托授权及法律责任声明书》。

（三）申请人及其家庭成员应当履行的义务

（1）履行授权核对其家庭及家庭相关成员经济状况手续，并自觉配合开展家庭经济状况评估；

（2）承诺所提供的信息真实、完整，无虚报、隐瞒、伪造；

（3）申请人及其家庭成员与最低生活保障经办人员和村民委员会、居民委员会成员有近亲属关系的，如实申明。前款所述近亲属包括配偶、父母、子女、兄弟姐妹、祖父母、外祖父母、孙子女、外孙子女。

（四）家庭经济状况调查

乡镇人民政府（街道办事处）要采取信息核对、入户调查、邻里访问、信函索证等方式逐一对最低生活保障申请家庭进行家庭经济状况调查。信息核对需经居民家庭或个人授权，通过省市居民家庭经济状况核对平台核对申请人家庭收入和财产状况，共同生活的家庭成员应当全部纳入核对范围。申请人对核对结果有异议的，应当提供有关证明材料。经家庭经济状况调查后不符合条件的，乡镇人民政府（街道办事处）应当通知申请人并说明理由。

（五）审核和确认

乡镇人民政府（街道办事处）是最低生活保障审核的责任主体，应当根据家庭经济状况信息核对、入户调查等情况，对申请家庭是否给予最低生活保障提出意见建议，并按程序公示后（在申请人所在村或社区公示7天），将审核意见连同申请资料、家庭经济状况调查公示情况等有关资料报县级民政部门审批。

县级人民政府民政部门应当自收到乡镇人民政府（街道办事处）上报的申请材料、家庭经济状况调查核实结果和初审意见等材料后提出审核确认意见。对经审核符合条件的申请予以确认同意，同时确定救助金额，并通知申请人，发放低保金。

三、临时救助的对象和方式

临时救助，是指对遭遇突发事件、意外伤害、重大疾病或其他特殊原因导致基本生活陷入困境，或因医疗、教育等生活必需支出突然增加超出家庭承受能力，其他社会救助制度暂时无法覆盖或救助之后基本生活暂时仍有严重困难的家庭或个人给予的应急性、过渡性救助。

（一）临时救助的对象

根据困难情形，临时救助对象分为急难型救助对象和支出型救助对象。

（1）急难型救助对象主要包括因火灾、交通事故等意外事件，家庭成员突发重大疾病及遭遇其他特殊困难等原因，导致家庭或个人基本生活暂时出现严重困难、需要立即采取救助措施的家庭或个人。

（2）支出型救助对象主要包括因医疗、教育等生活必需支出突然增加超出家庭承受能力，导致基本生活一定时期内出现严重困难的家庭。

（二）临时救助方式

临时救助方式包括发放临时救助金、发放实物和提供转介服务。

（1）发放临时救助金。临时救助金实行社会化发放，按照财政国库管理制度有关规定将临时救助金直接支付到救助对象个人账户，确保救助金足额、及时发放到位。必要时，也可直接发放现金。可采取一次审批、分阶段救助的方式，提高救助精准度。

（2）发放实物。根据临时救助标准和救助对象基本生活需要，可采取发放衣物、食品、饮用水和提供临时住所等方式给予救助。除紧急情况外，采取发放实物形式的，要按照政府采购制度有关规定执行，并确保其符合国家质量安全和卫生标准。

（3）提供转介服务。对给予临时救助金、实物救助后仍有困难的对象，乡镇人民政府（街道办事处）要提供转介服务。市、区民政部门可设立精准救助资金，对临时救助后仍有困难的家庭给予救助。对符合城乡居民基本生活救助和医疗、教育、住房、就业等专项救助条件的，要协助其申请；对需要慈善组织、社会工作服务机构等通过慈善项目、发动社会募捐、提供专业服务或志愿服务等形式给予帮扶的，要及时转介。

四、医疗救助的对象和管理

医疗救助，是指通过政府拨款和社会捐助等多渠道筹资建立基金，对符合条件的医疗救助对象参加城乡居民基本医疗保险个人缴费部分进行资助，对医疗救助对象经基本医保、大病保险等支付后，个人负担的政策范围内的医疗费用按规定予以报销的救助制度。

（一）医疗救助的对象

医疗救助对象可归类为收入型医疗救助对象、支出型医疗救助对象、残疾优抚类救助对象和其他困难人员。

（1）收入型医疗救助对象，包括由民政部门认定的，持有有效证件的本市特困人员、低保对象、低保边缘家庭成员，以及具有有效认定材料的孤儿和事实无人抚养儿童。

（2）支出型医疗救助对象，即经本市民政部门认定的支出型困难家庭中符合以下条件之一的重病患者：①支出型困难家庭资格认定之日前12个月在定点医药机构发生的普通门诊、门诊特定病种、住院医疗费用，经基本医疗保险、大病保险等支付后，个人负担的合规医疗费用达到资格认定当年救助起付标准的家庭成员；②支出型困难家庭资格存续期间在定点医药机构发生的普通门诊、门诊特定病种、住院医疗费用，经基本医疗保险、大病保险等支付后，个人负担的合规医疗费用达到年度救助起付标准的家庭成员。

（3）残疾优抚类医疗救助对象，包括以下五类人员：①由残联认定的，持有有效残疾人证的本市户籍重度残疾人、三级或四级精神智力类残疾人（含精神或智力残疾的多重残疾人）；②由退役军人事务部门认定的，本市户籍烈士遗属、享受抚恤补助待遇的优抚对象；③由公安机关认定的，本市户籍因公牺牲或在职病故人民警察的困难遗属；④由卫生健康部门认定的，本市户籍持证计划生育特殊困难家庭成员；⑤由本市大中专院校认定的，在其校内就读并参加本市居民医保的非本市户籍困难学生。

（4）其他困难人员，包括本市三、四级残疾人；本市户籍因病致贫人员；非本市户籍因病致贫人员；职业病病人；本市见义勇为人员。

（二）医疗救助管理

（1）医疗救助对象可到本市任一街道办事处（镇人民政府）提出医疗救助申请，并履行以下义务：提交医保电子凭证或有效身份证件、医疗费用支出情况等资料；申请因病致贫人员医疗救助的，应按规定提供居住证、家庭经济状况核对资料，并授权和配合开展家庭经济状况核对；如实申报，并承诺所提供的资料真实有效、信息完整；申请人提供资料不完整、拒绝授权或不配合进行家庭经济状况核对的，视为放弃申请。

（2）街道办事处（镇人民政府）受理医疗救助申请，对申请材料进行审核，符合条件的，应当及时将申请材料及初审意见报送市医疗保险服务中心；不符合条件的，应当向申请人出具书面意见并说明理由。

（3）对于申请因病致贫人员医疗救助的，申请人户籍所在地或居住证签发地的街道办事处（镇人民政府）应当依据本市居民家庭经济状况核对机构出具的核对结果，综合入户调查的情况，对因病致贫人员医疗救助出具初审意见，并按规定公示。公示无异议的，将申请材料和初审意见报送所在区的市医疗保险服务中心分中心；公示有异议的，及时组织复核。

（4）区医保分中心对申请材料进行审核，并提出审核意见报市医疗保障行政部门。市医疗保障行政部门对因病致贫人员申请医疗救助的资格进行认定，符合条件的，给予认定；不符合条件的，应当书面告知申请人并说明理由。市医疗救助服务中心应定期将因病致贫人员救助信息在网上公示。

（5）市医疗保险服务中心对符合条件的医疗救助对象的医疗救助费用进行审核、结算，按月汇总送市医疗救助服务中心。市医疗救助服务中心复核后，将医疗救助金拨付申请人。

【思考题】

1. 社会救助的基本特征。
2. 社会救助在公众生活中的作用和意义。
3. 社会救助实施的原则。
4. 试述社会救助的保障对象及目标。
5. 试述目前社会救助资金的来源渠道和责任主体。
6. 谈谈新时期下如何进一步加快我国社会救助制度建设。

第十章 社会福利制度与管理实务

学习目标

通过本章学习，了解社会福利的概念、特点和类型，理解并把握社会福利的基本内容和实施原则。系统掌握中国老年人福利、残疾人福利、妇女福利和儿童福利的主要内涵、对象特点和具体内容。重点掌握社会福利的待遇领取条件、项目构成和保障水平，并能将社会福利的基本理论和法规政策与管理实务问题相结合，不断提高公民个人及其家庭成员的生活水平和生活质量。

第一节 生活幸福与社会福利

社会福利是一个多元、模糊而又复杂的概念，主要原因是社会福利的产品、对象、功能和目标等属性往往不清晰且经常处于变化之中。

一般而言，社会福利既可以指一种状态，又可以指一种制度。其中，社会福利状态是指人类社会（包括个人、家庭和社区）的一种正常和幸福的状态；社会福利制度则是指国家和社会为实现社会福利状态、提高公民生活质量而做出的各种制度安排。不管何种内涵解释，福利都与人们的幸福状态密切相关。

一、幸福和福利的关系

英文中"福利"词语是 Welfare，由 Well 和 Fare 两个词合成，意思是美好的生活，与幸福、富足等词同义，具体是指物质生活的安全和富裕，也可以是精神或道德上的一种满足状态。

联合国社会发展研究所（UNRISD）认为，福利与人的需求密切关联，应首先把人们日常生活的需求分成三大类：①营养、居住、保健等，这是人类最基本的生存需求；②基本的文化需求，包括教育、娱乐、休闲及人类生活的保全；③在人的基本生存需求和文化需求获得满足之后而向往的更高层次生活需求，它是在前两个需求获得满足的基础上，追求满足更高层次需求的过程，即福利。

在现实中，"福利"一词不仅体现出人们社会生活的一种良好状态或总体上的利益，包含了富裕、幸福、好日子等人们普遍追求的价值和理想，而且还有对特殊人群提供帮助以使其生活质量提高的意义。另外，福利不单单表现为一种心情或状态等主观因素，而且还是个人主动追求幸福生活权利的基础、机会和条件，以及在日常生活中所做的各种必要努力。不难看出，福利是同公众幸福生活相联系的概念。

从理论上来讲，"福利"能提高人的生活质量，是满足人们生活幸福的各种条件，既包括人应得到的物质照料，也包括影响人的智力和精神发展的各种因素。具体理解为以下四个方面：

（1）指一个人获得的满足，或者是一个人的需要得到满足的程度。

（2）指人们社会生活的一种良好状态和总体上的利益，包含了富裕、平等、幸福等人们追求的价值理想。

（3）是一种物质或是货币的资源分配方式，如福利性住房分配、福利性津贴制度等。

（4）指对特殊社会成员提供帮助或特殊服务的方式，通常是一些专门针对贫困者、残疾人、孤寡老人和孤儿等特殊群体的社会救济和特殊服务（郑功成，2005）。[①]

从"福利"延伸到"社会福利"，其内涵已超出了个人的范畴，要求人们从社会的层面上来考虑和解决如何使人能够过一种"好的生活"，涉及社会根据何种条件或标准来帮助人们生活的幸福，需要通过什么样的制度和政策安排来保证社会公众的幸福。社会福利是社会、经济和政治发展的产物，对公众日常生活作用重大、意义深远。

二、社会福利的功能

（一）改善公众生活条件，提高公众生活质量

任何一类社会保障制度、体系和项目，都具有保障和提高国民生活水平、改善公众生活条件和质量的作用，但其具体作用和影响是有一定差异的。例如，社会救助是保障和维持社会弱势群体的最低生活水平；社会保险是保障国民的基本生活水平；社会福利是在社会保险等其他社会保障制度保证基本生活水平的基础上，进一步提高公民生活质量和丰富精神文化生活内容，保障的是全体公民的较高层次生活水平。

（二）扩大公民自由，促进社会团结互助

社会福利制度具有普遍性，几乎惠及所有的社会公众。从生到死的保障增加了社会中下阶层对失业、疾病等风险的抵御能力，有助于将个人从僵化的制度中解放出来，从而扩大了公民个人自我设计、自我选择的自由。社会福利的一个基

---

① 郑功成. 社会保障学 [M]. 北京：中国劳动社会保障出版社，2005：360.

本原则，就是试图让每个人都过上且应该过上更高品质的生活。每个人的生命都是宝贵的，任何组织甚至国家都不得侵犯个人权利。因此，全体社会成员都会在社会福利制度中受益，在社会福利的服务提供中得到不同程度的需求满足，同时会促进社会成员对社会福利形成明确且坚定的认同感。

（三）调节社会需求，推动经济发展

根据一般规律，低收入阶层的消费潜力较大，其新增收入绝大部分能够转化为现实消费；而高收入阶层由于其阶段性消费已基本饱和，在新的消费热点尚未出现的情况下，其新增收入则会在很大程度上转化为储蓄或其他金融资产。"从摇篮到坟墓"的福利制度形成了一个巨大的、覆盖全社会公民基本生活需求的保障网络，居民家庭收入的很大一部分来自社会福利，使居民在生活上没有任何后顾之忧，从而可以扩大当期消费甚至适度超前消费。例如，美国大部分社会福利开支是以政府转移支付形式进入低收入家庭，在贫困家庭或个人较高边际消费作用下，这些支付90%以上形成了社会购买力，使美国经济维持了一种较高的有效需求状态。因此，社会福利制度作为国家收入再分配的一种形式，它对经济的发展能起到"稳定器"和"调节器"的作用，政府通过福利支出可以适当调节社会需求，刺激或抑制消费，适度的福利开支能推动经济发展，维护社会稳定。

三、社会福利的概念和特点

（一）社会福利的概念

"社会福利"一词最早出现于1941年的《大西洋宪章》（Atlantic Charter）和1945年签订的《联合国宪章》（Charter of the United Nations）中。但世界各国对社会福利理解有很大差异。

在西方发达国家，大多把"社会福利"等同于"社会保障"。如英国的《简明不列颠百科全书》将社会保障解释为"一种公共福利计划"，属于对社会福利的广义性解释，通常被称为"大福利"。在美国和日本等国家，把社会福利看作社会保障体系中的一项特定的项目或领域，主要是指专门为社会弱势群体提供的带有福利性的社会服务与保障措施，以提高其生活水平，如老年人福利、儿童福利、残疾人福利等。从这个意义上讲，社会福利属于狭义上的社会福利服务或社会福利事业。

在中国的社会保障制度构成中，社会福利仅仅是社会保障体系的一个重要组成部分，属于狭义社会福利范畴（陈良瑾，1994）。[①] 但是，中国的社会福利概念又不同于美国和日本等国的狭义社会福利概念，因为中国的社会福利除了对社会弱势群体提供一定的福利服务与保障外，还致力于提高全体社会成员的生

①　陈良瑾. 中国社会工作百科全书［M］. 北京：中国社会科学出版社，1994：419.

活质量。

综上所述，本书认为，社会福利主要是指由国家和社会通过社会化的福利津贴、实物供给和社会服务，为立法或政策范围内的社会公众普遍提供旨在满足其生活需要并尽可能提高其生活质量的资金、服务和福利设施的一种制度安排。具体内涵理解有以下三个方面：

（1）国家（通过政府有关职能部门对社会福利事业进行监督和管理，并承担着相应的财政补贴责任）和社会（通过从事福利事业的社会团体来实施）是社会福利的责任主体。

（2）社会福利的目标，不仅是为了解除社会公众的生活后顾之忧，还在于提高社会公众的生活水平，改善生活质量。

（3）社会福利的提供形式主要有资金（货币）形式、实物形式和服务形式，其中以实物（主要是福利设施）和社会服务（如青少年教育服务、残疾人康复服务、老年人安老服务以及其他各种具有福利性质的社会服务等）形式居多。

（二）社会福利的特点

1. 保障对象的特殊性和普遍性

社会福利一方面旨在实现社会特殊群体如老人、儿童、妇女、残疾人等的特殊需要，另一方面旨在满足全体社会成员的一般需求，提高社会公众的生活质量。可见，社会福利不单是覆盖社会特殊人群，还面向全体社会成员，其保障对象具有全民普遍性。

2. 实施主体的社会性

人们对社会福利服务的需求多种多样，致使社会福利的项目内容、待遇标准和管理过程与社会保险和社会救助制度相较更具有复杂性，而政府财政能力的限制以及建设"有限政府"的目标使社会福利服务不可能由政府全部承担生产或提供责任。因此，虽然社会福利是由政府或者社会举办和实施的，但具体的服务是通过政府设立的福利机构或非政府的社会福利团体来提供。

3. 保障待遇的公平性

社会福利具有机会均等的特征，追求的是最大限度的社会公平。社会救助的对象越贫困就可以申请越多的救助，社会保险则对履行缴费义务越多的对象给予的待遇回报就越多，而社会福利，无论贫富贵贱，都是一个待遇标准，给予所有享受对象公平的福利待遇，人人机会均等。社会福利待遇的享受与每个社会公众的经济地位、职业背景等没有太多联系，也无须与其贡献挂钩，人人有份，保障待遇公平且均等。

4. 保障方式的多样性

社会救助和社会保险主要是以货币等现金的方式提供给需要保障的对象，而社会福利的提供形式或手段则比较多样，可以采用货币、实物和服务等多种或综合形式。其中，福利设施和福利服务是国家和社会实施相关社会福利政策的基本途径，如为残疾人提供的辅助器械和专门设备、康复训练以及职业技能培训等服务。从举办主体来看，社会福利既包括国家投资的高层次福利，又包括依靠社会力量举办的集体福利和社会服务事业，资金、物力和人力等资源的提供主体多元。

5. 权利与义务的单向性

在资金来源方面，社会福利主要是由国家和社会直接或间接向社会成员提供福利和服务的单向性特点，对福利享受者也不过分强调权利与义务的对等关系，即不需要福利享受者以缴费和承担个人责任为前提，来获得福利待遇的对等给付。因此，社会福利在较大程度上区别于社会保险机制，与社会救助的单向性特点更为接近（钟仁耀，2013）。①

第二节　社会福利制度结构和内容

一、社会福利覆盖对象

社会福利是一项在全社会广泛进行的社会性事业，是一项旨在提高社会成员生活质量的国家政策，与其他社会保障项目相比，其覆盖范围更为广泛。国家（或政府）提供的社会福利服务以全体社会成员为保障对象，由于社会福利对象的身份、职业和生活状况不同，其享受社会福利的方式可能不相同，但只要是符合享受条件的社会成员，都可以享受社会福利待遇和服务。

由国家或政府提供的福利服务或福利设施，一般是以全体社会成员为对象的社会福利，除此之外，也有在一定区域内实施的社会福利和在一定行业内实施的社会福利。例如，改革开放后，中国逐渐发展起来的社区服务就是以社区内的居民为对象实施的社会服务，服务对象具有明显的区域限制性；企事业单位为满足本单位职工的生活需要和提高职工生活质量而提供的福利设施和福利补贴，即所谓的职工福利，其保障对象只针对本单位的职工（曹立前，2006）。②

二、社会福利基金筹集

不同于社会保险三方负担的资金筹集方式，社会福利基金主要来源于政府和社会的统一筹集，个人无须缴纳费用。

①　钟仁耀. 社会救助与社会福利［M］. 上海：上海财经大学出版社，2013：216-217.
②　曹立前. 社会救助与社会福利［M］. 青岛：中国海洋大学出版社，2006：220.

中国社会福利基金来源主要有政府财政拨款、社会捐助、福利彩票等渠道。政府财政拨款是社会福利基金的主要组成部分，来源于国家税收。税收具有强制性、无偿性、固定性的特点，公民向政府交税可以获得政府为其提供的各种福利待遇和保护。社会筹资渠道主要为各单位的福利资金或各种社会捐助。实现社会福利基金筹集多元化的重要途径是发行福利彩票，福利彩票的宗旨是扶老、助残、救孤、济困，显著体现出社会福利属性。

三、社会福利待遇领取条件

社会福利的对象虽然是全体社会成员，但不同社会福利项目面对的社会群体不同，那么，社会群体享受社会福利的条件也有所不同。总体来看，社会福利的享受条件一般有以下三个方面的规定：

（一）年龄条件

一些社会福利项目的发放对象是处于一定年龄阶段内的保障对象，只有符合一定年龄条件的公民才可以享受到社会福利，如老年人福利和儿童福利。在中国，各省市对 80 岁以上（有的地区规定是 75 岁以上）的本地户籍老人发放高龄津贴和营养费，以及实施乘车免费、旅游景点门票免费等福利政策，以提高高龄老人的生活质量，体现尊老的社会传统；儿童福利主要是针对未满 18 周岁的未成年人，由于其身体、心理均在发育成长过程中，需要家庭和社会的关心、帮助和教化。

（二）性别条件

有些社会福利项目的享受要根据福利待遇受益人的生理、心理特点以及可能受到的歧视或侵害而设立，如妇女福利。这是由于妇女生理、心理与男性有不同的特点，需要加以特殊的照顾和保护，一般国家（或政府）多是提供妇女津贴、劳保福利、职业保护和相应的社会服务等福利内容。

（三）身份条件

身份条件主要指受益人是不是在福利待遇给付所需要的特定劳动部门或从事着特定性质的职业，以及其他资格条件。由于各项社会福利项目都有实施目标和范围的规定，对于不同身份的劳动者及其亲属，均有不同的待遇标准。例如，中国公务员福利是国家行政机关为改善和提高公务员的物质文化水平和生活水平，在工资报酬和劳动保险以外，通过提供集体福利设施、提供专项服务以及发放补贴等形式，给予公务员的一种生活保障和福利措施，具体包括生活困难补助、探亲制度、病假待遇、年休假制度、医疗福利、冬季宿舍取暖补贴制度和交通费补贴制度等。

四、社会福利在社会保障制度中的地位

社会福利是社会保障制度中的一项重要组成部分，是社会保障的最高纲领，

在社会保障体系中居于最高层次。

社会福利是国家对国民收入进行再分配的一种形式，它使社会成员除劳动收入外，可以均等地获得国家提供的各种福利设施和服务，因此，社会福利是全体社会成员均等享受社会发展成果的一种国家社会政策。社会福利的目的是促使社会成员的生活质量不断得到改善，相较于社会救助、社会保险等项目，社会福利是一种层次比较高的保障措施。

社会福利作为社会保障制度的最高层次，不仅是为了保障社会成员的一定生活需要，而且也是为了保证社会成员在现有经济发展水平的基础上能够过上正常、美好、幸福的生活。它既提供一定的收入补偿，又更多的是通过建立公共设施和相关服务为人们提供生活便利；它既对社会公众的物质生活需要提供保障，又对精神、文化方面的需要给予专门保障；它既保障社会公众个人的生活需要，又要保障其家庭、子女后代的各方面发展需要（曹立前，2006）。[1]

总之，随着经济社会的发展，社会福利的内涵和外延也在变化，社会福利的范围和水平也在不断提升。社会福利的充分发展，意味着社会保障制度达到了高层次发展阶段，即把国民福利扩展到了提供各种资金补助和建立各种公共福利设施等领域，为社会公众的生活提供便利，使生活条件得到了普遍改善，保障了个人和整个社会的发展需要，更保障了社会公众享受高质量生活的需要和家庭发展的需要。

第三节 中国特殊人群的社会福利政策

在中国当前的学术体系中，有关"社会保障"和"社会福利"概念上的争议比较激烈。争议焦点主要集中于两个概念的覆盖范围和相互关系上，从而形成社会福利"广义说"和"狭义说"两类观点。支持"狭义说"的学者往往认为社会保障的外延应当包含社会福利，即在约定俗成的中国社会保障政策话语体系中，社会福利通常与社会保险、社会救助并列（郑功成，2010），[2] 共同构成中国社会保障制度体系；支持"广义说"的学者则将教育保障、住房保障、就业保障、基本生活保障、健康保障等事务均视为社会福利的外延（景天魁，2009），[3] 认为社会福利比社会保障更为成熟，并将社会保障视为部分的、基础

① 曹立前. 社会救助与社会福利 [M]. 青岛：中国海洋大学出版社，2006：220.
② 郑功成. 中国社会保障改革与未来发展 [J]. 中国人民大学学报，2010（5）：2-14.
③ 景天魁. 底线公平：和谐社会的基础 [M]. 北京：北京师范大学出版社，2009：229-330.

的、物质的、简单的或现实的社会福利（刘继同，2003）。①

本书认为，社会福利"狭义说"更符合中国社会保障政策话语和运行实际。鉴于目前中国社会福利除了以职工福利和民政福利等传统社会福利形式之外，还有社会津贴、社区服务和社会福利设施等新型社会福利类型，边界宽泛、交错且模糊，内容庞杂、多元且碎片，特仅从享受社会福利的对象角度，来展示中国特殊人群的社会福利制度。

一、老年人福利政策

随着老龄化和高龄化时代的到来，单纯的养老金给付已难以满足老年人的多样化、高水平需求，这就对社会福利提出了更高的要求。因此，老年人福利构成了多数国家社会福利中的主体内容。

（一）老年人福利的概念

所谓老年人福利，是指以老年人为特殊对象的社会福利项目，国家和社会为了发扬敬老爱老美德、安定老年人生活、维护老年人健康、充实老年人精神文化生活而采取的政策措施和提供的设施服务。老年人福利是养老保险制度的延续和提升，是在保障老年人基本物质生活需要基础上，努力实现"老有所养、老有所医、老有所为、老有所乐"的目标。

从老年人的生活出发，老年人的福利需求主要包括老年人经济保障、老年人健康保障、老年人情感保障、老年人服务保障及其他保障。《中华人民共和国老年人权益保障法》② 是中国老年人福利体现最集中的法律，其明确了家庭对老年人的赡养和抚养义务、老年人应获得的宜居环境以及应享受的社会服务、社会优待以及参与社会发展的权利。③

（二）老年人福利的项目内容

中国老年人福利事业起步虽晚，经验不足，但发展进程相对较快。新中国成立后，老年人福利主要为城镇孤寡老人建立福利院以及在农村推广五保户制度。改革开放后，中国的老年人福利事业得到了进一步发展，老年福利内容主要

---

① 刘继同. 社会福利与社会保障界定的"国际惯例"及其中国版涵义［J］. 学术界，2003（2）：57-66.

② 《中华人民共和国老年人权益保障法》，1996 年 8 月 29 日第八届全国人民代表大会常务委员会第二十一次会议通过，根据 2009 年 8 月 27 日第十一届全国人民代表大会常务委员会第十次会议《关于修改部分法律的决定》第一次修正，2012 年 12 月 28 日第十一届全国人民代表大会常务委员会第三十次会议修订，根据 2015 年 4 月 24 日第十二届全国人民代表大会常务委员会第十四次会议《关于修改〈中华人民共和国电力法〉等六部法律的决定》第二次修正，根据 2018 年 12 月 29 日第十三届全国人民代表大会常务委员会第七次会议《关于修改〈中华人民共和国劳动法〉等七部法律的决定》第三次修正。

③ 中华人民共和国老年人权益保障法［EB/OL］.［2019-01-07］. http：//www.npc.gov.cn/npc/xin-wen/2019-01/07/content_2070262.htm.

包括：

1. 物质生活福利

为老年人提供物质生活福利是中国老年人福利事业的主体内容，尽管各地做法不一，但大体可以归纳为以下两种：①建立福利院、敬老院、老年公寓等，收养没有生活保障的老年人，为老年人解决生活照料、医疗保障服务以及精神需求等问题；②向困难老年人提供生活补助。如上海市和北京市先后出台了针对本市无保障老人的福利养老金政策，为经济能力较弱、无法参加基本养老保险的老年人提供保障。

2. 医疗保健服务

随着年龄的增长，老年人身体功能逐渐衰退，患病风险增加，老年人的医疗保健服务成为老年人福利的一项重要内容。中国城镇享受离退休待遇的老年人通常继续享受原有的医疗保障待遇，其他老年人的医疗保健问题虽未有全国性的统一政策规范，但许多地方正在尝试相应的办法。例如，某些有条件的地区，由所在单位或社区组织老年人开展定期身体检查，大多数医院也都有老年人挂号、看病、取药的三优先公约等服务。

3. 老年人照顾服务

2017 年 6 月 6 日，国务院办公厅下发《关于制定和实施老年人照顾服务项目的意见》，重点列出涉及医疗健康服务、基本生活保障服务、公共设施保障服务和文化教育服务等 20 项老年人应享受的照顾服务项目，老年人权益和福利保障日益扩展深入，具体体现在以下 20 个方面：

（1）全面建立针对经济困难的高龄和失能老年人的补贴制度，并做好与长期护理保险的衔接。将符合最低生活保障条件的贫困家庭中的老年人全部纳入最低生活保障范围，实现应保尽保。

（2）发展居家养老服务，为居家养老服务企业发展提供政策支持。鼓励与老年人日常生活密切相关的各类服务行业为老年人提供优先、便利、优惠服务。大力扶持专业服务机构并鼓励其他组织和个人为居家老年人提供生活照料、医疗护理、精神慰藉等服务。鼓励和支持城乡社区社会组织和相关机构为失能老年人提供临时或短期托养照顾服务。

（3）除极少数超大城市需按政策落户外，80 周岁及以上老年人可自愿随子女迁移户口，依法依规享受迁入地基本公共服务。

（4）推进老年宜居社区、老年友好城市建设。提倡在推进与老年人日常生活密切相关的公共设施改造中，适当配备老年人出行辅助器具。加强社区、家庭的适老化设施改造，优先支持老年人居住比例高的住宅加装电梯等。

（5）深化敬老月活动，各级党委和政府坚持每年组织开展走访慰问困难老年人活动。发挥基层服务型党组织和工会、共青团、妇联等群团组织以及城乡基层社会组织的优势，开展经常性为老志愿服务活动。

（6）农村老年人不承担兴办公益事业的筹劳①义务。

（7）贫困老年人因合法权益受到侵害提起诉讼的，依法依规给予其法律援助和司法救助。鼓励律师事务所、公证处、司法鉴定机构、基层法律服务所等法律服务机构为经济困难老年人提供免费或优惠服务。

（8）进一步扩大法律援助覆盖面，降低法律援助门槛，有条件的地方可适度放宽老年人申请法律援助的经济困难标准和受案范围。

（9）支持城市公共交通为老年人提供优惠和便利，鼓励公路、铁路、民航等公共交通工具为老年人提供便利服务。

（10）综合考虑老、幼、病、残、孕等重点旅客出行需求，有条件的公共交通场所、站点和公共交通工具要按照无障碍环境建设要求，加快无障碍设施建设和改造，在醒目位置设置老年人等重点人群服务标志，开辟候乘专区或专座，为无人陪同、行动不便等有服务需求的老年人提供便利服务。

（11）鼓励通过基本公共卫生服务项目，为老年人免费建立电子健康档案，每年为65周岁及以上的老年人免费提供包括体检在内的健康管理服务。

（12）对符合条件的低收入家庭老年人参加城乡居民基本医疗保险所需个人缴费部分，由政府给予适当补贴。

（13）加大推进医养结合力度，鼓励医疗卫生机构与养老服务融合发展，逐步建立完善医疗卫生机构与养老机构的业务合作机制，倡导社会力量兴办医养结合机构，鼓励有条件的医院为社区失能老年人设立家庭病床，建立巡诊制度。

（14）积极开展长期护理保险试点，探索建立长期护理保险制度，切实保障失能人员特别是失能老年人的基本生活权益。

（15）加快推进基本医疗保险异地就医结算工作，2017年底前基本实现符合转诊规定的老年人异地就医住院费用直接结算。

（16）鼓励相关职业院校和培训机构每年面向老年人及其亲属开设一定学时的老年人护理、保健课程或开展专项技能培训。

（17）鼓励制定家庭养老支持政策，引导公民自觉履行赡养义务和承担照料老年人责任。倡导制定老年人参与社会发展支持政策，积极发挥老年人作用。

（18）推动具有相关学科的院校开发老年教育课程，为社区、老年教育机构

---

① 中国农村进行税费改革时，为健全基层民主治理体制、完善公益事业建设机制，创新设立了村民一事一议筹资筹劳制度。具体是指村民以民主决策的形式，针对村内的农田水利建设、农村公路修建等公共事业所需的资金采取开会的形式进行筹资或是农民直接参加劳动的制度，召开村民大会或村民代表大会大家商讨决定。这种形式是经过村民的商讨决定，由农民自己筹集资金兴办自己事业的办法。

及养老服务机构等提供教学资源及教育服务。支持兴办老年电视（互联网）大学，完善老年人社区学习网络。鼓励社会教育机构为老年人开展学习活动提供便利和优惠服务。

（19）老年教育资源向老年人公平有序开放，减免贫困老年人进入老年大学（学校）学习的学费。提倡乡镇（街道）、城乡社区落实老年人学习场所，提供适合老年人的学习资源。

（20）支持老年人开展文体娱乐、精神慰藉、互帮互助等活动，鼓励和支持为乡镇（街道）、城乡社区综合服务设施、为老服务机构和组织因地制宜配备适合老年人的文体器材。引导有条件的公共图书馆开设老年阅览区域，提供大字阅读设备、触屏读报系统等。①

4. 其他生活服务

为老年人提供的其他福利服务主要是立足老年人法定权益保障和服务需求，让老年人享受到更多看得见、摸得着的实惠，使老年人共享改革发展成果，推动实现老有所养、老有所医、老有所为、老有所学、老有所乐。

政府重视且支持社区建立专门的老年人休闲娱乐活动场所，如老年人活动站、老年活动中心等，为老年人提供文化、教育、娱乐、体育活动设施和优惠服务。除此之外，还建立老年人婚姻介绍所、老年人再就业介绍所和家政服务站等机构设施。

为适应我国互联网、大数据、人工智能等信息技术的快速发展以及智能化服务的广泛应用，有效解决老年人在运用智能技术方面遇到的困难，让老年人充分享受智能化服务带来的便利，提高智慧社会时代的老年人福利水平，国务院办公厅于 2020 年 11 月 24 日印发了《关于切实解决老年人运用智能技术困难的实施方案》，聚焦老年人日常生活涉及的出行、就医、消费、文娱、办事等 7 类高频事项和服务场景，提出了以下具体举措：①做好突发事件应急响应状态下对老年人的服务保障，包括便利老年人通行、保障居家老年人基本服务需要、在突发事件处置中做好帮助老年人应对工作；②便利老年人日常交通出行，包括优化老年人打车出行服务、便利老年人乘坐公共交通、提高客运场站人工服务质量；③便利老年人日常就医，包括提供多渠道挂号等就诊服务、优化老年人网上办理就医服务、完善老年人日常健康管理服务；④便利老年人日常消费，包括保留传统金融服务方式、提升网络消费便利化水平；⑤便利老年人文体活动，包括提高文体场所服务适老化程度、丰富老年人参加文体活动的智能化渠道；⑥便利老年人办事服务，包括依托全国一体化政务服务平台优化"互联网+政务服务"应用、设

① 国务院办公厅关于制定和实施老年人照顾服务项目的意见［EB/OL］．［2017-06-16］．http：//www.gov.cn/zhengce/content/2017-06/16/content_5203088.htm.

置必要的线下办事渠道;⑦便利老年人使用智能化产品和服务应用,包括扩大适老化智能终端产品供给、推进互联网应用适老化改造、为老年人提供更优质的电信服务、加强应用培训和开展老年人智能技术教育。①

《关于切实解决老年人运用智能技术困难的实施方案》的出台,将有力促进广大老年人更好地适应并融入智慧社会,为老年人提供更周全、更贴心、更直接的便利化服务,让老年人在信息化发展中有更多获得感、幸福感、安全感。

二、残疾人福利政策

残疾人是指因伤病造成身体缺损或生理功能障碍,在心理适应及社会适应方面出现各种问题,影响日常生活的群体。残疾人群体具有生理上的障碍性、经济上的低收入性、生活上的困难性、政治上的低影响力和心理上的高度敏感性等特征。国家和社会为了帮助残疾人克服生活困难,提高其生活水平,建立了残疾人福利制度。

(一)残疾人福利的概念

残疾人福利是指国家和社会在保障残疾人基本物质生活需要的基础上,为残疾人在生活、工作、教育、医疗和康复等各方面所提供的设施、条件和服务。残疾人是平等的社会成员,但是由于残疾使他们成为社会的弱势群体,通过立法手段保护残疾人的合法权益,并给予尽可能多的福利和照顾,使他们能够在事实上成为社会的平等一员,全面参与社会生活,共享由劳动和社会发展所带来的物质文化成果,这是现代社会的普遍做法。

(二)残疾人福利的项目内容

中国政府高度重视发展残疾人事业。为改善残疾人生活状况,推进残疾人事业的发展,中国政府采取了一系列重大措施保障残疾人权益,先后颁布实施了一系列法律、法规。《中华人民共和国残疾人保障法》② 的立法宗旨明确表述为:"为了维护残疾人的合法权益,发展残疾人事业,保障残疾人平等地充分参与社会生活,共享社会物质文化成果,根据宪法,制定本法。"③ 长期以来,中国以《残疾人保障法》为基础,辅以行政法规和地方法规,依法发展残疾人事业,保障残疾人合法权益,规范公民行为,确定政府和社会各界的责任,明确残疾人事

---

① 国务院办公厅印发关于切实解决老年人运用智能技术困难实施方案的通知[EB/OL]. [2020-11-24]. http://www.gov.cn/zhengce/content/2020-11/24/content_5563804.htm.

② 《中华人民共和国残疾人保障法》在 1990 年 12 月 28 日第七届全国人民代表大会常务委员会第十七次会议通过,并于 2008 年 4 月 24 日第十一届全国人民代表大会常务委员会第二次会议修订,自 2008 年 7 月 1 日起施行,根据 2018 年 10 月 26 日第十三届全国人民代表大会常务委员会第六次会议《关于修改〈中华人民共和国野生动物保护法〉等十五部法律的决定》修正。

③ 中华人民共和国残疾人保障法[EB/OL]. [2008-04-24]. http://www.gov.cn/jrzg/2008-04/24/content_953439.htm.

业各领域的指导原则和工作方针，使残疾人事业走上法治轨道。通过法律宣传、执法检查、法律服务和法律援助，保障残疾人的权利在事实上得到实现。①

归纳而言，目前中国残疾人福利除了给予残疾人基本的物质帮助之外，还要根据社会经济文化发展状况，在残疾人的就业、社会保障、教育、康复、文化生活、扶残助残，无障碍环境等方面给予相应的权益保障，努力实现"平等、参与、共享"的残疾人保障目标，具体包括以下内容：

1. 残疾人就业

国家和社会采取必要措施保障残疾人在劳动力市场上享有同等的就业机会。残疾人参加社会劳动和就业的权利得到各国政府的高度重视，许多国家法律规定，所有单位必须按比例雇用残疾人，同时实行税收减免和其他优惠扶持政策，采取多种形式安排残疾人就业。

2007年5月1日起施行的《残疾人就业条例》第二条规定："国家对残疾人就业实行集中就业与分散就业相结合的方针，促进残疾人就业。县级以上人民政府应当将残疾人就业纳入国民经济和社会发展规划，并制定优惠政策和具体扶持保护措施，为残疾人就业创造条件。"② 具体而言，促进残疾人就业的具体方式有三种：

（1）用人单位应当按照一定比例安排残疾人就业，并为其提供适当的工种、岗位。用人单位安排残疾人就业的比例不得低于本单位在职职工总数的1.5%。用人单位安排残疾人就业达不到其所在地省、自治区、直辖市人民政府规定比例的，应当缴纳残疾人就业保障金。

（2）政府和社会依法兴办的残疾人福利企业、盲人按摩机构和其他福利性单位（统称集中使用残疾人的用人单位），应当集中安排残疾人就业。集中使用残疾人的用人单位中从事全日制工作的残疾人职工，应当占本单位在职职工总数的25%以上。用人单位应当为残疾人职工提供适合其身体状况的劳动条件和劳动保护，不得在晋职、晋级、评定职称、报酬、社会保险、生活福利等方面歧视残疾人职工。

（3）残疾人自主择业、自主创业。对残疾人从事个体经营的，国家应当依法给予税收优惠，有关部门应当在经营场地等方面给予照顾，并按照规定免收管理类、登记类和证照类的行政事业性收费，还在一定期限内给予小额信贷等扶持。

① 中国残疾人事业发展回顾．[EB/OL]．[2008-09-04]．http：//www.china.com.cn/guoqing/2008-09/04/content_23795573.htm.

② 残疾人就业条例[EB/OL]．[2010-12-05]．http：//www.scio.gov.cn/xwfbh/xwbfbh/wqfbh/2015/20150803/xgbd33188/Document/1443212/1443212.htm.

《中华人民共和国残疾人保障法》第三十条和三十一条规定："国家保障残疾人劳动的权利。各级人民政府应当对残疾人劳动就业统筹规划，为残疾人创造劳动就业条件。残疾人劳动就业，实行集中与分散相结合的方针，采取优惠政策和扶持保护措施，通过多渠道、多层次、多形式，使残疾人劳动就业逐步普及、稳定、合理。"①

2. 残疾人社会保障

《中华人民共和国残疾人保障法》第四十六条到四十八条规定："国家保障残疾人享有各项社会保障的权利。政府和社会采取措施，完善对残疾人的社会保障，保障和改善残疾人的生活。残疾人及其所在单位应当按照国家有关规定参加社会保险。残疾人所在城乡基层群众性自治组织、残疾人家庭，应当鼓励、帮助残疾人参加社会保险。对生活确有困难的残疾人，按照国家有关规定给予社会保险补贴。各级人民政府对生活确有困难的残疾人，通过多种渠道给予生活、教育、住房和其他社会救助。县级以上地方人民政府对享受最低生活保障待遇后生活仍有特别困难的残疾人家庭，应当采取其他措施保障其基本生活。各级人民政府对贫困残疾人的基本医疗、康复服务、必要的辅助器具的配置和更换，应当按照规定给予救助。对生活不能自理的残疾人，地方各级人民政府应当根据情况给予护理补贴。"

3. 残疾人教育

联合国大会第三十七次会议 1982 年 12 月 3 日第 37/52 号决议通过的《关于残疾人的世界行动纲领》指出，会员国应保证残疾人有平等接受教育的机会。包括使最严重残疾的儿童享受义务教育；并容许在入学年龄、教学内容、考试程序方面增加灵活性。在实施义务教育的国家，应向各种类别和不同程度的男女儿童，其中包括重残儿童，提供义务教育。

《中华人民共和国残疾人保障法》第二十一条规定："国家保障残疾人享有平等接受教育的权利。各级人民政府应当将残疾人教育作为国家教育事业的组成部分，统一规划，加强领导，为残疾人接受教育创造条件。政府、社会、学校应当采取有效措施，解决残疾儿童、少年就学存在的实际困难，帮助其完成义务教育。各级人民政府对接受义务教育的残疾学生、贫困残疾人家庭的学生提供免费教科书，并给予寄宿生生活费等费用补助；对接受义务教育以外其他教育的残疾学生、贫困残疾人家庭的学生按照国家有关规定给予资助。"

根据残疾人的特点，目前主要采取两种教育方式：①普通教育方式。对具有接受普通教育能力的残疾人实施；②特殊教育方式。对不具备接受普通教育能力

---

① 中华人民共和国残疾人保障法［EB/OL］．［2008-04-24］．http：//www. gov. cn/jrzg/2008-04/24/content_953439. htm.

的残疾人实施。此外，还根据残疾人的身心特性和特殊需要实施教育。国家设立残疾人教育机构，鼓励社会力量办学、捐资助学。国家组织和扶持盲文、手语的研究与应用，特殊教材的编写和出版，特殊教学用具及辅助用品的研制、生产和供应。

4. 残疾人康复

国际社会认为，只要向残疾人传授康复知识和方法，相当数量的残疾人可以在家庭和社区范围内进行功能、自理能力和劳动技能的训练。康复一般包括以下八种服务：①及早发现病情；②诊断和处理；③医疗护理；④社会、心理和其他方面的咨询和协助；⑤进行自理训练；⑥职业技能训练、职业培训、公开招聘的和保护性的就业安置；⑦提供辅助器械、行动工具及其他设备；⑧专门教育服务等。在残疾人的康复保障中，要强调残疾人所具备的能力，尊重他们的人格和尊严。康复工作应该在自然的环境中进行，辅之以社会康复服务和专门的康复机构。

《中华人民共和国残疾人保障法》第十五条和第十六条规定："国家保障残疾人享有康复服务的权利。各级人民政府和有关部门应当采取措施，为残疾人康复创造条件，建立和完善残疾人康复服务体系，并分阶段实施重点康复项目，帮助残疾人恢复或者补偿功能，增强其参与社会生活的能力。康复工作应当从实际出发，将现代康复技术与我国传统康复技术相结合；以社区康复为基础，康复机构为骨干，残疾人家庭为依托；以实用、易行、受益广的康复内容为重点，优先开展残疾儿童抢救性治疗和康复；发展符合康复要求的科学技术，鼓励自主创新，加强康复新技术的研究、开发和应用，为残疾人提供有效的康复服务。"[1]

5. 残疾人文化生活

联合国大会《关于残疾人的世界行动纲领》[2]中提出，会员国确保残疾人有机会充分发展其创作性的、艺术的和社会方面的潜力，这既是为了他们自身的利益，也是为了造福社会。为此，应确保他们参与文化活动的权利，必要时应提供特别帮助，如聋人助听器、盲人点字印刷书籍等。为了活跃残疾人的文化生活，国际上定期举办残疾人奥林匹克运动会、特殊奥运会、世界聋人运动会、国际特

---

① 中华人民共和国残疾人保障法[EB/OL]. [2008-04-24]. http：//www. gov. cn/jrzg/2008-04/24/content_953439. htm.

② 1982 年 12 月 3 日，联合国大会第三十七届会议正式通过《关于残疾人的世界行动纲领》（以下简称《纲领》），共分三个部分：第一部分确定了促进推行有关伤残预防和伤残康复的有效措施，提出了残疾人在残疾预防、伤残康复和机会平等诸方面的任务，分析了完成《纲领》各项目标的先决条件；第二部分指出造成残疾的原因，列举了发展中国家残疾人的现状和阻碍残疾人参与社会的羁绊；第三部分是全文的核心——执行《纲领》的建议，它明确说明世界行动纲领是为所有国家制订的。要求各国政府设立协调中心或全国委员会来调查、监督下属机构和非政府组织完成《纲领》所规定的任务。

殊艺术节、国际残疾人智能竞赛。

中国残疾人文化生活保障的指导原则是：残疾人文化、体育、娱乐活动应当面向基层，融于社会公共文化生活，适应各类残疾人的不同特点和需要，使残疾人广泛参与。国家和社会采取各类措施，丰富残疾人的精神文化生活，主要包括通过广播、电影、电视、报刊等形式，反映残疾人生活，为残疾人服务；组织和扶持盲文读物、盲人有声读物、智障者人读物的编写和出版，开办电视手语节目，在部分影视作品中增加字幕、解说；组织和扶持残疾人开展群众性文化、体育、娱乐活动，举办特殊艺术演出和特殊体育运动会，参加重大国际性比赛和交流；有计划地兴办残疾人活动场所，为残疾人提供方便和照顾。

6. 扶残助残

公共服务机构应当为残疾人提供照顾和优待，内容包括残疾人在搭乘国内公共交通工具时应给予一定的照顾和方便，享受减费或免费服务；盲人读物邮件可以免费寄递；残疾人申请在公共场所开设零售店或申请解困住宅①、停车位，应保留其名额并优先核准；残疾人或其抚养义务人应缴纳的捐税，政府应按残疾人的残疾等级、家庭经济状况，依法给予适当的减免。

7. 残疾人无障碍环境

联合国大会第四十八届会议 1993 年 12 月 20 日第 48/96 号决议通过的《残疾人机会均等标准规则》指出，各国应确认无障碍环境在社会各个领域机会均等过程中的重要性。对任何类别的残疾人，各国应做到：采取行动方案，使物质环境实现无障碍；采取措施，在提供信息和交流方面实现无障碍。20 世纪初，建筑学界产生了一种新的建筑方案——无障碍设计。它运用现代技术改善环境，为广大残疾人提供行动方便和安全空间，创造了一个平等参与的环境。目前，许多国家都采用了国际上通用的无障碍设计标准。如《中华人民共和国残疾人保障法》第五十二条规定："国家和社会应当采取措施，逐步完善无障碍设施，推进信息交流无障碍，为残疾人平等参与社会生活创造无障碍环境。"②

三、妇女福利政策

关于妇女福利问题，国际社会已达成普遍共识，即为满足妇女的特殊需要和维护其特殊利益，需要国家和社会提供特殊照顾和专项福利服务，妇女应在经

---

① 解困住宅是指各级地方政府为解决本地城镇居民中特别困难户、困难户和拥挤户住房问题而专门修建的住房。

② 《中华人民共和国残疾人保障法》，1990 年 12 月 28 日第七届全国人民代表大会常务委员会第十七次会议通过，2008 年 4 月 24 日第十一届全国人民代表大会常务委员会第二次会议修订，根据 2018 年 10 月 26 日第十三届全国人民代表大会常务委员会第六次会议《关于修改〈中华人民共和国野生动物保护法〉等十五部法律的决定》修正。

济、政治、文化、社会和家庭生活等各方面享有与男子平等的权利。由于妇女的生理和心理特点以及千百年来所形成的社会惯性，国家和社会只有以特别的立法来保护妇女的特殊权益，才可能形成真正的男女平等。

（一）妇女福利的概念

妇女福利是指国家和社会为妇女的特殊需要和特殊利益而提供的照顾和特殊服务。国家和社会现在已经确认，妇女在经济、政治、文化、社会和家庭生活等各方面享有与男子平等的权利，然而由于女性在生理、心理上有与男性的差异，使得女性在社会中处于相对弱势地位。因此，政府和社会应当承担相应的责任，给予女性特殊照顾和服务，由此产生了妇女社会福利事业。

（二）妇女福利的项目内容

1995 年 6 月 1 日起施行的《中华人民共和国母婴保健法》①、2005 年 12 月 1 日起施行的《中华人民共和国妇女权益保障法》②、2012 年 4 月 18 日起施行的《女职工劳动保护特别规定》③ 等相关法律法规，对妇女的政治权利、文化教育权益、劳动权益、财产权益、人身权利、婚姻家庭权益、劳动权益等各方面权益做出了保护规定。目前，中国妇女福利的主要内容包括以下四项：

1. 妇女生育福利

对于妇女生育发放生育津贴，是各国通行的做法。国际劳工组织大会于 2000 年 6 月 15 日通过的《保护生育公约（修订）》（第 183 号公约）中提出，各成员国须保证，本公约对其适用的大多数妇女都能够达到享受现金津贴的资格条件，须根据国家法律和条例或是以符合国家惯例的任何其他方式，为妇女及其孩子提供医疗津贴。医疗津贴须包含产前、分娩和产后医疗护理，以及必要时的住院治疗。

许多国家的劳工立法，都规定雇主支付产假工资，如果对妇女没有这种足够

---

① 《中华人民共和国母婴保健法》是为了保障母亲和婴儿健康，提高出生人口素质，根据宪法制定。经中华人民共和国第八届全国人民代表大会常务委员会第十次会议于 1994 年 10 月 27 日通过。自 1995 年 6 月 1 日起施行。根据 2009 年 8 月 27 日第十一届全国人民代表大会常务委员会第十次会议《关于修改部分法律的决定》第一次修正，根据 2017 年 11 月 4 日第十二届全国人民代表大会常务委员会第三十次会议《关于修改〈中华人民共和国会计法〉等十一部法律的决定》第二次修正。

② 《中华人民共和国妇女权益保障法》是为了保障妇女的合法权益，促进男女平等，发挥妇女在社会主义现代化建设中的作用，根据宪法和我国的实际情况而制定。经 1992 年 4 月 3 日第七届全国人民代表大会第五次会议通过。2005 年 8 月 28 日第十届全国人民代表大会常务委员会第十七次会议《关于修改〈中华人民共和国妇女权益保障法〉的决定》修正，自 2005 年 12 月 1 日起施行。根据 2018 年 10 月 26 日第十三届全国人民代表大会常务委员会第六次会议《关于修改〈中华人民共和国野生动物保护法〉等十五部法律的决定》第二次修正。

③ 《女职工劳动保护特别规定》是为减少和解决女职工在劳动中因生理特点造成的特殊困难，保护女职工健康而制定。由中华人民共和国国务院于 2012 年 4 月 28 日发布，自公布之日起施行。

的保护，便由社会保障机构提供。多数发达国家对于妇女的特殊福利津贴重点都是围绕生育而提供，从而保证妇女劳动者在产前产后的全部假期内，产妇本人及其婴儿得到支持和照顾。中国目前仅对职业妇女实行生育津贴制度。随着中国经济的发展，妇女津贴的范围应当进一步扩展，非职业妇女生育也给予一定的生育补贴。

2. 妇女劳动保护福利

中国关于妇女劳动保护等相关福利的法律规定，主要体现在国务院制定的《女职工劳动保护特别规定》中，主要内容包括以下九项：

（1）用人单位应当加强女职工劳动保护，采取措施改善女职工劳动安全卫生条件，对女职工进行劳动安全卫生知识培训。

（2）用人单位不得因女职工怀孕、生育、哺乳而降低其工资、予以辞退、与其解除劳动或者聘用合同。

（3）女职工在孕期不能适应原劳动的，用人单位应根据医疗机构的证明，予以减轻劳动量或者安排其他能够适应的劳动。对怀孕 7 个月以上的女职工，用人单位不得延长劳动时间或者安排夜班劳动，并应当在劳动时间内安排一定的休息时间。怀孕女职工在劳动时间内进行产前检查，所需时间计入劳动时间。

（4）女职工生育享受 98 天（14 周）产假，其中产前可以休假 15 天；难产的，应增加产假 15 天；生育多胞胎的，每多生育 1 个婴儿，可增加产假 15 天。女职工怀孕未满 4 个月流产的，享受 15 天产假；怀孕满 4 个月流产的，享受 42 天产假。

（5）女职工产假期间的生育津贴，对已经参加生育保险的，按照用人单位上年度职工月平均工资的标准由生育保险基金支付；对未参加生育保险的，按照女职工产假前的工资标准由用人单位支付。女职工生育或者流产的医疗费用，按照生育保险规定的项目和标准，对已经参加生育保险的，由生育保险基金支付；对未参加生育保险的，由用人单位支付。

（6）对哺乳未满 1 周岁婴儿的女职工，用人单位不得延长劳动时间或者安排夜班劳动。用人单位应当在每天的劳动时间内为哺乳期女职工安排 1 小时哺乳时间；女职工生育多胞胎的，每多哺乳 1 个婴儿每天增加 1 小时哺乳时间。

（7）女职工比较多的用人单位应当根据女职工的需要，建立女职工卫生室、孕妇休息室、哺乳室等设施，妥善解决女职工在生理卫生、哺乳方面的困难。

（8）在劳动场所，用人单位应当预防和制止对女职工的性骚扰。

（9）用人单位应当遵守关于女职工禁忌从事劳动范围的规定。用人单位应当将本单位属于女职工禁忌从事的劳动范围的岗位书面告知女职工。

3. 妇女保健福利

在《中华人民共和国母婴保健法》和《女职工保健工作规定》[1] 中，对女职工保健制度作了规定："县（含城市区）以上的各级妇幼保健机构，负责对管辖范围内的各单位实施本规定进行业务指导。各单位的医疗卫生部门应负责本单位女职工保健工作。女职工人数在 1000 人以下的厂矿应兼设妇女保健人员；女职工人数在 1000 人以上的厂矿，在职工医院的妇产科或妇幼保健站中应有专人负责女职工保健工作。"[2]

女职工保健包括月经期保健、婚前保健、孕前保健、孕期保健、产前保健、产后保健、哺乳期保健、更年期保健，并对女职工定期进行妇科疾病及乳腺疾病的查治。

4. 为妇女提供的福利设施和福利服务

为妇女提供的福利设施和福利服务，涉及妇女的生活、保健等多个方面，如妇幼保健院、妇产医院、妇女活动中心、咨询服务中心、健美中心、妇女用品专卖店等。一些妇女较多的企事业单位还设置妇女冲洗设备，提供给妇女在"三期"[3] 使用。

四、儿童福利政策

儿童福利是社会福利的重要组成部分，是社会福利在儿童这个特殊群体中的体现。联合国《儿童权利宣言》指出，凡是以促进儿童身心健全发展与正常生活为目的的各种努力、事业和制度等均称为儿童福利。《美国社会工作年鉴》则指出，儿童福利旨在谋求儿童愉快生活、健全发展，并有效地发掘其潜能，它包括了对儿童提供直接福利服务，以及促进儿童健全发展有关的家庭和社区的福利服务。可见，建立综合儿童福利体系，提供全面的儿童福利服务，满足儿童（特别是困境儿童或贫困儿童）生存发展需求，促进其健康成长，是世界各国儿童福利政策的核心议题。

（一）儿童福利的概念

儿童福利有广义和狭义之分。广义的儿童福利是指一切针对全体儿童的，促进儿童生理、心理及社会潜能最佳发展的各种措施和服务，它强调社会公平，具

---

① 《女职工保健工作规定》是为了保护女职工的身心健康及其子女的健康发育和成长，提高民族素质，根据《中华人民共和国妇女权益保障法》和《女职工劳动保护特别规定》而制定，自 1993 年 11 月 26 日起施行，于 2011 年 11 月 26 日修订。

② 女职工保健工作规定 [EB/OL]. [2011-10-19]. http://www.scio.gov.cn/xwFbh/xwbfbh/wqfbh/2015/20150922/xgbd33487/Document/1449495/1449495.htm.

③ 根据《女职工劳动保护特别规定》和《女职工保健工作规定》的规定，女职工的"三期"包括孕期、产期和哺乳期。其中，孕期是指妇女怀孕期间，产期是指妇女生育期间，哺乳期是指从婴儿出生到 1 周岁的期间。在个别西方发达国家，女职工在更年期和经期也受到劳动保护。

有普适性。狭义的儿童福利是指面向特定儿童和家庭的服务，特别是在家庭或其他社会机构中未能满足其需求的儿童，如孤儿、残疾儿童、流浪儿、被遗弃的儿童、被虐待或被忽视的儿童、家庭破碎的儿童、行为偏差或情绪困扰的儿童等，这些特殊困难环境中的儿童往往需要予以特别的救助、保护、矫治。因此，狭义的儿童福利在促进社会公平的同时，重点强调对弱势儿童的照顾，一般包括实物援助和现金津贴两个方面，如实行各种形式的儿童津贴、对生育妇女的一次性补助，以及单亲父母各种待遇等。

（二）儿童福利的项目内容

根据《中华人民共和国未成年人保护法》和《中华人民共和国义务教育法》等与少年儿童相关的法律法规，我们围绕儿童教育、医疗、生活保障、社会保护等方面总结了中国儿童福利主要包括的项目内容，主要有以下七项：

1. 儿童医疗保健设施和服务

卫生部门对儿童实行预防接种制度，积极防治儿童常见病、多发病，加强对传染病防治工作的监督管理和对托儿所、幼儿园卫生保健的业务指导。另外，国家还兴办专为儿童医疗保健服务的儿童医院，或者在全科医院设立儿科，同时开展儿童保健工作，定期进行儿童健康检查、预防接种等。

2. 儿童的活动场所和条件

国家和社会负责建立和普及托儿所、幼儿园，为婴幼儿提供良好的生活条件和保育服务；建立儿童活动中心、少年宫、少年活动站以及儿童乐园等儿童活动学习场所。另外，博物馆、纪念馆、科技馆、文化馆、影剧院、体育馆、动物园、公园等场所，对中小学生实行优惠开放。不仅如此，国家还鼓励政府机关、社会团体、企事业单位和其他社会组织、公民个人等，兴办哺乳室、托儿所、幼儿园，提倡和支持兴办家庭托儿所，并且开展多种形式的有利于儿童健康成长的社会活动。

3. 普及义务教育

在《中华人民共和国教育法》和《义务教育法实施细则》中，对有关儿童的教育福利作了以下五项规定：

（1）国家实行九年制义务教育制度。各级人民政府采取各种措施保障适龄儿童、少年就学。适龄儿童、少年的父母或者其他监护人以及有关社会组织和个人有义务使适龄儿童、少年接受并完成规定年限的义务教育。

（2）地方各级人民政府应当合理设置小学、初级中等学校，使儿童、少年就近入学。同时，为盲、聋哑和智障儿童举办特殊教育学校（班）。

（3）国家对接受义务教育的学生免收学费。设立助学金，帮助贫困学生就学。实施义务教育所需事业费和基本建设投资，由国务院和地方各级人民政府负责筹措，予以保证（林闽钢，2017）。①

（4）地方各级人民政府创造各种条件，使适龄儿童入学接受义务教育。适龄儿童不入学接受义务教育的，当地人民政府对其父母或其他监护人批评教育，并采取有效措施责令其送子女或被监护人入学。对招用适龄儿童就业的组织和个人，当地人民政府给予批评教育，并责令停止招用，情节严重的，可以罚款或者吊销营业执照。

（5）学校应当尊重未成年学生的受教育权，不得随意开除学生。学校、幼儿园的教职人员应当尊重未成年人的人格尊严，不得对未成年学生实施体罚、变相体罚或者其他侮辱人格尊严的行为。学校不得使未成年学生在危及人身安全和健康的校舍以及其他教育教学设施中活动。

4. 儿童的日常生活保障服务

儿童的生命权、健康权应该受到保护。父母或者其他监护人应当依法履行对儿童的监护职责和抚养义务，不得虐待、遗弃儿童；不得歧视女童或者残疾儿童；禁止溺婴、弃婴。父母或者其他监护人应当以健康的思想、品行和适当的方法教育儿童，引导他们进行有益身心健康的活动，防止儿童吸烟、酗酒、流浪以及聚赌、吸毒等。

5. 兴办儿童福利院

儿童福利院是指我国民政部门在城市举办的以孤儿为主要收养对象的社会福利事业单位，其主要任务是收养城市中无家可归、无生活来源、无法定义务抚养人的孤儿，收养家庭无力看管的儿童。儿童福利院配备有医生、护士、护理员和文化教员，专门负责孤儿、弃婴和残疾儿童的生活护理、康复训练和文化教育。这些儿童的生活水平一般保持在当地居民生活的中等水平以上。

6. SOS 儿童村

SOS 儿童村是一项安置孤儿的国际性社会福利设施，由奥地利人赫尔曼·格迈纳尔创立。第二次世界大战之后，格迈纳尔先生以使天下所有的孤苦孩子都有家可归为宗旨，发起了 SOS 儿童村运动。儿童村模拟家庭单位，一般由 15~20 户"人家"组成，每户招聘一个"家庭妈妈"，教养 12 个不同年龄的孤儿，他们作为一家的兄弟姐妹共同生活，直至能够独立生活和自我照料为止。儿童村招收孤儿的条件有两个：①父母双亡，无法定抚养人或法定抚养人无力抚养；②年龄在 8 周岁以下，身心健康，发育正常，无家族遗传病史。儿童村由村主任负责领导，管理人员有村主任助理、妈妈、妈妈助理、教师和后勤人员等。儿童村的孤儿就读于附近学校，进入青年期以后迁至 SOS 青年村居住，直到他们完全独立。

---

① 林闽钢. 社会救助通论［M］. 北京：科学出版社，2017：102-103.

7. 残疾儿童康复服务

国家设立残疾儿童康复服务中心，为残疾儿童提供门诊和家庭咨询，开展各种功能训练和医疗、教育、职业培训，以减轻他们的残疾程度，帮助他们恢复生活自理和劳动能力，为其走向社会创造条件。各地根据儿童身体和精神障碍的具体情况，设立针对性的康复机构，如聋哑儿童矫治中心等，集中对伤残儿童进行综合性医疗和救治，使其尽快克服或减轻因疾病或伤残带来的痛苦，健康快乐地成长。

中国在儿童福利生活保障、教育发展、医疗健康、儿童保护和儿童福利社会工作五大领域出台了多项政策，极大促进了现代儿童福利与保护政策环境的优化升级，为儿童福利、儿童保护、儿童教育和儿童医疗等领域的专业化发展创造了良好的政策环境，儿童福利体系建设正在全面加快建设步伐。

第四节　社会福利管理实务

一、高龄津贴的申请程序

高龄津贴（补贴）政策是对高龄老年人实施的一项普惠的社会保障措施，对于解决高龄老年人基本生活问题，提高高龄老年人的生活保障，能够起到十分重要的作用。近年来，为贯彻落实《中华人民共和国老年人权益保障法》《国务院关于加快发展养老服务业的若干意见》《关于建立健全经济困难的高龄失能等老年人补贴制度的通知》要求，各地紧密结合实际，陆续在省级层面出台了经济困难的高龄、失能等老年人补贴政策，但各地在高龄津贴补贴政策规定方面差异较大，现介绍内蒙古自治区高龄津贴政策。

（一）内蒙古自治区高龄津贴政策

2011 年，为积极应对人口老龄化，着力保障和改善民生，内蒙古自治区出台 80 岁以上低收入老年人高龄津贴制度，为低收入和无固定工资收入的老年人发放高龄津贴。2014 年，内蒙古自治区扩大高龄津贴补助范围，将领取低保金的 80 岁以上老年人纳入高龄津贴补助范围，实现 80 岁以上无固定工资收入老年人高龄津贴全覆盖。自 2017 年 1 月 1 日起，内蒙古自治区将所有的 80 岁以上的老年人纳入高龄津贴补助范围，实现了 80 岁以上老年人高龄津贴普惠制。具体有以下两个政策：

（1）凡具有内蒙古自治区户籍、年龄在 80 周岁（含 80 周岁）至 99 周岁的老年人，均可按规定每人每月领取 100 元高龄津贴。

（2）全区 100 周岁（含 100 周岁）以上老年人高龄津贴的发放标准为每人

每月 600 元，所需资金由自治区本级财政全额承担。

（二）内蒙古高龄津贴的申请流程

符合条件的老年人应自愿申请领取高龄津贴。老年人提交申请表后，由户籍所在地嘎查村委会（社区居委会）、苏木乡镇人民政府（街道办事处）和各旗县（市、区）民政部门自下而上进行逐级审核。旗县级民政部门审核通过后，应当自老年人提交申请表当月开始，为其计算发放高龄津贴。首次为新审核通过的老年人发放高龄津贴时，应将此前审核过程中未发放的部分一次性补发到位。具体流程有以下三项：

（1）凡具有享受高龄津贴资格的老年人，在自愿的前提下凭本人身份证或户口本原件和复印件三份及近期免冠两寸照片三张向其户籍所在地的社区居委会提出申请，并填写《内蒙古自治区 80 岁以上低收入老年人高龄津贴申请表》。

（2）社区居委会在接到申请后，于 5 个工作日内完成初审评议，签署审核意见加盖公章，并将申请材料报乡镇人民政府（街道办事处）审核。乡镇人民政府（街道办事处）收到社区居委会提交的申报材料，审核无误后，签署意见并加盖公章，将申报材料报旗县（市、区）老龄工作委员会办公室审批。

（3）各旗县（市、区）老龄工作委员会办公室从受理申报材料之日起，5 个工作日内办结审批，将符合条件的申请对象统一登记造册，纳入高龄津贴发放范围。对不符合条件的，应书面通知申请人并说明理由。

二、《残疾人证》的办理

《中华人民共和国残疾人证》（以下简称《残疾人证》）由中国残联统一印制，地方残联负责发放和管理。残疾人证是认定残疾人及其残疾类别、残疾等级的合法凭证，是残疾人依法享有国家和地方政府优惠政策的重要依据。残疾评定标准为中华人民共和国国家标准《残疾人残疾分类和分级》（GB/T 26341-2010）。

（一）《残疾人证》证件解读

根据《残疾人残疾分类和分级》（GB/T 26341-2010）的规定，残疾类别共分为七类：视力残疾、听力残疾、言语残疾、肢体残疾、智力残疾、精神残疾及多重残疾。每个类别按照从重到轻又分成 1、2、3、4 个等级。

残疾人证的证件有红色和绿色两种。其中，红色的为视力残疾人证，绿色的为其他类别残疾人证，有视力残疾的多重残疾人可采用红色外皮的视力残疾人证。

残疾人证号全国统一编码，首次办证采用 20 位编码格式，由 18 位居民身份证号码加 1 位残疾类别代码和 1 位残疾等级代码组成。残疾类别代码为：视力残疾是 1，听力残疾是 2，言语残疾是 3，肢体残疾是 4，智力残疾是 5，精神残疾是 6，多重残疾是 7。残疾等级代码为：一级是 1，二级是 2，三级是 3，四级是 4。

（二）《残疾人证》办理程序

残疾人证坚持申领自愿、属地管理原则。凡符合残疾标准的视力、听力、言语、肢体、智力、精神及多重残疾人均可申领残疾人证。

1. 需要准备的材料

（1）申请人（或代理人）居民身份证、户口簿及复印件各一份；

（2）残疾人本人两寸近期免冠白底彩照三张（具体以当地县级残联要求为准）；

（3）中华人民共和国残疾人证审批表、评定表各一张（当地县级残联领取）。

2. 办理程序

（1）申请。未持有残疾人证的申请人，可直接到居住地县级残联或当地政务服务中心残疾人事务服务窗口申请办理，也可通过全国残联信息化服务平台或国家级、省级政务服务平台"跨省通办"专区注册、登录后申请办理残疾人证。

（2）受理。居住地县级残联审核申请信息及相关材料后，为申请人指定残疾评定机构，现场告知或通过系统反馈告知申请人到指定残疾评定机构进行残疾评定。

（3）评定。申请人到指定的机构进行残疾评定。

（4）公示、审核。居住地县级残联对申请人的评定结果进行公示。公示完成后，户籍地县级残联经审核符合规定的，予以批准，打印制作残疾人证。

（5）发放。根据申请人意愿，户籍地县级残联将残疾人证邮寄到申请人指定地点。

注意：持证一年以上，要求变更残疾类别、等级的需重新评定。未满一年的，不予重评。办理残疾人证不收取工本费、手续费等任何费用。指定机构评定残疾类别、等级的费用以及照片等费用，原则上由申请人个人自理。

三、残疾人两项补贴的办理

（一）残疾人两项补贴政策

残疾人"两项补贴"政策是指国务院全面建立的困难残疾人生活补贴和重度残疾人护理补贴制度，这是解决残疾人特殊生活困难和长期照护困难的重要举措。

1. 补贴对象

（1）困难残疾人生活补贴对象。①具有本市户籍；②持有第二代中华人民共和国残疾人证；③最低生活保障家庭中的残疾人。有条件的地方可将补贴对象扩大到低收入残疾人及其他困难残疾人。

低收入残疾人及其他困难残疾人的认定标准由县级以上政府参照相关规定、结合实际情况制定。

（2）重度残疾人护理补贴对象。①具有本市户籍；②持有第二代中华人民共和国残疾人证；③残疾等级被评定为一级、二级且需要长期照护的重度残疾人。有条件的地方可将补贴对象扩大到非重度智力、精神残疾人和其他残疾人。

2. 补贴标准

困难残疾人生活补贴主要补助因残疾产生的额外生活支出。重度残疾人护理补贴主要补助因残疾产生的额外照护支出。残疾人两项补贴标准由各地区根据经济社会发展水平、残疾人生活保障和照护需求统筹确定，并适时调整。残疾人两项补贴标准要实现城乡统筹、科学合理，有条件的地区可以按照残疾人的不同困难程度制定分档补贴标准，可以统一城乡残疾人补贴标准。2024 年内蒙古呼和浩特市残疾人两项补贴标准为 1300 元/年/人。

3. 政策衔接

（1）符合两项补贴条件的残疾人可同时申领困难残疾人生活补贴和重度残疾人护理补贴。残疾人两项补贴不计入城乡最低生活保障家庭的收入。

（2）既符合领取残疾人两项补贴条件，又符合领取养老服务补贴、高龄津贴条件的残疾老年人可以叠加享受。

（3）既符合重度残疾人护理补贴条件，又符合老年人护理补贴条件的残疾老年人，可择高申请领取其中一类护理补贴。

（4）领取工伤保险生活护理费、纳入特困人员供养范围、监狱服刑的残疾人不享受残疾人两项补贴。

（5）已享受孤儿基本生活保障政策的残疾儿童，不享受困难残疾人生活补贴，可享受重度残疾人护理补贴。

（6）已享受本市长期护理保险政策的残疾人，可同时享受残疾人两项补贴。

（二）残疾人两项补贴的申领程序

1. 自愿申请

（1）线上申请。残疾人或其监护人可以通过登录国家政务服务平台及其移动端、民政一体化政务服务平台及其移动端"民政通""扶残助困一件事一次办"等方式在线提交申请。

（2）线下申请。残疾人或其监护人，法定赡养、抚养、扶养义务人，所在村民（居民）委员会或其他委托人可携带身份证、户口簿、残疾人证、享受低保情况说明、银行卡等相关证明材料，向户籍所在地的乡镇人民政府（街道办事处）受理窗口或残联设立的"扶残助困一件事一次办"窗口提交书面申请。若不能在户籍所在地提出申请，也可以在全国范围内任何街道办事处和乡镇人民政府设立的残疾人两项补贴受理窗口提交。能够通过系统数据共享获取的证明材料，申请人可不提供纸质材料。

（3）集体申请。符合重度残疾人护理补贴政策的集中供养残疾儿童，由养育机构统一通过全国残疾人两项补贴信息管理系统提出申请。由盟市或机构所在辖区的残联组织、民政部门进行审核和审定，盟市或机构所在辖区财政部门直接将重度残疾人护理补贴拨付至儿童福利机构账户中，补贴资金可用于为重度残疾孤儿提供护理服务相关费用。

2. 逐级审核

（1）初审。乡镇人民政府（街道办事处）自收到申请之日起，在1个工作日内通过全国系统完成辖区户籍残疾人两项补贴的初审并提交旗县区残联组织进行审核。

（2）审核。旗县区残联组织自收到乡镇人民政府（街道办事处）初审意见之日起，在2个工作日内完成审核并通过全国系统提交旗县区民政部门审定。

（3）审定。旗县区民政部门自收到旗县区残联组织审核意见之日起，在2个工作日内通过全国残疾人两项补贴信息管理系统完成审定。

（4）发放。旗县区民政部门和残联负责对残疾人两项补贴资金发放清册的准确性进行审核确定，与全国残疾人两项补贴信息系统的数据一致后，报同级财政部门，自残疾人提交申请当月起计发补贴资金。

3. 信息公示

残疾人两项补贴资金发放和使用情况，通过政务公开栏、村务公开栏、社区公开栏以及乡镇人民政府（街道办事处）公共服务大厅、网络平台等方式对残疾人姓名、补贴标准、发放起领时间的信息进行长期公开，并定期更新补贴对象信息。申请审批结果不再进行公示。

四、事实无人抚养儿童基本生活补贴的申请

（一）事实无人抚养儿童的认定

（1）事实无人抚养儿童是指父母双方均符合重残、重病、服刑在押、强制隔离戒毒、被执行其他限制人身自由措施、失联情形之一的儿童；或父母一方死亡或失踪，另一方符合重残、重病、服刑在押、强制隔离戒毒、被执行其他限制人身自由措施、失联情形之一的儿童。

（2）拥有所在辖区户籍，年龄未满18周岁。

（二）事实无人抚养儿童基本生活补贴的申请流程

1. 申请

事实无人抚养儿童监护人或受监护人委托的近亲属填写《事实无人抚养儿童基本生活补贴申请表》，向儿童户籍所在地乡镇人民政府（街道办事处）提出申请。情况特殊的，可由儿童所在村（居）民委员会提出申请。

2. 查验

乡镇人民政府（街道办事处）受理申请后，对儿童父母重残、重病、服刑在押、强制隔离戒毒、被执行其他限制人身自由的措施、失联以及死亡、失踪等情况进行查验。查验一般采取与部门信息比对的方式进行。乡镇人民政府（街道

办事处）自收到申请之日起 15 个工作日内作出查验结论。符合条件的，连同申报材料一并报县级民政部门。有异议的，根据工作需要采取入户调查、邻里访问、信函索证、群众评议等方式再次核实。为保护儿童隐私，不设置公示环节。

3. 确认

县级民政部门自收到申报材料及查验结论之日起 10 个工作日内作出确认。符合条件的，从确认的次月起纳入保障范围，将有关信息录入"全国儿童福利信息系统"。不符合保障条件的，书面说明理由并告知申请人。

（三）事实无人抚养儿童认定申请受理"跨省通办"

孤儿、事实无人抚养儿童认定申请受理"跨省通办"工作自 2021 年 6 月 30 日起在全国范围内正式实施。孤儿、事实无人抚养儿童认定采取任意地受理申请，户籍地负责审核的形式办理，申请人申请孤儿、事实无人抚养儿童认定，可以向全国范围内任意乡镇人民政府（街道办事处）提出，不受户籍地限制。具体办理流程有以下四项：

（1）各地按照异地代收代办方式，统一使用全国儿童福利信息系统受理孤儿、事实无人抚养儿童认定申请。

（2）受理地乡镇人民政府（街道办事处）应当根据信息系统"各地跨省通办材料说明"栏目中申请人户籍所在的市级民政部门关于跨省通办材料的要求，一次性告知申请人所需提供的材料，并对申请材料进行形式审查，在申请材料收齐之日起 3 个工作日内录入信息系统并推送至申请人户籍地乡镇人民政府（街道办事处）。

（3）户籍地乡镇人民政府（街道办事处）自收到推送材料之日起 15 个工作日内提出初步意见，并报县级人民政府民政部门。县级人民政府民政部门自收到乡镇人民政府（街道办事处）相关材料之日起 15 个工作日内完成审核工作，并将办理结果通过信息系统反馈受理地乡镇人民政府（街道办事处）。

（4）受理地乡镇人民政府（街道办事处）应在收到办理结果之日起 3 个工作日内告知申请人。认定为孤儿、事实无人抚养儿童的，户籍地民政部门应当按规定及时发放基本生活费、基本生活补贴，同时将每月资金发放情况录入信息系统。

【思考题】

1. 社会福利的类型。
2. 社会福利的资金来源。
3. 社会福利的基本特点。
4. 社会福利在社会保障制度中的地位。
5. 社会福利在公众日常生活中的作用与意义。
6. 谈谈你对我国社会福利制度内容的基本认识。

参考文献

［1］［美］弗兰克·奈特．风险、不确定性与利润［M］．郭武军，刘亮，译．北京：华夏出版社，2011.

［2］［美］乔治·E·瑞达．风险管理与保险原理［M］．申曙光，译．北京：中国人民大学出版社，2006.

［3］陈建梅．风险管理与社会保障［M］．北京：科学出版社，2020.

［4］褚福林．中国社会保障制度解读（1949-2019）［M］．天津：天津人民出版社，2020.

［5］丛树海．社会保障经济理论［M］．北京：商务印书馆，2022.

［6］邓大松．社会保障概论［M］．北京：高等教育出版社，2019.

［7］邓大松，杨燕绥．社会保障概论学习指南与练习［M］．北京：高等教育出版社，2021.

［8］丁建定．中国特色社会保障制度理论发展研究［M］．北京：人民出版社，2021.

［9］李春根，张仲芳．当代中国社会救助制度：新时代、新使命、新征程［M］．北京：人民出版社，2023.

［10］刘俊．劳动与社会保障法学（第二版）［M］．北京：高等教育出版社，2018.

［11］林嘉．劳动法和社会保障法（第五版）［M］．北京：中国人民大学出版社，2023.

［12］林闽钢，周薇，周蕾．社会保障国际比较［M］．北京；科学出版社，2013.

［13］林闽钢．社会救助通论［M］．北京：科学出版社，2017.

［14］林卡，易龙飞，李骅．现代社会保障：理论、政策与实务［M］．武汉：华中科技大学出版社，2021.

［15］林毓铭．社会保险经办管理与服务［M］．北京：社会科学文献出版社，2019.

［16］吕学静．社会保障基金管理［M］．北京：高等教育出版社，2020.

［17］鲁全．中国社会保障管理体制研究［M］．北京：人民出版社，2022.

［18］敏振海．劳动与社会保障法案例精选与评析［M］．北京：法律出版社，2022.

［19］仇雨临．社会保障国际比较［M］．北京：中国人民大学出版社，2019.

［20］上海市劳动和社会保障学会．人力资源和社会保障管理实务手册［M］．上海：上海社会科学院出版社，2023.

［21］宋晓梧．新中国社会保障和民生发展70年［M］．北京：人民出版社，2019.

［22］孙永勇，郑秉文．社会保障管理体制研究［M］．北京：人民出版社，2020.

［23］童星．社会保障与管理［M］．南京：南京大学出版社，2002.

［24］王晓东．西部民族地区养老保险城乡统筹发展研究［M］．呼和浩特：内蒙古大学出版社，2014.

［25］王晓东．中国社会养老保险制度城乡统筹的战略与路径［M］．呼和浩特：内蒙古大学出版社，2017.

［26］徐强，张开云．农村社会保障［M］．北京：科学出版社，2022.

［27］杨良初．中国社会保障相关问题研究［M］．北京：九州出版社，2022.

［28］郑功成．社会救助立法研究［M］．北京：人民出版社，2020.

［29］郑功成．社会保障学：理念、制度、实践与思辨［M］．北京：商务印书馆，2020.

［30］郑功成．以人民为中心：新时代中国民生保障［M］．北京：中国人民大学出版社，2021.

［31］中国保监会保险教材编写组．风险管理与保险［M］．北京：高等教育出版社，2014.

［32］中国社会工作教育协会组编．社会保障概论［M］．北京：高等教育出版社，2012.

［33］赵曼．社会保障学（第3版）［M］．北京：高等教育出版社，2018.

后　记

　　本书得到内蒙古大学 2024 年度教材建设项目《社会保障制度与管理》的出版资助，是内蒙古自治区研究生教育教学改革研究项目"'国之大者'视域下《社会保障制度与管理》研究生课程教学改革与创新研究"（JGSZ2023005）、内蒙古自治区研究生精品课程《社会保障制度与管理》建设项目（JP20231010）、内蒙古大学线上线下混合式一流本科课程《社会保障基金管理》建设项目的研究成果。

　　本书由内蒙古大学王晓东教授负责拟定全书的写作提纲，完成全书的编写工作。诚挚感谢参与本书素材收集和文字校对的公共管理学研究生马德广、田丹丹、阴爽、薛文磊、王智宏、吴雅琪、马婧、李昕怡、宋文娟、邵茹萍等。感谢内蒙古大学公共管理学院教授委员会、内蒙古大学教材审核专家委员会对本书编写提出的中肯建议和审核把关，感谢内蒙古大学教务处相关工作人员的多方协调和无私帮助，感谢经济管理出版社任爱清老师耐心细致的审校，才使本书得以顺利出版。

　　本书虽然经多次修改和完善，但由于新时代社会保障制度发展一日千里，再加上编者水平所限，疏漏不妥之处在所难免，恳请国内外同行学者和广大读者惠予批评指正。

王晓东

2025 年 7 月 1 日于内蒙古大学卓越楼